CHINAMERICA

차이나 메리카

헨델 존스 **지음** | 홍윤주 **옮김**

지식프레임

오늘날 국가에서 기업의 역할은 과거의 침략 군대와도 같다. 이 같은 상황에서 《차이나메리카》는 중국과 미국 사이에서 벌어지고 있는 부(富)의 경쟁에 관한 심층 분석이다.

이 책은 먼저 중국이 제조업에 집중하는 모습과 무역수지 흑자를 보장하기 위해 어떻게 소비를 관리하는지 자세히 들여다본다. 중국과 달리, 미국은 경제가 또 다른 침체, 어쩌면 불황으로 빠지지 않도록 하기 위한 방편으로 적자를 이용하고 소비를 장려한다. 생산과 균형을 이루지 않는 미국의 과소비 모델은 실패임에도 분명한데, 미국의 지도자들은 자기들의 잘못으로 미래 세대가 겪어야 할 문제에 대해서는 안중에도 없다.

이에 비해 한국의 모델은 매우 효과적이다. 삼성, LG, 현대 등은 한국 내수시장을 효과적으로 지탱하면서 수출시장에서도 성공을 거두고 있다. 그래서 실제로 많은 중국 기업들은 글로벌 경쟁 환경에서 성공을 거두고 있는 한국 기업을 모방하려 한다.

지난 20년간 한국 경제는 매우 훌륭한 발전 과정을 보여왔다. 그중에서도 삼성전자, LG전자와 함께 일할 수 있었던 것은 나에게도 큰 기쁨이었다. 나는 내가 만났던 한국 국민들의 추진력과 헌신에 깊은 감명을 받았다. 또한 많은 직원들이 회사의 성공에 자부심을 느끼는 것도 인상적이었다.

하지만 비즈니스에서는 자기만족이 아니라 지속적인 성공을 낳는 것이 중요하다. 중국이 텔레비전, 자동차, 이동전화 등의 분야에서 강자로 떠오른다면 앞으로 중국이나 세계 시장에서의 경쟁은 더욱 힘들어질 것이다. 그러면 한국의 기업 역시 둘 중 하나다. 다음 단계로 진화하거나, 그렇지 않으면 일본과 비슷한 패턴으로 가치가 약화되거나. 물론 한국은 전자의 길을 가기 원할 것이고, 그러기 위해서는 앞으로도 세계 시장에 지속적으로 참여하는 일이 중요하다.

《차이나메리카》는 떠오르는 나라 중국과 하락하는 나라 미국을 통찰하는 책이다. 이 책을 통해 한국은 미국의 쇠락 원인을 잘 파악하고 계속해서 상승세를 유지하는 것이 중요하다. 《차이나메리카》는 한국의 기업가와 국민들에게 부와 복지의 수준을 어떻게 하면 계속해서 향상시킬 수 있으며, 이를 위해 어떻게 산업 기반을 확장해야 하는지에 대한 깊은 통찰력을 제공할 것이다.

내가 처음 중국과 인연을 맺게 된 것은 1980년대 초 텍사스 주 달라스에서였다. 대규모 다국적 전자회사의 기획 전략 및 기술 부회장 자격으로 '데이터 통신 기술의 미래'에 대한 강연을 요청받았던 나는 강연을 마친 후 당시 전자공업부장(장관)이었던 장쩌민 전(前) 중국 국가주석과 점심을 함께하며 새로운 전자기술 전망에 대해 자세한 이야기를 나눈 적이 있다.

그리고 두어 달 후, 베이징에서 있을 '통신산업의 미래'에 대한 강연을 요청받았지만, 미국 정부가 보안상의 이유로 중국 방문을 삼가해 달라는 바람에 참석할 수 없었다. 많이 아쉬웠지만, 나는 그 때문에 오히려 중국에 대해 더 깊은 호기심을 갖게 되었다.

이후 1980년대 말, 나는 시장조사 및 컨설팅회사인 IBS(International Business Strategies: 국제 비즈니스 전략)를 설립했다. IBS는 미국, 유럽, 아시아의 다양한 고객들에게 전자산업 부문의 시장 및 기술에 대한 심층적 분석을 제공하는 회사로, 당시 중국에 대한 관심이 점차 높아지는 상황이었다.

회사 일로 나는 중국에 관한 책과 자료들을 광범위하게 접하게 되었다. 물론 독서를 통해 얻을 수 있는 정보는 제한적인 지식뿐이었다. 그러다 보니 중국을 보다 깊게 이해하기 위해서는 결국 그들과 직접 얼굴을 맞대고 부딪쳐야만 했다.

1990년대 초부터 나는 본격적으로 중국과 대만 등 여러 아시아 국가들 방문에 나섰다. 이후 15년 동안 중국을 비롯해 일본, 한국, 싱가포르 등 일 년에 여덟 번 이상 아시아 국가를 방문했다. 특히 2008년에는 중국을 열 차례나 방문했다.

중국, 환상인가 현실인가?

이 책을 처음 집필하고자 마음먹었던 것은 2008년 말, 상하이의 푸동 (Pudong) 산업단지를 지날 때였다. 그곳을 지나며 나는 어쩌면 이렇게 짧은 시간에 사무실 빌딩과 호텔 그리고 수백 개의 공장이 지어질 수 있는지 궁금했다. 이와 동시에 넓게 펼쳐진 개발구역의 새 건물 뒤로 무너질 듯한 낡은 건물들과 지저분한 풍경도 볼 수 있었다. 그러다 보니, 반짝반짝한 새 건물과 칙칙한 낡은 건물 중 어느 쪽이 진짜 중국의 모습인지 궁금해지기 시작했다.

중국의 실체는 과연 무엇일까? 새 건물의 현관만 있고 뒤에는 아무것도 없는 할리우드의 영화세트장 같은 것이었을까? 내가 본 풍경은 서방의 눈을 속이기 위한 전시용 건물에 불과했을까? 아니면 중국인들이 자랑하는 대로, 그들은 정말 잿더미에서 날아오른 불사조였을까?

1년 후, 푸동에서 보았던 낡은 건물들은 상당수 사라졌고, 그 자리에는 많은 새 건물들이 들어섰다. 그곳에는 활기가 있었고 비즈니스 리더들은 미래에 대한 자신감이 넘쳤다. 하지만 그때만 해도 내 고민은 여전했다. 그들의 활기와 자신감이 환상인지 현실인지 구분하기가 힘들었다. 그리고 그것이 앞으로 다가올 글로벌 산업 환경에 어떠한 의미를 던지는 것인지도.

하루 24시간 쉬지 않는 중국의 공장

중국의 공장은 하루 24시간, 일주일에 7일, 일 년에 50주씩 돌아가는 거대한 기계와 같다. 그들은 춘절과 건국기념일, 휴일에만 공장 문을 닫는다. 이 기계는 많은 인력과 재료, 부품을 집어삼킨 뒤 순식간에 갖가지 완제품을 만들어 내보낸다.

축구장 몇 배 크기의 공장을 짓느라 마을이 통째로 없어지는 일도 있다. 토지는 전적으로 국가 소유이기 때문에, 정부는 집과 농장이 있던 곳이라도 마음만 먹으면 언제든 그곳을 산업단지로 지정할 수 있다.

그동안 나는 미국, 일본, 독일, 한국, 대만, 인도 등 다른 나라의 공장들을 많이 봐왔었다. 그중에서 중국의 공장은 단연코 인상적이다. 특히 대부분의 공장이 10년 이내에 지어졌다는 점에서 그렇다.

중국, 불투명한 미로의 공간

금단의 도시 자금성에 가 보면 사람이 아주 작게 느껴진다. 이 자금성

안으로 들어가 보면 왜 이런 건축물들이 지어졌는지 궁금할 때가 많다.

자금성의 여러 문과 벽은 중국에 들어설 때의 느낌 그대로다. 밖에서는 안이 들여다보이지만, 안으로 한 발 들어서면 또 다른 문을 지나야 한다. 안으로 더 들어가면 다음 문까지 올라가는 더 높은 계단이 나타난다.

중국 방문 횟수가 늘어날수록 나는 눈부신 성장을 이루어내는 중국 사람들의 원동력이 무엇인지 점점 더 궁금해졌다. 현대화된 도시의 상점에 들르고 호텔에서 식사를 하는 것 이상으로 중국을 더 잘 알고 싶어졌다.

당연히 중국 역사를 공부해야 했지만 쉬운 일은 아니었다. 중국 역사는 5천 년을 거슬러 올라가는 데다, 자기들 입맛에 맞게 '기록해야 할 것'만 기록되어 있다. 중국인이 기록한 많은 역사서에는 오직 정치적으로 옳은 것만 담겨 있다.

중국인들은 조국에 대한 자부심이 대단하며, 외국인들이 자신들에 대해 나쁘게 생각하는 것을 원치 않는다. 또 처음에는 외국인에 대한 깊은 불신을 갖고 있는데, 이 불신은 많은 '문'을 지난 후에야 차차 없어진다는 것도 알게 되었다.

기업과 정부의 고위층 지도자를 만나면 혼란스러울 때도 많았다. 지도자들은 고용을 유발할 사업 창출에 매우 적극적이었지만, 정작 중국의 소비자들에게 다다르는 길은 결코 만만치 않았기 때문이다. 겹겹이 닫혀 있는 문을 열어야 하는 데다, 그 문을 지나도 중요한 비즈니스에 도달한다는 보장이 없었다.

그만큼 중국은 겉으로는 친절하지만 안으로는 단단한 무엇인가가 숨겨져 있는 것 같았다. 특히 중국의 지도자들은 어떠한 나라도 중국의 미래를 호령하게 놔두는 과거의 실수를 절대 반복하지 않겠다는 의지가 확고했다.

　이후 중국의 내면에 좀 더 다가가고 지도층 인사들과 친분이 쌓이면서, 중국은 마치 어떤 임무를 띠고 있다는 게 분명하게 느껴졌다. 그것은 바로 중국 경제를 이끄는 최고 수뇌부의 강한 리더십 때문이었다.

중국과 미국, 엇갈리는 명암

중국에 대한 조사를 진행하면서, 한편으로 중국의 성장은 미국에 매우 부정적인 영향을 미칠 수 있다는 것을 알게 되었다. 중국을 미국 상품의 큰 잠재시장으로 보고 조사를 진행한 적이 있었는데 결과는 참담했다. 사실 결과는 볼 필요도 없었다. 내가 중국에 있을 때 미국산 제품은 본 적도 없고 산 적도 없기 때문이다. 하지만 미국에서는 상황이 달랐다. 옷부터 전자제품에 이르기까지 거의 모든 제품이 중국산이었다.

　중국 기업은 복제품을 만드는 데 뛰어난 재주가 있다. 간단한 상품은 하룻밤 사이에 복제되어 다음 날이면 오리지널 상품과 똑같은 이름으로 시장에 나오기도 한다.

　생각이 깊어질수록 나는 걱정이 되었다. 미국은 여러 나라에서 원유를, 독일에서 자동차를 수입하고, 중국에서도 수천 가지 제품을 수입한다. 그렇다면 미국은 무엇을 수출하는가? 영화? 보잉 비행기? 이

것으로 수입 비용을 충당할 수 있을까?

조사가 진행될수록, 미국과 중국에 대한 그림은 아주 삭막해졌다. 양국의 미래가 서로 극명하게 달라질 것은 불을 보듯 뻔했다.

나는 중국의 힘이 커져가는 것을 보았다. 과거 중국은 휘어지지만 쉽게 부러지지 않는 한 개의 대나무 막대기 같았다. 그리고 오늘날 중국은 휘어지기도 어렵고 부러뜨리기는 거의 불가능한 대나무 막대기 묶음과도 같다는 생각이다.

물론 중국이 단단한 대나무 막대기 묶음으로 남아 있을지는 두고 봐야 안다. 각각의 막대기는 튼튼하지만, 광범위하게 퍼져 있는 부패 때문에 대나무 막대기의 결속은 약화될 수 있기 때문이다.

중국과 미국의 상생, CHINAMERICA

미국은 내 조국이다. 내 아이들 그리고 내 손자, 손녀들도 미국에서 태어났다. 그런데 나는 내 손자, 손녀들의 미래가 심히 걱정스럽다.

미국은 부를 창조하지는 않은 채 부를 즐길 줄만 안다. 내부 효율성은 갈수록 약해지고, 그 때문에 글로벌 무대에서 부를 경쟁하는 능력도 약해진다. 정부의 재정 적자와 높아진 수입 의존도를 염려하는 목소리가 높아지긴 했지만, 아직도 미국은 나선형 하락을 돌이키기 위한 단호한 조치가 준비되어 있지 않다.

중국의 부상을 보면 30년 전 일본의 부상이 떠오른다. 나는 1979년부터 일본을 드나들며 일본의 부상과 이후의 쇠락을 아주 가까이서 경험했다. 그런데 내가 분석한 바로는, 중국이 일본처럼 가파른 하강 궤도를 타지는 않을 것이라는 점이다. 적어도 중국의 성장은 수십 년 간 계속될 것이라는 게 내 생각이다.

중국은 미국을 군사적으로 위협하지는 않지만, 글로벌 부를 놓고 미국과 직접 경쟁을 벌이고 있다. 중국은 강한 미국에게는 친구지만, 약한 미국에게는 위협이 될 것이다.

이 책은 지난 20년 동안 내가 중국을 수십 차례 방문하면서 얻은 결론을 기술한 것이다. 나는 이 책을 통해 미국이 스스로 과소비의 희생양이 되지 않고, 중국을 더 잘 이해하며 중국과 장기적인 파트너가 되기 위해 어디서부터 어떻게 행동에 나서야 하는지 파악할 수 있게 되기를 바란다.

차례

1부 · 미국 때리기

2부 · 약해지는 거인, 미국

| 1부 |

미국 때리기

Beating America

★

제2차 세계대전으로 유럽과 일본은 황폐화되었다. 미국은 글로벌시장을 장악할 수 있는 다시없는 기회를 잡았으며, 초강대국으로서 세계 정치 무대를 지배하게 되었다. 제2차 세계대전이 일어나기 전만 해도 세계 초강대국의 지위를 누렸던 영국, 프랑스, 유럽 대륙 전역은 잿더미와 폭탄 파편들로 뒤덮였다. 그렇게 유럽, 러시아, 일본이 전쟁의 폐허를 복구하는 수십 년 동안, 미국은 거칠 것 없이 경제적, 정치적 파워를 발휘했다.

그리고 세계는 지금, 또 한 번의 중대한 경제적 이동이 일어나고 있다. 역사적으로 유례를 찾아볼 수 없을 만큼 짧은 시간에 중국이 세계 2위의 경제 대국으로 부상했다. 중앙의 왕국(中國, Middle Kingdom)은 2008년 독일, 프랑스, 영국을 넘어섰고, 2009년에는 일본을 앞지르며 세계 2위에 올랐다.

2008~2009년 경제 대불황 이후 미국과 서방 국가들의 느린 경제 성장은 중국의 부상을 더욱 부채질했다. 2009년 전까지 세계 경제가 하락세를 면치 못하던 와중에도 중국은 8.7%의 경제 성장을 이루었다. 지금도 중국은 경제성과 주요 지표인 GDP(국내총생산) 면에서 미국과의 격차를 계속해서 줄여가고 있는 중이다.

중국이 정확히 언제 미국을 추월할 것인지에 대한 전망은 전문가마다 다르다. 하지만 추월은 기정사실로 받아들여지며, 향후 20~30년 이내일 것이라는 데 의견이 모아진다.

미국은 현재 제2차 세계대전 직후의 유럽과 똑같은 위치에 있다. 마치 경제 고속도로에서 다른 자동차가 나를 앞질러 질주하는 것을 지켜보는 형국이다.

★

중국과 미국, 부(富)의 전투 최전방에 서다

미국의 태양은 지고, 중국의 시대가 열린다. 금융의 태양은 벌써 몇 년 전부터 중국에서 떠오르고 있으며, 미국에서는 지기 시작했다. 태양이 언제까지 중국에서 빛날지, 미국이 언제까지 황혼에 머물러 있을지는 오직 중국과 미국의 행동에 달려 있다.

1980년대 이후 중국의 산업화는 가히 믿기 어려울 정도다. 중국은 기록적으로 짧은 시간에 광범위한 분야의 수출용 소비재와 산업재를 생산하는 거대한 기반을 구축했다. 또 생산력이 급증한 덕분에 수십억 중국인들에게는 텔레비전과 휴대폰 등 부유한 중산층을 상징하는 물품들이 안겨졌다.

중국 제조업의 급격한 성장과 중산층의 부상은 다른 나라들, 특히 미국과의 갈등으로 이어지고 있다. 중국 공장의 높은 굴뚝과 배수관에서 배출되는 오염물질은 세계적인 긴장의 원인이 되고 있으며, 갈수록 희소성이 높아지는 천연자원에 대한 수요 문제는 가장 심각하게 대두되고 있다.

중국은 점점 가격이 오르는 구리, 원유, 철광석, 목재를 비롯한 원자재들을 대량으로 빨아들이는 형국이다. 이처럼 중국의 수요 급증으로 다른 국가에서도 필요로 하는 원자재의 가격은 폭등할 수밖에 없게 되었다. 철사, 케이블, 철강, 시멘트 등의 원자재 가격도 마찬가지다. 그 결과 각국 도시의 주택과 학교 건축 비용은 하늘 높은 줄 모르고 치솟았다.

원자재를 모두 싹쓸이하는 중국 공장에서 선진국들이 상품을 수입하는 바람에 무역 불균형은 더욱 심화되었다. 중국산 의류, 텔레비전, 랩탑 컴퓨터, 휴대폰, 자동차 등 수많은 공산품이 세계 각국으로 물밀 듯 밀려들어가는 대신 달러, 파운드, 프랑, 리라, 엔, 루블 등의 통화는 중국으로 대량 유입되었다. 그 결과, 중국과 아시아 각국에서 많은 양의 물품을 수입했던 미국은 원자재 가격의 급등으로 훨씬 더 큰 무역 적자가 발생하고 말았다. 그리고 이런 대규모 무역 적자는 장기적으로 미국과 중국의 갈등을 유발시키는 원인이 되고 있다.

중국, 세계 외환보유고를 점령하다

세계 부(富)의 상당 부분은 이미 중국으로 옮겨갔다. 2009년 9월, 중국 정부의 외환보유고는 전 세계 외환보유고의 4분의 1인 2조 3천억 달러에 달했다.

IMF(국제통화기금)의 국가별 외환보유고에 따르면, 이는 일본, 러시아와 유럽연합(EU) 전체의 외환보유고를 합한 것보다 많은 금액이며, 사우디아라비아가 원유 수출로 축적한 2009년 5월 외환보유고의 5배가 넘는 금액이다. 이에 반해 미국의 2009년 9월 외환보유고는 830억 달러에 불과했다.

더욱 심각한 것은 중국 외환보유고의 약 70%가 미국 달러화 또는 달러 등가물이라는 점이다. 그러니 미국의 심야 토크쇼 진행자들이 2009년 11월 버락 오바마 대통령의 중국 방문을 두고 "우리 돈 방문 (visit our money)"이라며 웃음거리로 삼았던 것은 더 이상 놀랄 일이 아니다.

중국은 어떻게 부(富)를 만들었는가

어느 나라든 자국 국민의 부를 증대시키기 위해 경쟁하는 법이지만, 중국과 미국은 특히 첨예한 갈등으로 치닫는 양상이다.

중국인들은 부(富)가 상품의 소비량이 아니라, 생산량과 판매량에 의해 창출된다는 것을 잘 알고 있다. 또한 그들은 국가의 부를 증대시키기 위해서는 무역수지 흑자가 일어나야 하고, 이를 위해 효율적인 인프라가 구축되어야 하며, 그 결과 인민들에게 공정한 분배가 뒤따른다는 것을 잘 이해하고 있다(무역수지 흑자는 수출이 수입보다 많을 때 발생한다. 무역수지 흑자는 그 나라의 국가 경쟁력 지표이기도 한데, 결국은 우월한 경쟁력이 있어야 부를 창출할 수 있다).

1970년대 후반부터, 중국의 인민은 장기적인 부의 축적을 위해 단기적인 이익의 포기를 강요당한 채 수출을 위한 상품 제조에 대부분의 노력을 집중시켰다. 그리고 그러한 모습은 오늘날까지도 계속되고 있다.

이 같은 중국인들의 부의 창출에 대한 접근법은 21세기 미국인들의 행동과 사뭇 대조적이다. 미국의 중상류층 사이에는 자기에게 주어진 지위를 당연한 것으로 생각하고, 이에 안주하려는 의식이 팽배해 있다. 오랫동안 부유하게 살았던 사람들은 나름의 풍요로운 생활 방식을 갖게 마련인데, 그들은 자기 재력 이상의 생활이 초래할 결과는 걱정하지 않고, 높은 생활수준에만 탐닉하는 것이다. 그 결과 많은 미국인들은 개인적, 국가적 부의 창출은 외면한 채 오직 소비에만 관심을 쏟으며, 다른 사람들이 더 나은 생활을 추구하는 것마저 방해한다.

이미 시작된 부(富)의 전쟁

중국과 미국 간의 여러 갈등 요소들은 이제 부의 전쟁으로 이어지고 있다. 그 전쟁이 벌써 시작되었다고 하는 사람들도 있다.

미국 의회는 여러 건의 무역제재 법안을 제정했고, 중국 기업들이 미국에서 제품 생산비 이하의 가격으로 판매한다는 제소가 늘고 있다. 외국 시장을 장악하기 위한 이런 무역 테크닉을 '덤핑'이라고 하는데, 중국은 무역제재에 대한 보복으로 2009년 10월 중국 정부조달 시장에 참가를 원하는 기업들에게 새로운 등록 규칙을 요구했다.

관세 경고와 덤핑 제소는 한 나라가 경제적 파워를 잃었을 때 위협을 느껴 취하는 행동이다. 부의 상실을 감지한 나라는 다른 나라들과의 관계에 불안을 느낄 수밖에 없기 때문이다. 반면, 부를 축적하여 경제적 파워가 생겼음을 감지한 나라는 다른 나라들과의 관계에서 그 힘을 발휘하고 싶어진다. 경제적 파워가 강해진 나라는 추가 자원을 컨트롤하거나 약한 경쟁국들을 조종함으로써 국력의 신장을 꾀하여 경제적, 정치적 패권을 계속 누리고자 한다.

미국의 쇠퇴와 중국 부의 지속적인 증대는 궁극적으로 현재의 세계 경제 구도에 불안감을 조성할 수도 있다. 따라서 양국은 서로 해로운 긴장을 완화시키고 갈등을 피할 다른 방법을 모색해야만 한다.

이 책에서 '차이나메리카(Chinamerica)'로 명명된 중국과 미국 간의 파트너십이 성공하려면 현재 중국의 부상과 미국의 쇠락을 초래한 원인을 잘 이해해야 한다. 타의 추종을 불허하는 산업 거인으로 군림해 온 미국이 어떻게 쇠락의 기로에 서게 되었는지, 그리고 2,000년에 걸친 여러 전쟁과 정치적 변화가 어떻게 중국의 경제 행위에 강한 영향을 미쳤는지를 알아야 한다. 이를 통해 양국은 상호 존중과 독립에 기초하여 관계의 균형을 이루어야 한다.

미국의 입장에서는 지금 당장 적절한 조치를 취해야 한다. 그렇지 않으면 글로벌 마켓의 광범위한 분야에서 중국 기업 제품의 시장점유율은 더욱 높아질 수밖에 없다. 그렇게 되면 미국 시민과 정부는 어려움을 겪을 것이고, 미국은 가파르게 쇠락의 길을 걷게 되고 말 것이다.

그리고 이것은 중국에게도 바람직한 일이 아니다. 미국의 경제적 쇠락은 곧 중국의 수출 시장이 줄어든다는 것을 의미하기 때문이다.

미국 경제의 붕괴

중국으로부터의 수입액이 사상 최고치를 기록하고 정부 적자가 급증

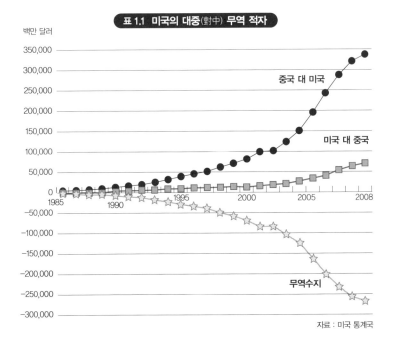

표 1.1 미국의 대중(對中) 무역 적자

백만 달러

중국 대 미국

미국 대 중국

무역수지

자료 : 미국 통계국

한 것을 이유로 일부에서는 미국의 경제적 힘이 이미 쇠락했다고 주장한다.

중국으로부터의 수입은 수십 년간 계속 증가세를 유지했는데, 급격히 증가한 시점은 [표 1.1]에서 보듯 2001년 닷컴붕괴의 충격에서 벗어나 미국 경제가 회복기를 맞았을 때였다.

미국은 현재 대중(對中) 무역의 불균형뿐만 아니라, 다른 여러 나라에서 대량의 원유와 공산품들을 수입하고 있다. 일본, 한국, 독일에서 자동차를, 프랑스, 칠레, 호주에서 와인을, 세계 곳곳에서 명품시계를 수입한다. 2008년 미국의 무역 적자는 20년간의 무역수지 적자 총액보다도 많은 7천억 달러에 육박했다.

무역 적자 이외에도 미국의 부와 정치적 파워를 괴롭히는 요소는 또 있다. 미국 정부는 2000년 이전부터 세입보다 많은 지출을 하고 있다. 지난 10년간 이라크전쟁과 아프가니스탄전쟁 지원과 막대한 감세로 재정 적자를 기록했다.

재정 적자의 급증은 무역 적자를 더욱 악화시켰다. 방만하게 돈을 뿌려대는 정부, 지갑에 여윳돈이 생긴 부유층 미국인들은 지난 몇 년 동안 소비의 광풍에 휩싸였다. 과열된 대출 브로커들과 신용카드 회사 등 손쉽게 돈을 빌려주는 기관들 덕분에 중산층과 하류층 또한 그 쾌락에 동참했다. 주택담보대출과 무이자 모기지론으로 마련된 돈은 소비의 홍수를 불러왔다.

2008년 월스트리트의 경제 붕괴는 심각한 재정 적자 상황을 한층 더 악화시켰다. 조지 W. 부시 행정부는 AIG, 뱅크오브아메리카(Bank of America), 웰스 파고(Wells Fargo) 및 부실 모기지를 보유한 은행과 기관의 붕괴를 막기 위해 7천억 달러에 달하는 구제금융을 투입했다. 주식시장 붕괴로 대다수 미국인의 순자산 가운데 상당 부분이 허공으로 날아가자, 오바마 정부는 일자리 창출과 나빠진 인프라를 재건한다며 또다시 재무부의 차입을 통해 마련한 5,850억 달러 규모의 경기 부양책을 내놓았다. 그 결과 오바마 정부는 2009년 10월, 연간 재정 적자가 2008년보다 212% 상승한 1조 4천억 달러가 넘는다고 발표했다.

국내 제조업에 대한 부양책도 없이 무조건 내수 진작을 도모한 미국 정부의 징책도 무역 불균형을 심화시켰다. 그 결과 도요타, 현대 같은 많은 외국 회사들은 경기부양기금으로 마련된 중고차 현금보상 제도(Cash for Clunkers, 중고차를 에너지 효율이 높은 신차로 교체할 경우 보조금을 지급하는 제도)의 수혜를 누렸다.

양대 적자로 인한 또 하나의 골치 아픈 문제는 그것이 미국 달러화에 끼치는 영향이다. 그나마 외국의 여러 나라에서 기꺼이 달러 보유고를 유지했기 때문에 무역 적자와 재정 적자가 달러 가치와 미국의 구매력에 미치는 부정적인 영향이 다소 완화되긴 했지만, 어쨌든 달러 가치의 하락은 피할 수 없게 되었다.

달러는 글로벌 선도 통화로 무역 결제에 통용된다. 즉, 미국은 달러가 글로벌 선도 통화의 지위를 잃지 않는다는 확신을 세계에 심어주어야 하며, 달러 가치의 급격한 하락만큼은 반드시 피해야 한다는 뜻이다. 달러의 패권을 유지하려는 노력이 없다면 중국, 일본 등 다른 나라들이 굳이 달러를 보유하려 하지 않기 때문이다.

중국과 일본 등 다른 나라들이 달러 보유고 처분에 나선다면, 달러는 급격히 약해지고 동시에 미국의 구매력도 급격히 약해질 것이다. 2009년 중국이 한사코 달러를 내다 팔지 않으려 했던 것은 통화시장에 달러가 과잉 공급되면 달러 가치가 큰 폭으로 하락할 것을 우려했기 때문이다.

정치적 파워를 유지하고 확장하기 위해 경제적 파워를 창출하는 것이 처음 있는 일은 아니다. 수백 년 동안 유럽과 아시아의 왕과 왕비, 황제와 독재자들은 항상 이 목표를 향해 매진했다. 차이나메리카 (ChinAmerica) 파트너십이 왜 필요하며, 어떻게 해야 하는지를 이해하기 위해서는 오늘날 정부 지도자들이 기업을 국가의 부를 창출하는 주요 수단으로 보고 있음을 파악해야 한다.

CEO,
장수를 대신해
전쟁에 나서다

과거, 국가의 부는 군사력에 달려 있었다. 침략군이 영토를 점령하면 점령지의 재물을 약탈하고 시민들을 노예로 삼았다. 그런데 오늘날의 위협은 타국에 진출해 상당한 시장점유율을 차지함으로써 피점령지의 부(富) 창출 능력을 감소시키는 기업들이다. 그런 점에서 기업은 홈그라운드의 시장을 지키는 동시에 취약한 외부 시장을 공격해야 하는 군대와도 같다.

예나 지금이나 강한 군대를 갖는 것이 중요하듯, 현재의 경제 상황에서 기업이 강해지는 것은 절대적으로 중요하다. 최근 들어 영토와 시장을 정복하는 것은 군대가 아닌 바로 기업이기 때문이다.

도요타(Toyota), 혼다(Honda), 닛산(Nissan)이 미국의 자동차 시장을 어떻게 정복했으며, 왜 GM과 크라이슬러(Chrysler)의 파산을 거들었는지 생각해 보라. 소니(Sony), 도시바(Toshiba), 파나소닉(Panasonic), 샤프(Sharp)는 미국의 텔레비전 산업을 쓸어버렸다. 자동차와 전자는 본래 미국에서 발명되었지만, 해외 기업 군대에 정복당하고 만 것이다. 이제 기업의 CEO가 나라를 구하고 부를 증진시킬 군대를 이끄는 새로운 장수로 나설 수밖에 없는 시대이다.

기업은 수출할 수 있는 제품과 서비스를 생산하고 고용을 세공하며, 자본을 댄 주주들에게 배당을 안기고, 인프라와 안보를 제공한 정부에 세금을 납부함으로써 부를 창출한다. 이런 역할을 성공적으로 수행한 기업들은 부와 안보를 건설할 뿐만 아니라, 국민의 건강과 복지, 생활수준을 향상시킬 주요 제품과 서비스까지도 발전시킨다.

기업의 고용 효과

많은 근로자를 고용하는 대기업들이 얻는 이익이 있다. 직접적인 이익 중 하나는 근로자들이 급여를 받아 상품을 구매할 수 있게 된다는 것, 그리고 간접적 이익으로는 그들이 낸 세금으로 책임감, 지위, 생활수준의 상향 이동 기회가 보장되는 안정된 사회를 만들어나간다는 것이다.

많은 산업 분야에서, 지원 인프라는 핵심 산업에 필요한 인력의 4~5배에 이르는 고용을 창출한다. 자동차산업을 지원하는 부품 공급업체, 전문 서비스 제공업체의 네트워크 등이 그런 경우다. GM, 포드, 크라이슬러 등 자동차 제조회사들은 자동차 시트, 타이어, 창유리, 엔진제어 전자장치 등 자동차 부품들을 직접 만들지 않고 관련 업체로부터 사들인다. 이러한 산업 생태계는 크고 다양한 고용 기회를 제공한다.

크고 융성하는 기업은 기업의 운영을 유지하고 성장 기회를 찾기 위해 폭넓은 능력자들을 필요로 한다. 따라서 기업은 관리자, 엔지니어, 테크니션, 그리고 조립 근로자를 고용하며, 직원들이 자기 능력을 개발, 향상시킴에 따라 추가 취업의 기회를 제공한다.

기업은 또한 신규 대졸자들에게도 취업의 기회를 제공하여 시민들에게 교육 수준을 향상시킬 수 있는 동기도 부여한다. 핀란드의 휴대폰 거대 기업인 노키아(Nokia)가 핀란드의 대학 졸업자들에게 훌륭한 취업 기회를 제공하는 것이 바로 좋은 예다.

수출이 국가에 미치는 영향

중국, 대만, 일본, 독일 등 여러 나라의 정치 지도자와 비즈니스 리더들은 오래전부터 수출 기업의 중요성을 인식하고 있었다. 그런데 불행히도, 미국의 정치 지도자들은 미국 기업들이 수출을 증대할 만큼 강해져야 한다는 절박한 필요성을 뒤늦게 인식했다. 미국 정부의 수출 장려 및 자금 지원은 유럽이나 아시아 국가 정부의 노력에 비해 한참이나 뒤처진다.

미국의 많은 CEO들이 수출에 뒤늦게 관심을 돌린 이유는 미국의 내수시장이 세계 최대 시장이었기 때문이다. 이런 상황은 최근 중국 시장의 성장과 미국 시장의 위축으로 인해 변화를 맞았고, 이제는 수출 중심 사고로의 전환이 불가피하게 되었다.

글로벌 경쟁력을 갖춘 기업은 수출에 성공적이다. 글로벌 시장 덕분에 기업들은 제품을 대량 생산하고, 대규모 기준으로 생산 단위 비용을 적용할 수 있으며, 세계적으로 유행 트렌드와 가격 패턴을 동일하게 유지할 수 있다.

글로벌 시장에 대한 비전과 건강한 수준의 수출품은 내수시장 보호에도 도움이 된다. 해외 시장의 판매 경험에서 배운 특징, 품질, 가격

책정의 교훈을 통해 해외 경쟁자들이 내수시장을 침범하여 국내 기업의 시장점유율을 빼앗아가는 것을 막을 수 있기 때문이다. 하지만 국내 기업들이 그런 교훈을 얻는 데 실패한다면, 자국 내 시장에서 점유율을 잠식당하는 결과로 이어진다. 21세기 미국 자동차 제조업체의 상황이 이러한 현상의 고통스런 예이다. GM, 포드, 크라이슬러의 경쟁력 약화는 일본, 독일, 스웨덴, 한국 등지의 수입차 및 미국 내 공장에서 제조된 외국 자동차 업체의 성장을 초래했다.

수입품에 국내 시장점유율을 빼앗긴다는 것은 극복하기 어려운 손실이다. 허약한 미국 자동차 제조업체들의 무역 불균형 충격을 생각해 보라. 가령 평균 2만 달러의 자동차가 1,000만 대 수입된다면, 연간 수입 총액이 2,000억 달러이고, 5~10년 동안 수입해야 할 교체 부품 비용까지 더해야 한다.

연간 2,000억 달러의 수출을 생성할 수 있는 산업은 소수에 불과하다. 실제로 2008년 할리우드 영화 제작사들의 수익은 약 280억 달러에 불과했다.

제품의 조달, 조립, 유통, 판매의 세계화로 인해 미국은 1990년대 말부터 실질적인 경제적 이익이 감소했다. 애플(Apple)의 아이팟(iPod), 휴렛팩커드(Hewlett-Packard)의 잉크젯 프린터, 델(Dell)의 랩탑 컴퓨터가 미국 브랜드를 붙이고 있지만, 장치 조립은 중국, 대만 또는 멕시코 회사에 의뢰한 것이다. 그 외주 업체들이 미국, 싱가포르, 대만 등지에서 생산된 부품을 구입하고 미국 회사의 설계서에 따라 장치를 조립한 것이다. 결국 그 제품들은 중국, 일본, 한국 또는 다른 시장에서 팔릴 때 상표, 지적재산권, 그리고 디자인만 미국산이므로 그것은 엄밀히 말해 미국의 수출품이 아니다.

제품 생산의 세계화가 진행되면서 여러 산업과 국가들에게 수출품의 실제 가치는 많이 왜곡될 수밖에 없게 되었다. 컴퓨터, 프린터, 자동차, 카메라 등 복잡한 제품에 어떤 기업의 브랜드와 어떤 나라의 국적이 쓰여 있다고 해서 그 제품이 꼭 그 회사 혹은 그 브랜드가 속한 나라에서 조립되었다는 것을 의미하지는 않기 때문이다.

CEO들은 브랜드에 붙은 수출 상품의 가치라도 취하는 것이 아무것도 없는 것보다는 낫다는 말로 이런 행태를 방어한다. 미국의 무역 불균형 측면에서 보면, 샌프란시스코에 사는 미국인 소비자가 소니보다는 애플의 노트북 컴퓨터를 사는 쪽이 더 낫다는 의미다. 그래야 소비자의 돈이 그나마 더 많이 미국에 남을 수 있기 때문이다.

주주와 투자자를 위한 부의 생성

위험은 보상받아야 한다는 것이 시장경제의 기본 운영 원칙이니, 기업은 매출 성장을 위한 신제품을 개발하고 투자자에게 수익을 제공하기 위해 이윤을 창출해야 한다. 그래야 위험 감수에 대한 보상을 받은 주주들은 신사업에 투자할 의욕이 생기고, 이는 곧 국내 생산과 수출 증가의 선순환으로 발전한다.

주요 기업들의 CEO와 이사회가 장기 성장은 외면한 채, 스톡옵션과 주식 환매 계획에서 나오는 단기 이익에만 관심을 쏟는 것은 미래의 수출 성장 가능성을 말살하는 것과 같다.

아시아의 기업 지도자들은 미국의 대기업에서는 흔해진 풍부한 스톡옵션 보상을 기대하지 않기 때문에, 수출 증대를 통한 장기 전략에 훨씬 더 집중한다.

기업의 세금은 국가의 전략적 자산이다

기업은 세금을 내고, 정부의 정책은 이 세금으로 운용된다. 그런데 미국 기업이 국내 공장을 닫고 생산 체제를 아시아로 이전하면, 미국은 일자리만 잃는 게 아니라 세금 수입도 잃게 된다.

2008년 미국의 500대 기업은 불안한 이정표를 지나쳤다. 미국 외 지역에서 수출된 제품 및 서비스의 해외 판매로 인해 외국에 낸 세금이 국내에 낸 세금보다 더 많아진 것이다.

세계적인 신용평가회사 스탠더드 앤 푸어스(Standard & Poor's)의 선임 지수분석가 하워드 실버블래트(Howard Silverblatt)는 해외 판매 및 과세에 관한 보고서 《미국 기업의 해외 판매 증가세 지속(Foreign Sales by U.S. Companies Continue to Rise, 2009년 7월 14일 발표)》에서 "우리는 이제 단지 일자리만 수출하는 것이 아니라, 세금을 수출하고 있다"라고 했다.

많은 국가들이 기업을 수입 생성의 전략적 자산으로 본다. 그래서 기업이 공장 건설, 직원 고용, 국내 판매 및 수출을 통해 국가의 부에 기여하는 장기적 헌신에 대한 대가로, 정부는 융자, 세금 감면, 금융 지원의 형태로 인센티브를 제공하여 자국 기업을 육성하는 것이다. 이러한 지원은 국가적인 차원에서 집행하는 나라도 있고, 또 지방정부가 보다 개별적인 접근 방법으로 처리하는 나라도 있다.

신기술 개발이 부를 만든다

▬▬▬

기업은 많은 과학기술을 창조하고 이용하여 개발자와 고객, 국가에 무수한 혜택을 안겨준다. 새로운 과학기술은 생활수준을 향상시키고 신사업을 창조할 수 있다. 또한 선도 기술을 개발한 기업은 미래에 세계 시장에서 높은 수익 성장과 높은 시장점유율을 가질 수도 있다.

제약사들이 막대한 비용 지출을 통해 신약 개발에 성공한 역사를 생각해 보라. 또한 전자산업이 1조 달러의 산업으로 성장한 것은 세대를 거듭하는 신기술 덕분이다. 집중적인 정부 지원이 부족했음에도 불구하고, 이런 산업은 강력한 국내 공급자이면서 동시에 수출 엔진으로도 성공을 거두었다.

미국이 재정 건전성을 회복하려면 앞으로 새로운 산업과 새로운 일자리를 창조하기 위해 정부가 신기술 창조를 더욱 중요하게 다루어야 한다. 신기술을 발견하고 개발하기 위해서는 자금 지원을 늘리고, 유망하고 수익성 좋은 분야에 기회를 집중시켜야 한다. 그리고 그런 자금 지원이 상원의원, 하원의원들의 정치적 영향력을 기초로 결정되어서는 안 된다.

물론 정부의 신기술 개발 지원은 이전에도 있었다. 과거에는 공공연한 무력 갈등이나 위협 때문에 정부가 금고를 열어 신기술 개발을 지원했다. 전투기용 제트 항공기 엔진, 제2차 세계대전 당시의 원자

폭탄 연구는 무기 연구가 상업적 용도로 이어진 대표적인 사례다.

1950년대부터는 많은 정부들은 특정 군사 위협과 관계없이 폭넓은 연구개발 프로그램을 지원하기 시작했다. 정부 지원은 직접 보조금, 세금 공제 또는 다른 금융기관 등을 통해서 제공되었다. 예를 들어, 인터넷은 1960년대 군사 연구기관에서 컴퓨터의 연결을 지원하기 위한 미국 국방부의 지원금으로 탄생했다.

오늘날 대부분의 선진국과 개발도상국들은 많은 분야에서 연구개발을 지속적으로 지원한다. 최근 들어서는 자동차 전지 같은 새로운 차량 추진 시스템 연구개발에 국가 간 경쟁이 활발하다. 선진국에서 급속히 늘어나는 노령 인구를 위한 의료기기 및 건강관리 솔루션도 정부에서 지원하기에 매력적인 분야다.

전투마다 다른 전술이 필요하다

국가 간, 기업 간 경쟁이 심해지면서, 현명한 지도자는 매 전투에서 똑같은 전술로 싸울 수 없다는 것을 깨닫는다. CEO와 정부 지도자는 신중하게 기회를 골라야 하고, 자신의 강점이 적의 약점을 이길 수 있는 지점을 찾아 공격해야 한다.

기업이 여러 시장에서 높은 점유율을 획득할 수 있으려면 먼저 어느 시장이 중요한지를 분석해야 한다. 예를 들어 중국, 인도 등 다른 이머징 마켓(emerging market, 신흥시장)에 비해 고비용 구조인 미국은 고가치를 상징하는 첨단기술과 고급 제품 개발에 집중해야 한다.

세계 경제를 돌이켜보면 경제와 과학기술, 그리고 전략적 사고에 정통한 지도자를 가진 나라가 수출 기반의 비즈니스 창출에 성공한 예가 많았다. 1970년대부터 시작된 다음의 성공 사례를 생각해 보라.

- 일본은 자동차와 전자산업에 강해서 수출을 많이 해 왔다. 이머징 마켓의 새로운 경쟁자들에 비해 상대적으로 고비용 구조이기 때문에 2005년 이후 자동차산업에서 일본의 위치는 약해졌지만, 일본 기업들은 여러 시장에서 많은 제품으로 주도적인 시장점유율을 유지했다.
- 한국은 칩에서 휴대폰, 텔레비전, 세탁기, 냉장고에 이르기까지 폭넓은 종류의 전자·전기제품을 대량 수출해 왔다. 한국 기업인 삼성전자와 LG전자는 이 분야의 많은 제품에서 글로벌 리더가 되었다.
- 독일은 화학, 자동차, 전기산업의 수출을 많이 해 왔다. 세계로 수출되는 독일의 자동차는 값이 비싸지만, 기술과 품질을 인정받았기에 세계적으로 큰 성공을 거두었다.
- 대만은 영리한 정부 지원과 고도의 친기업 환경을 통해 발달된 강한 전자산업 때문에 무역수지 흑자를 유지해 왔다. 서양에서의 높은 판매 실적과 함께 중국 역시 대만 기업에게는 중요한 시장이 되고 있다.

위의 사례와는 달리 자국의 산업기지에 투자와 열의, 그리고 통찰력이 집중된 지원을 하지 않은 국가도 있다. 바로 영국이 그렇다. 영국은 산업기지 약화로 인해 무역수지가 적자이다. 영국 정부는 기업이나 수출 지향이 아니다. 그 결과, 영국의 부는 계속 쇠락할 것이다.

영국의 연평균 GDP(국내총생산) 성장률은 1971년부터 미국에 뒤처졌다. 이는 당연한 결과다. 영국은 자동차, 컴퓨터, 전자산업의 주요 분야를 개척한 선구자였지만, 현재 이 분야에서 영국 기업은 거의 전무한 상태다.

또한 제2차 세계대전 당시 영국의 군대와 대학은 암호학의 선두에 있었지만, 오늘날 사용되는 암호제품과 서비스는 모두 영국 기업이 아니라 미국 기업의 제품들이다.

영국의 예는 정부 정책이 현대 첨단기술 산업 시대의 현실에 발맞추지 못할 때 어떤 일이 발생하는가를 보여주는 사례라고 할 수 있다.

어느 전투에서 싸울지, 또 언제 어디서 싸울지를 고르는 데서 유능한 장군과 CEO, 그리고 정부 지도자의 능력이 판가름 난다. 그리고 이기는 기업과 지는 기업을 가려내는 것은 정부가 할 일이 아니라 시장 경제의 역할이다.

이제 21세기의 정부는 핵심 산업을 발전시키고 지원 전략을 실행에 옮겨야 한다. 기업과 마찬가지로, 한 나라는 자국이 경쟁 우위를 가질 수 있는 산업 영역과 시장에 제대로 포지셔닝을 해야 한다.

대만과 중국의 전략적 투자

1970년대 초반부터 대만 지도자들이 취한 포지셔닝 행동에서 배울 것이 있다.

사실 대만은 어떤 산업 분야에서도 최고가 될 만한 고유의 경쟁 우위가 없었다. 좁은 땅에 물 공급도 부족하며 이렇다 할 천연자원도 없다. 하지만 교육받은 인구가 많고, 지리적으로 아시아의 주요 시장에 가까운 위치다.

1970년대 초, 대만 정부는 전자산업 중 특정 섹터를 자국이 진입하여 궁극적으로 지배할 수 있는 이상적인 시장으로 규정하였다. 그런데 반도체와 다른 전자기기의 생산은 숙련된 근로자와 기술 지식, 그리고 대규모 투자를 필요로 했다(당시에 칩 공장 하나의 건설과 설비에 2억~3억 달러가 들었다). 결국 대만은 정부 연구기관 세 곳을 공업기술연구소(ITRI, Industrial Technology Research Institute)로 합병했다. 이를 통해 필요한 기술을 획득하고, 근로자 교육, 칩 공장 건설, 그리고 자전거와 같은 다른 산업 개발에도 관심을 기울였다.

이후 ITRI는 미국 기업으로부터 다양한 반도체 기술의 라이선스를 얻는 데 성공했다. 그리고 정부의 관대한 세금 혜택은 ITRI의 기술 개발 활동과 더불어 대만이 전자기술의 중심지로 발전하는 데 촉매 역할을 했다.

대만은 자본집약적 산업에 대한 정부 지원에 힘입어 40년도 채 안 되어 전자산업의 대규모 생산 기지를 건설했고, 여러 제품에서 세계 시장의 주도권을 잡는 데도 성공했다. 1990년대 초 대만의 기술 기반은 미국, 일본, 유럽에 비해 보잘 것 없었지만, 2009년에는 많은 제조업 영역에서 세계적인 수준에 올라 있다.

대만은 현재 공개시장에서 실리콘 웨이퍼(반도체의 원료가 되는 얇은 판) 연간 생산량의 80% 이상을 생산한다. 웨이퍼는 전자산업에서 정유회사 엑슨-모빌(Exxon-Mobil)의 원유, 벤 앤 제리(Ben & Jerry's) 아이스크림 회사의 우유와 같은 존재다.

대만은 웨이퍼 분야에서 지배적인 시장점유율을 차지했을 뿐만 아니라, 2008년에는 텔레비전 평판 디스플레이의 37%를 생산하여, 45%를 차지한 한국에 이어 2위에 올랐다. 또 2005년 이후 대부분의 랩탑 컴퓨터는 대만 회사의 중국 공장에서 생산한 것이다.

대만이 웨이퍼와 디스플레이, 랩탑 제조에서 성공을 거둔 요인은 정부의 지원과 투자 이외에도 더 있다. 기업가적 환경을 장려하고, 허가받은 주식시장에서 지분을 거래할 수 있는 기회 덕분에 투자자와 직원들은 큰 금융 이익을 얻었다. 펀드 모집이 가능하고, 지분 투자로 쉽게 이익을 뽑아낼 수 있다는 점은 금융기관이 신생 기업, 특히 신생 시장에 있는 기업들에게 투자를 하는 데 큰 자극이 된 것이다.

중국의 정부 기관도 고용을 창출하고 수출을 유발하는 자본집약적 산업 건설을 적극적으로 장려한다. 현재까지 중국은 컴퓨터와 텔레비전용 평판 디스플레이, 전자칩 생산공장에 상당한 투자를 했다. 중국의 투자 전략이 대만에서 성공을 거둔 그것과 상당히 흡사한 것은 우연이 아니다. 중국은 다른 나라에서 이미 성공을 거둔 방법을 효과적으로 차용해 왔다. 게다가 개발 속도는 다른 나라보다 훨씬 빨랐다.

반면, 미국 정부는 현재 국내 전자업체에 대해 대규모 지원을 하지 않는다. 2009년 글로벌파운드리즈(Globalfoundries)사가 뉴욕에 칩 공장을 건설하는 데 원유 수출로 돈을 벌어들인 중동 국가 아부다비가 최대 지원자로 나섰다는 사실은 아이러니할 수밖에 없다(뉴욕주도 칩 공장 비용 42억 달러 중 약 33% 정도를 제공하고 있기는 하다).

어떤 나라는 군사력 증강을 위한 장기 전략을 세우지만, 이보다 훨씬 더 중요한 것은 세계 시장에서 높은 시장점유율을 가질 수 있는 기업을 창출할 장기 전략을 세우는 일이다. 그런데 미국에선 아직까지도 국가안보 유지를 위한 군사 지향적 접근 방법을 비즈니스 지향적 사고로 바꾸는 개념 변화가 전혀 이루어지지 않았다.

한 국가의 기업 파워는 부를 건설하기 위한 방어이자 공격 전략의 기초이다. 기업이 별개의 독립된 존재로 보이지만, 실제로는 기업이야말로 국가의 부를 창출할 수 있는 핵심 주체인 것이다.

2부

약해지는 거인, 미국

United States:
The Weakening Giant

★

미국을 커다랗고 성숙한 떡갈나무라고 생각해 보라. 미국의 정치적, 지리적, 경제적 다양성을 상징하듯 떡갈나무는 가지가 많고 키가 큰 나무이다. 이 떡갈나무는 뿌리가 깊고, 200년 넘게 숱한 폭풍과 벌레의 공격, 가뭄 등 여러 자연재해를 견디어 왔다. 폭풍을 맞아 가지가 휘어지고 흔들렸지만, 결국엔 다시 이전의 위치로 되돌아 왔다. 극도로 강한 바람이나 얼음 폭풍으로 가지가 하나 부러지면, 금세 새 가지가 자라났다.

예전에는 비도 풍부했고 푸르고 건강한 나뭇잎이 많았기 때문에 나무는 금세 회복되었다. 가지치기와 비료를 주어 정성스럽게 가꾸어지는 나무였다.

하지만 1990년대부터 나무의 환경은 바뀌기 시작했다. 비는 예전만큼 자주 내리지 않았고, 땅에 비료도 예전만큼 충분치 않았다. 나무는 예전만큼 영양 섭취를 하지 못했다. 지원은 줄어들었고, 벌레들이 나무속까지 파고드는 바람에 필수 영양분이 흘러나갔다. 애벌레가 나뭇잎을 갉아 먹었고, 더 적은 영양분으로 힘겹게 살다 보니 나뭇가지는 약해졌다.

이 떡갈나무처럼, 지금 미국은 안팎으로 약해지고 있다. 쇠퇴가 가속화되면서, 다른 위협에 대한 저항은 더 빠르게 힘을 잃는다.

이렇게 약해진 상태이다 보니, 험난한 날씨로 인한 상처는 더욱 크다. 눈과 얼음, 강한 바람은 더 많은 가지를 부러뜨린다. 부러진 가지에서 드러난 상처는 벌레가 침입하기 좋고 병에 걸리기도 쉽다. 떡갈나무가 강하다고 해도 이 모든 위협에 상처를 입지 않을 수는 없으며, 적절히 돌보아주지 않는다면 결국 죽고 말 것이다.

베를린, 쿠바를 침공한 군사 대국 소련의 부상, 일본의 전자제품과 제조품, 자동차 수출의 폭풍, 멕시코와 대만 상품의 홍수 등 지난 60년간 미국에 도전한 폭풍이 많았다. 하지만 그 모든 것 중에서 가장 커다란 폭풍이 지금 다가오고 있다. 바람이 아주 거셀 것이다. 이 폭풍은 바로 중국이다.

현재까지 중국의 바람은 앞으로 커질 힘에 비하면 비교적 약한 것이다. 중국 폭풍이 미국과 다른 나라들에게 얼마나 심각한 피해를 입힐지는 여러 요인에 의해 결정될 것이다. 미국이 이 폭풍을 어떻게 견뎌낼 것인지는 어떻게 영양 공급을 받느냐에 달려 있다. 힘을 얻지 못하고 계속해서 혹사당한다면 결국은 참담한 지경에 이르고 말 것이다.

★

CHINAMERICA

부채에 빠져
익사 위기에 처한
미국

미국의 경제 규모는 여전히 세계 최대지만, 지난 10년 동안 GDP 성장률은 낮았다. 또 21세기 초 미국 GDP 성장의 주요 동력은 생산 증대보다 소비를 부추기는 재정 적자의 사용이었다. 미국은 경제 성장 유발의 수단으로 적자에 중독되었다. 옛날 적자를 갚느라 새로운 적자를 내고 있다. 더 심각한 것은 리파이낸싱(기존 채무를 갚기 위해 조달하는 차입금) 주기마다 적자가 더 커진다는 데 있다.

재정 적자 감소 방안에 대한 수많은 논의가 있었지만, 현재까지 미국에서 제대로 실행되고 있는 계획은 하나도 없다. 오바마 대통령과 몇몇 경제학자들은 2008~2009년 불황에서 회복되면 부채 상환에 도움이 될 것이라는 낙관적 전망을 나타내기도 했다. 하지만 대부분의 경제학자들은 부채 쓰나미를 줄일 만큼 큰 폭의 경제 회복은 기대하기 어렵다는 보수적 전망이 지배적이다.

미국은 2008년 대불황에 빠졌던 이유가 차입금을 이용해 과도한 레버리지 투자(낮은 이자의 부채로 고수익 투자를 하는 것)를 벌인 금융기관과 빚을 내서 주택 구매에 나선 소비자 때문이라는 것을 잊지 말아야 한다. 그럼에도 미국은 사회 모든 계층의 소비자, 공무원, 영리할 것만 같은 은행가와 부동산 개발업자까지 모두들 무분별한 차입에 푹 빠져들었다. 부동산 담보대출보다 주택과 사무용 빌딩의 가격이 더 빠르게 오를 거라는 기대가 계속되었다. 하지만 이런 식의 인위적인 성장은 분명 오래가지 못한다.

미국 소비자들은 계약금 없이도 매우 낮은 월부금으로 집을 살 수 있었다. 부동산 값이 오를 것으로 생각해 주택을 담보로 재융자를 받고, 주택의 자본 가치가 더 높아질 수 있으리라 기대했다. 어떤 사람들은 주택담보대출을 받아 그 돈을 주택의 가치를 높이는 데 쓰지 않고, 물질 재화, 특히 수입품을 사들이는 데 펑펑 썼다.

은행은 모기지 관련 파생 금융상품을 만들고, 다단계채권(CMO, collateralized mortgage obligation, 기존의 주택저당채권을 만기와 이율이 각기 다른 증권으로 분리하여 발행한 증권), 신용디폴트스왑(CDS, credit default swap, 신용자산 가치를 감소시키는 사건이 발생했을 때 손실을 보존해주는 계약) 등 여러 방식으로 빚을 재포장하여 돈을 빌려 썼다.

결국 2008~2009년 불황은 딱 그 시기에 그토록 혹독하게 찾아올 수밖에 없었다. 2009년 하반기부터 완만한 회복이 시작되었지만, 그것은 미국 정부가 빚을 내서 마련한 구제금융과 경기부양정책 덕분이었다.

레버리지에 희생된 금융기관은 도산하거나 정부 차입금을 써야 했다. 더욱 기가 막힌 것은 정부가 계속해서 부채를 끌어 쓰는 소비에 돈을 대준다는 것이다.

중고차 현금보상제도로 정부가 내주는 4,500달러는 미국인들에게 계속 소비를 해도 괜찮다는 환상을 부추겼다. 계속 늘어나는 정부 부채에 뿌리를 두고 있으니, 그것은 결국 환상인데도 말이다. 결국 미국 정부는 경기부양책을 위해 1조 달러 이상을 차입하고 말았다.

소비의 환상 속에 살고 있는 미국인

경제 위기를 일으킨 요소들을 잘 알고 있음에도 불구하고, 미국은 자기가 소비하는 제품의 원산지, 혹은 가치 창조나 국력 유지와 같은 근본적인 이슈에 신경 쓰지 않고 높은 수준의 소비생활을 계속해도 된다는 환상 속에 살고 있다.

1950년대 미국 소비자들은 '메이드 인 재팬'이라고 찍힌 상품을 비웃었다. 휴대용 트랜지스터 라디오 등 기술적으로 인상적인 제품도 있었지만, 일본 제품은 대체로 값이 싸고 품질이 형편없었기 때문이다. 하지만 오늘날 메이드 인 차이나, 메이드 인 타이완, 메이드 인 베트남 등 외국산 제품이 넘쳐나도 미국인들은 아무렇지 않다. 미국에서 소비되는 제품이 어느 나라 것인지를 걱정하는 사람은 거의 없다. 소비자의 관심은 오직 값이 싸다는 데만 있다.

미국 소비자를 위한 제품의 진짜 비용은 그것을 살 때 내는 달러 액수가 전부는 아니다. 그 안에는 미국 내 고용 상실이라는 숨은 비용이 들어 있다.

미국인들은 점점 더 늘어나는 수입과 그로 인한 무역수지 적자가 장기적으로 어떤 의미를 함축하고 있는지에도 관심이 없어 보인다. 물론 글로벌 경쟁력을 갖고 소비자가 가장 싼 가격에 제품을 구매할 수 있도록 하는 것은 중요하다. 하지만 미국은 그 자유가 미치는 영향을 온전히 이해할 필요가 있다.

이뿐만이 아니다. 미국에서는 일을 하고 가치를 창조할 필요성에 대한 인식이 급격히 감소하고 있다. 정부 공무원 노동조합이 협상한 근로계약서에는 20년간 일하고 60년간 급여를 받도록 되어 있다. 근로자가 22살의 나이에 일을 시작해서 42살까지 20년간 공무원으로 일하면, 최근 2년간 평균 연봉에 근접한 연금을 받는다. 이 근로자가 82살까지 살 것을 가정하면, 이후 40년 동안 연금과 복지 혜택을 누릴 수 있다. 여기에는 연간 3%의 물가상승 반영분도 포함된다.

조세 정책도 눈먼 돈의 환상이 영속하는 데 일조했다. 미국 가구 중 47%가 연방세를 전혀 내지 않으며, 납세자 중 30%가 내는 연방세도 상대적으로 미미한 액수다. 결국 정치인들이 조작해 놓은 세금과 지출 정책은 오늘날의 미국을 만들고 말았다.

채 50년도 안 되는 사이에, 미국은 1960년 존 F. 케네디의 "조국이 여러분을 위해 무엇을 할 수 있는가를 묻지 말고, 여러분이 조국을 위해서 무엇을 할 수 있는가를 물어보라!"는 외침을 거꾸로 뒤집었다. 모든 사람이 경제 건설에 이바지하기를 기대하는 문화에서, 이제는 많은 사람들이 나라 경제에서 가능한 한 많은 것을 빼먹으려고 하는 문화로 바뀌어버린 것이다.

물론 예외는 있다. 일부 개인과 기관은 부의 창출에 크게 기여한다. 미국의 발명가이자 기업가인 스티브 잡스(Steve Jobs)와 애플의 아이튠즈(iTunes)는 어마어마한 수익 산업을 창출했다. 또 보잉(Boeing)과 같이 대량 수출과 미국 내 대규모 고용을 유발한 기업은 국가 부의 창출에 중요하게 이바지했다. 하지만 전반적으로는 자기 지위를 당연히 여기고 거기에 안주하여 과거의 패턴을 지속하려는 분위기가 팽배하다.

미국인들이 왜 조국보다 자기 자신에 초점을 두게 되었는지를 보여주는 주요 트렌드를 요약해 보면 다음과 같다.

▪ **정치인들은 표를 얻을 목적으로 세금을 재분배하는 방법을 쓴다.**

이것은 정치인들이 연방 예산을 자기 지역 사업을 위해 전용한다는 의미다. 좋게 말해서 포크-배럴 정치(pork-barrel politics, 돼지고기와 표를 맞바꾼다는 의미로 '정치적 선심 공세'를 가리키는 말)라는 것으로, 미국 정치인들만 이런 방법을 쓰는 것은 아니지만, 그 정도가 심하다.

▪ **미국 인구의 10~15%에게 가난은 하나의 생활방식이 되었다.**

복지생활 보조금을 받고 자란 어린이는 제대로 된 교육을 받지 못하고 직업교육도 습득하지 못했기 때문에 어른이 되어서도 보조금을 받고 생활하는 경우가 많다.

▪ **정부 공무원은 높은 연금과 후한 퇴직 수당을 받는다.**

보상 수준이 직원으로서 그들이 기여한 정도와 일치하지 않는 경우가 많다.

▪ **정부 규제기관은 2008~2009년 대불황을 초래한 은행 및 다른 금융기관을 감시하는 데 실패했다.**

이런 실수는 너무 욕심이 많거나 멍청한, 아니면 둘 다인 금융기관 지도자와 결합되어 상황이 더욱 악화되었다.

▪ **금융서비스산업을 지배하는 규제들이 제대로 실행되지 않았다.**

2008년 선거는 사실상 규제를 집행하지 않았던 정부 공무원들을 해고하라는 유권자의 결정이었다. 오바마 행정부는 더 강력한 집행을 약속했지만, 금융서비스산업을 제대로 규제하지 못한 해묵은 관행이 과연 바뀔지는 지켜봐야 할 일이다. 지금도 제대로 감시 모니터를 지켜보고 있는 사람은 아무도 없다.

▪ 노동조합은 단기적인 보상만을 추구한다.

노동조합은 원가 경쟁력을 글로벌 관점으로 보지 않는다. 공정한 보상은 원가 경쟁력과 균형을 이루어야 한다. 노동조합의 첫 번째 책임이 노조원의 일자리와 복지를 지키는 것이지만, 원가와 기여도 역시 글로벌 기준에 맞추어 경쟁력을 갖도록 해야 한다.

▪ 기업의 CEO와 최고경영진은 높은 단기적 보상에만 초점을 맞추고 있다.

기업은 보다 더 장기적인 안목을 갖고 오늘의 이익을 세계적인 수준의 기업을 창출하는 데 써야 한다.

권리 의식(entitlement mentality, 자기에게 주어진 지위를 당연한 것으로 생각하고 이에 안주하려는 생각)과 욕심의 결과로, 지난 20~30년 사이에 미국은 중요한 문화적 변화를 겪었다. 몸 바쳐 일하고 때로는 희생을 감내하는 대가로 한 회사에서 장기 근속하며 고소득을 올릴 수 있을 거라는 기대는 잔인한 정리해고로 산산이 부서졌다. 이제 직원들의 새 문화적 규범은 "지금 나한테 줄 게 뭔가요?"이다. 월가의 대기업 CEO가 자리에서 잘리고도 스톡옵션과 연금, 다른 경제적 이익을 챙겨가는 것을 본 평사원들은 하나같이 장기적인 부를 포기하고 단기적인 보상만을 강조하고 있다.

탐욕스런 행동은 미국의 문화적 붕괴에서 유래한다. 이것은 정부 및 정부 지도자의 정직 이미지가 약해지면서 생겨난 현상이다. 닉슨 행정부의 워터게이트 스캔들(1972~1975년에 닉슨 행정부가 베트남전 반대 의사를 표명했던 민주당을 저지하는 과정에서 일어난 정치 스캔들)과 뒤이어 나타난 다른 대통령들의 잘못된 행동으로 인해 국가 지도자를 향한 존경심은 줄어들었다. 게다가 2008년 서브프라임 모기지 스캔들에 책임 있는 사람들을 감옥에 보내지 못한 탓에 많은 사람들이 거짓말과 속임수에 큰 처벌이나 징계는 없다고 믿게 된 것이다.

1995년 무렵 경제 성장기 때, 욕심은 많은 미국인들을 움직인 일차적인 의욕이었지만, 재정 적자와 새로운 의료보험정책을 위한 더 많은 세금은 과거에 자본과 성장의 기운을 제공했던 기업가와 부유한 투자자의 의욕을 꺾을 뿐이다.

의욕을 잃은 투자자

바람직한 사회 구조라면 고소득층이 비용을 부담해서 저소득층에게 부와 성공을 재분배하는 것이다. 그런데 세금이 늘어나면 투자자가 위험을 무릅쓰려는 의욕을 잃는 것이 불가피하다.

2009년 정부의 행동으로 인해, 미국에는 또 다른 형태의 의욕 상실이 일어날 수 있을 것이다. 과거에는 투자자가 금융 및 규제기관에서 강력한 세력이었는데, 이것이 급속히 변하고 있다.

부시와 오바마 정부 주도의 구제금융으로 GM과 크라이슬러의 주식 및 채권 보유자들은 투자금의 대부분을 빼앗았다. 힘의 기반이 투자자에서 정부와 노조로 바뀌었다는 증거가 크라이슬러의 소유권 변화에서 나타난 것이다.

현재 전미자동차노조(UAW, United Auto Workers)는 크라이슬러의 지분 67.69%를 소유하고 있다. GM도 비슷한 상황으로, 정부가 60%, UAW가 20%를 소유한다. 이런 파워 구조의 변화는 투자자의 의욕을 떨어뜨릴 게 분명하다. 정부가 GM과 크라이슬러의 지분 및 부채 소유자들을 쓸어버렸을 때 이 회사의 미래 투자는 죽음을 고했다.

이런 문화적·윤리적 가치의 중대 변화가 미국의 경쟁력 감퇴를 만드는 핵심 요인이다. 과거에는 사회가 약화되어 붕괴에 이르기까지 수십 년, 심지어는 수백 년이 걸렸지만, 경쟁 환경이 급격히 변하는 오늘날에는 5~10년밖에 안 걸린다. 떡갈나무는 점점 쇠약해지고, 그러는 과정에서 외부 위협에 대항할 수 있는 힘은 점점 더 약해진다.

내수시장을 잡지 못한 미국의 기업

1960년대와 1970년대 미국의 기업은 내수시장에 초점을 두는 게 특징이었다. 그만큼 미국 시장이 컸으니 그것은 기업 유지에도 매우 안전한 방법이었다.

미국의 소비자와 비즈니스는 부유했고, 예측 가능한 구매 패턴을 가졌었다. 미국 기업이 거대 시장 미국에서 높은 점유율을 차지하면 그와 동시에 글로벌 마켓 1위가 되었다. 광고 활동은 특정 브랜드의 시장점유율을 높이는 것뿐만 아니라, 전체 시장 규모의 증대, 새로운 시장 창출, 그리고 미국 소비자들의 성장하는 구매력을 이용하는 방향으로 진행되었다. 미국의 첨단기술 기업은 크고 활기에 넘치는 국내 시장을 창출해낼 신제품을 도입하는 데 숙달된 능력을 보였다.

그런데 활동 무대가 국내 시장으로 국한되어 있던 미국의 기업들은 다른 나라의 유력 경쟁자들이 보여주는 성공 능력을 보여주지 못했다. GM과 포드, 크라이슬러는 일본 자동차 공장에서 연비가 높아진 자동차 생산이 성공되고 높은 수준의 품질관리와 효율성을 달성한 것을 너무나 오랜 세월 동안 무시했거나 감지하지 못했다.

미국 기업은 해외 시장에 진입할 때 전술적 이점을 무시했고 전략적 기회마저 잃어버렸다. 단단한 내부 기반을 유지하고 방어 전략을 취함으로써 내수시장을 경쟁으로부터 지키는 것도 중요했지만, 시장 기회에 대한 글로벌 관점을 갖는 것은 절대적으로 중요한 일이다. 실제로 잭 웰치(Jack Welch) 시대 당시와 이후의 GE가 보여준 바와 같이, 높은 세계 시장점유율은 경제적 성공을 가늠할 수 있는 주요 잣대인 것이다.

또한 자기의 홈 베이스 내에서 적(경쟁 기업)을 공격하여 상대방에게 세계 시장에서 경쟁력이 없다는 확신을 심어주는 것이 중요하다. 만약 경쟁사의 자국 시장 시장점유율을 빼앗는 것이 경제적으로 불가능하다면, 적을 봉쇄하는 전략을 써서 다른 나라에서도 높은 시장점유율을 차지하지 못하게 막아야 한다. 전쟁뿐만 아니라 비즈니스에서도 해당 지역에서 경쟁자를 물리치고 지배하려면 그만큼 전략적이어야 한다.

세계 시장점유율 1위가 되는 주요한 전술은 기술의 특징이나 독창성을 바탕으로 공격적으로 밀고 들어가는 것이다. 해외 시장에 진입할 때 가격만을 주요 도구로 삼으면 이윤이 낮기 때문에 바람직하지 못하다. 아이팟(iPod), 아이폰(iPhone), 맥(Mac) 등 애플이 도입한 혁신적 기술은 프리미엄 가격의 제품이 세계 시장에서 성공을 거둔 좋은 예이다. 도요타의 프리우스(Prius) 하이브리드 자동차는 자국 시장 밖에서 고수익을 낸 혁신 제품의 또 다른 예이다.

그동안 많은 미국 기업들은 글로벌 경쟁자의 위협을 과소평가해 왔다. 그 결과 미국 기업은 수많은 분야에서 힘을 잃었고, 다른 나라의 경쟁사가 미국 내수시장의 점유율을 높였다.

일본의 인구는 1억 2,700만 명, 미국은 3억 700만 명이었지만 도요타 등의 여러 기업들은 국내 사업에서 나오는 충분한 이익으로 해외에서 벤처사업을 런칭했기 때문에 세계 시장에서 리더가 되었다. 일단 굳건한 내수시장을 수립한 다음에, 내수시장을 겨냥해서 개발한 제품을 해외에서도 대량 판매했던 것이다.

내수시장에서 다진 굳건한 위치를 발판 삼아 해외 정복에 나서는 모델을 따른 것은 일본의 자동차 회사뿐만이 아니다. 삼성, 노키아의 자국 내수시장은 도요타, 혼다의 일본 시장보다도 훨씬 더 작았다. 필요에 따라 그들은 세계 시장에서 경쟁하는 데 필요한 기술 기반을 개발했다. 그 결과 노키아는 무선 단말기 시장에서 글로벌 리더가 되었다. 삼성은 LCD 텔레비전과 컴퓨터용 메모리칩을 비롯한 다른 전자기기에서 세계 시장점유율 1위이며, 세계 2위의 무선 단말기 판매업체이기도 하다.

쇠락하는 미국의
자동차 · 철강산업

04

《컨슈머 리포트(Consumer Reports)》지의 리서치에 따
르면, 대부분의 미국 자동차는 도요타나 혼다에 비해 품질과
신뢰성 면에서 하위에 랭크되었다. 새 경영진을 맞아 품질 개선
을 이루었다는 새로운 데이터가 나오긴 했지만, 미국 자동차산업의 경
쟁력은 아직도 의심스러운 지경이다.

미국의 자동차 회사는 1950년대부터 1970년대까지 해외 판매
는 미미했지만 세계 최고의 기업이었다. 미국의 내수시장이 워낙 컸
기 때문에, 미국 내에서 높은 시장점유율을 가지면 자동적으로 세계
시장의 점유율이 커졌기 때문이다.

그렇게 해서 GM은 이 시기에 세계 일류 기업이 되었다. 포드 역시
최고의 미국 기업이자 막강한 글로벌 브랜드로서의 입지를 유지했다.
크라이슬러는 그보다 작은 기업이었지만 자동차 시장에서 주요 기업
중 하나로 간주되었다. 그리고 스튜드베이커(Studebaker), 지프(Jeep) 등
의 틈새 브랜드들은 결국 위의 3대 메이저 회사에 흡수되었다.

작지만 강한 미국의 자동차 제조업체 그룹은 자동차의 대량 수입을
막았다. 세계 여러 지역에 지사를 설립해 세계 시장에 진출했고, 자동
차 회사들의 해외 판매 덕분에 미국의 무역수지는 흑자를 기록했다.

하지만 그런 상황은 불과 몇십 년 만에 모두 끝이 났다. 미국의 자

동차 회사 중 최대의 몰락은 2008~2009년 GM에서 일어났다.

1970년대 최고 전성기 때 GM은 직원이 39만 5,000명이었고, 협력 업체에는 이보다 더 많은 인원이 종사하고 있었다. GM의 자동차 생산 대수는 21세기 초까지만 해도 세계 어느 회사보다 많았다. 하지만 2008년의 불황, 불어난 비용 구조, 심각하게 경쟁력 없는 제품으로 인해 결국 2009년 6월 파산하고 말았다.

높아진 국가 실업률과 정치에 미칠 부정적 파급 효과를 막기 위해 미국 정부는 500억 달러 이상의 자금을 지원하며 회사를 계속 운영할 수 있도록 했다. 회사는 심각한 현금 부족을 해결하려 몇몇 작은 브랜드와 해외 사업장을 매각했지만, 새턴(Saturn), 폰티악(Pontiac), 오펠(Opel) 등의 브랜드는 구매자를 찾지 못했다. 또 사브(Saab) 브랜드와 기술은 작은 유럽 회사에 매각할 수밖에 없었다.

2008~2009년 대불황 시기, 미국 2위의 자동차 회사 포드의 상황은 이보다 조금 낫긴 했지만 별반 차이가 없었다. 2009년 총수입의 대부분이 전년과 대비했을 때 약 24%나 떨어진 829억 달러에 그쳤고, 영업손실은 13억 달러를 기록했다. 불황과 취약한 제품 라인업 탓에 포드의 판매량은 2007~2008년 사이에 13%나 감소했다.

포드는 새로운 경영진 덕분에 다행히 GM 같은 파산의 운명은 피했다. 앨런 멀랠리(Allan Mulally) CEO는 장차 현금 압박이 있을 것을 예측해 2008년 금융시장이 불안해지기 전에 이미 회사의 모든 부동산과 자산을 담보로 대출을 받아 운영자금을 마련해 놓았다. 그의 예측대로 얼마 안 가서 강한 재무 압박이 발생했지만, 포드는 정부의 구제금융 지원을 받지 않고 살아남았다.

2008년 포드의 자동차 생산량은 540만 대(도요타는 920만 대, GM은 830만 대를 생산했다)였다. 세계에서 네 번째로 큰 자동차 제조업체이다. 하지만 그럼에도 불구하고 포드는 자동차산업에서 글로벌 강자로 여겨지지 않는다. 그 이유는 바로 해외 브랜드를 매각한 탓이기도 한데, 볼보(Volvo), 재규어(Jaguar), 랜드로버(Land Rover)와 마쓰다(Mazda)의 일부 지분을 매각했기 때문이다. 물론 포드는 이들 브랜드를 인도와 중국 기업에 매각함으로써 모든 역량을 중요도가 높은 핵심 제품에 집중할 수 있었다.

포드와 GM은 자동차나 트럭 조립에 필요한 거의 모든 부품을 생산하는 종합 자동차 제조업의 강자였다. 하지만 지난 10년간 그들은 손실을 안고 있었던 부품 제조업체들을 매각했다. 포드의 생산 자회사 비스테온(Visteon)과 GM의 자동차 부품 자회사 델파이 오토모티브(Delphi Automotive)는 각각 2005년과 2008년에 파산을 선언했다. 델파이는 2005년에 불법 회계 관행을 공개하고, 조직의 재정비를 위해 법원에 파산 보호 신청을 냈으며, 비스테온은 2008~2009년 대불황 시기에 파산을 신청하여 본사와 미국 자회사의 일부 조직을 재편했다.

이와 같은 일들이 벌어지는 사이, 중국의 자동차 부품 공급업체와 연계된 합작회사들은 번창하고 있었다. 이들은 계속해서 생산기지를 중국에 건설 중이며, GM과 포드에 들어가는 자동차 부품의 중국산 비중은 점점 높아지고 있는 추세다.

미국의 자동차산업은 분명 중대한 쇠락을 경험했다. 회사의 연금 지급 의무 비용도 문제지만, 심각한 제품 문제가 경영진을 괴롭혔다. 2006년 이후 미국의 3대 자동차 업체 모두가 CEO를 경질했음에도 불구하고, 그들은 내수 및 수출용 자동차 개발에 극도로 비효율적이었다.

자동차산업의 약화로 이제 미국은 자동차 순 수입국이 되었다(2009년 10월 자동차 수출 총액은 75억 달러인 반면, 수입은 164억 달러에 달했다). 무역 불균형은 일본과 독일 자동차 회사의 미국 내 생산으로 일부 상쇄되었지만, 이것은 자국의 제조업체를 갖는 것과는 비교가 되지 않는다. 더욱이 미국은 엔진, 트랜스미션, 동력 전달 부품 등 자동차의 가장 중요한 기술을 수입하고 있다. 이 때문에 미국 기업은 미국 내에서 일본과 한국 공장의 공급망에 전면적으로 참가할 기회마저 빼앗겨버렸다.

뜨거운 감자, 크라이슬러

미국의 자동차산업 문제가 얼마나 심각한지를 잘 보여주는 예가 크라이슬러의 상황이다. 다임러-벤츠(Daimer-Benz)는 크라이슬러를 1998년 380억 달러에 인수했다가, 2007년 80.1%의 지분을 74억 달러에 금융 투기꾼이자 부실자산 운용사인 세르베루스 캐피탈 매니지먼트(Cerberus Capital Management)에 매각했다. 그리고 남은 20%의 가치는 사실상 제로가 되었다.

1998년부터 2007년까지 다임러-벤츠는 크라이슬러에 수십억 달러를 투자했지만 수익을 내지 못했다. 다임러-벤츠는 글로벌 통계로는 성공적인 기업인데도 크라이슬러에 쌓여 있는 낮은 품질, 비효율성, 부정확한 제품 기획, 운영 및 연금 기금 비용 문제를 극복할 수 없었

던 것이다. 결국 다임러-벤츠는 크라이슬러의 문화를 변화시켜 세계
적 수준의 자동차를 생산하는 데 실패했다.

크라이슬러 자동차에 대한 수요 감소로 세르베루스는 크라이슬러
와 크라이슬러 금융 부문에서 대규모 손실을 입었다. 세르베루스는
돈 잃는 회사에 자금 지원을 계속하고 싶지 않았기 때문에 2009년
피아트(Fiat)가 크라이슬러의 자산 일부를 인수하는 동안 투자를 중단
했다.

결국 가장 큰 고용 기반을 갖고 있었던 미국의 자동차 회사는 납세
자의 피를 빨아먹는 존재로 전락하고 말았다. 정부가 GM과 크라이
슬러에 620억 달러의 구제금융을 제공한 것이다. 구제금융의 대가로
미국 정부는 한때 세계 최대 회사였던 GM의 지분 61%와 크라이슬
러의 지분 10%를 소유했다. 또 오바마 정부는 포드의 연료절약형 자
동차 개발에 59억 달러를 융자해 주었다. 하지만 여전히 전망은 썩
밝지 않다.

자동차 회사들의 치열해진 경쟁

해외 경쟁사들이 더욱 강해지면서 미국의 자동차 업체는 높은 경쟁
압력을 받고 있다. 한국의 현대자동차는 글로벌 브랜드가 되기 위해
미국에 완성차 수출과 앨라배마 주의 생산 규모를 늘리고 있다. 한국
시장은 작기 때문에 현대에게는 세계 시장에서의 성공이 절대적으로
중요한데, 이것은 곧 미국에서의 시장점유율 확대를 의미한다.

중국의 자동차 제조업체도 생산을 가파르게 늘리고 있다. 중국의 자동차 생산 대수는 2000년 210만 대에서 2008년 930만 대로 늘었다. 중국 자동차제조연합회(China Association of Automobile Manufacturers)에 따르면, 2009년 중국의 자동차 생산은 1,400만 대에 육박했다. 2010년에는 약 1,500만대, 2020년에는 2,000만 대 생산을 계획하는데, 이는 미국 자동차 공장이 전성기 때 생산했던 1,600만 대를 크게 웃도는 수치다.

중국 자동차 제조업체들은 단기적으로는 내수시장에 초점을 맞추지만, 점차 수출에도 중점을 둘 것이다. 지리(Geely)자동차는 볼보 인수를 통해 글로벌 브랜드로서의 명성과 공급망, 조립과 엔진 제어의 선진 기술을 획득함과 동시에 미국 및 유럽에서의 경쟁력을 계속 높여갈 것이다. 이에 비해 미국의 자동차산업은 경쟁력 없는 제품과 높은 비용 문제를 안고 있으니 시련이 계속될 것이다.

1950~1960년대 영국의 자동차는 세계에서 높은 평가를 받았지만, 낮은 품질과 신뢰성, 시대에 뒤떨어진 기술 때문에 나선형 하락에 빠지고 말았다. 그리고 미국의 자동차산업은 과거 경쟁력 없는 제품과 높은 비용 때문에 자동차산업을 잃고 말았던 영국의 전철을 그대로 밟고 있다.

아시아 등지에서 더 경제적이고 신뢰성 높은 자동차가 수입되자, 영국 자동차는 경쟁력을 유지할 수 있는 규모의 경제를 잃어버렸다. 그래서 미국 및 독일 자동차 업체에 매각되거나 그대로 파산을 맞았다.

미국 자동차 회사의 미래를 이렇게 암울하게 전망할 수밖에 없는 이유는 부진한 신제품 개발 프로그램 탓도 있다. 일본, 유럽, 한국, 심지어 중국의 자동차 회사들은 연료절약형 자동차 개발에서 앞서가는 데, 미국의 자동차 회사는 대부분 구식 자동차만 팔면서 연료절약형 자동차에 대한 수요에 빠르게 대응하지 못하기 때문이다.

미국 자동차 회사의 시장점유율이 계속 줄어듦에 따라 고용은 더욱 줄어들 것이다. GM의 파산 개편 계획은 미국 내에서 전성기 때 직원 수의 10%에 불과한 3만8,000명만 유지하는 수준의 대규모 정리해고를 예고했다(다만 미국 내 감원 계획은 정부의 구제금융 지원으로 연기되었다).

2009년 말 현재 GM은 20만 명이 넘는 직원을 보유하고 있다. GM의 중국 직원은 3만 2,000명인데, 중국에서 자동차 판매가 급성장하고 있기 때문에 5년 후에는 중국 내 고용 규모가 미국에서보다 더 커질 전망이다.

유럽 및 일본 자동차 회사 또한 2008~2009년 대불황의 결과 금융 문제로 곤란을 겪었지만, 침체를 벗어나 유리한 경쟁 위치를 잡은 것으로 보인다. 이들은 막강한 브랜드 네임, 품질에 대한 명성과 신뢰성에다 미국 경쟁자들의 쇠락까지 가세해 다시없는 기회를 맞게 되었다.

이런 와중에 1위를 고수하던 도요타가 위험에 빠진 것은 어쩌면 미국 기업들에게는 기회다. 하지만 혼다는 2015년쯤 포드를 따라잡을 수 있을 것이다. 또 폭스바겐(Volkswagen)은 장래에 세계 최대의 자동차 판매사가 될 수 있을 것이다.

미국의 자동차산업을 둘러싼 주목하지 않을 수 없는 드라마는 피아트의 크라이슬러 인수다. 이탈리아 자동차 회사 피아트는 2008년에 250만 대를 생산했는데, 크라이슬러의 생산량을 합치면 총생산량 면에서 혼다를 앞지른다. 하지만 크라이슬러는 시장점유율 급락으로 계속해서 손실이 발생하고 있다. 따라서 피아트의 연료절약형 자동차가 크라이슬러 딜러 앞에 나타나려면 적어도 몇 년은 걸릴 것이다.

미국의 자동차산업은 어떻게 될 것인가

미국 자동차산업의 손실은 감소 추세지만 아직까지 회복을 장담할 수는 없다. 잃어버린 일자리, 잃어버린 이윤, 잃어버린 회사가 아직 많기 때문이다.

GM은 자동차를 중국에서 생산하여 미국 시장에서 팔 것이다. 미국산업의 아이콘 GM의 미래가 중국 생산에 달려 있다는 것은 아이러니한 일이다. 결국 GM이 미국 수출용 자동차를 중국에서 제조함으로써 미국의 고용과 무역수지는 곤란을 겪을 수밖에 없을 것이다.

아시아 회사의 미국 현지 자동차 공장이 늘어난다고 해서 예전의 고용 손실을 상쇄할 것으로 생각해서는 안 된다. 혼다, 도요타 및 다른 아시아 제조업체의 미국 내 공장은 더 적은 직원을 더 낮은 임금으로 고용한다. 더욱이 미국 내에서 조립하는 일본 자동차의 기술 기지는 일본에 있다. 메르세데스-벤츠(Mercedes-Benz) 같은 유럽 자동차 제조업체도 비슷한 상황이다.

자동차산업의 고용 손실은 곧 지원 산업의 고용 손실로 이어진다. 따라서 미국 자동차 회사들이 부품을 극동지역에서 외주 생산하는 경우가 늘어나면 미국 고용에 미치는 타격이 심각해진다.

지원 산업의 고용 규모는 완성차 제조업 고용 규모의 2~3배이다. 해외 외주 생산은 비용 절감 효과는 있지만, 미국의 무역 불균형을 심화시킬 수밖에 없다. 또한 중국 등의 다른 국가에 폭넓은 제조기술 경쟁력을 쌓아주게 되니, 본질적으로는 경쟁자가 강해지는 것을 돕는 격이다.

미국이 알아야 할 생존법

강력한 외부 경쟁 압력과 형편없는 직무 수행으로 미국의 자동차산업은 세계 1위에서 지금은 생존을 위해 몸부림치는 탈락자의 위치로 바뀌었다. 이런 극적인 약화는 채 10년도 안 되는 사이에 일어났는데, 이것은 시장이 얼마나 빨리 변화할 수 있는지를 보여준다.

• 경쟁 상황에 대한 이해

자동차산업의 건강 상태는 21세기 미국 기업들이 대처해야 할 외부 위협의 크기와 숫자를 보여주는 단적인 예이다.

미국 자동차 회사의 몰락 원인은 1970~1980년대 일본의 위협이 자동차시장에 끼칠 충격을 제대로 이해하지 못했기 때문이다. 미국의 자동차 회사는 금융 재앙이 닥쳐올 때까지도 일본의 위협에 맞설 전략을 수정하지 않았다. 그 결과 일본 자동차 회사들은 미국 및 다른 나라에서 미국이 가졌던 시장점유율을 잠식했다.

또한 미국 자동차산업은 BMW, 메르세데스-벤츠 등과 경쟁할 만한 차종을 갖지 못함으로써 유럽 자동차 회사들과의 경쟁에서도 약해졌다. 최근까지도, 거의 예외 없이 유럽 특히 독일의 고급 승용차는 더 나은 품질과 부의 상징으로 간주된다.

• 노동비용 관리

높은 연금과 임금으로 인해 생산비가 높아지면 제품의 가격경쟁력이 떨어진다. 하지만 전미자동차노조가 GM 및 크라이슬러의 지분을 갖고 있기 때문에 연금과 노동비용을 중국이나 한국 수준으로 감축한다는 것은 상상조차 어려운 일이다.

• 연구개발에 대한 투자

기업이 약해지면 신기술을 개발하는 능력을 잃는다. 자사 제품이 더 앞선 기술을 가진 라이벌 제품에 경쟁력이 밀리면 시장점유율 하락은 가속화될 수밖에 없다. 포드와 GM이 첨단 연료절약형 모델 개발 자금을 위해 정부 돈을 빌려야 했던 이유 중 하나는 연구개발을 위한 현금이 부족했기 때문이다.

• 소비자의 취향 파악

미국 자동차 회사들의 몰락에서 배워야 할 가장 중요한 교훈은 소비자 취향을 무시한 대가가 무엇인가 하는 점이다. 미국 자동차 회사는 미국 소비자의 구매 습관 변화를 잘 이해하지 못했고 그것은 중요한 문제였다.

수십 년간, 디트로이트 자동차 업체들이 생산한 자동차는 일본의 경쟁 제품보다 눈에 띄게 많은 결점을 갖고 있었다. 자동차 품질 개선을 입으로만 외치느라 GM과 포드가 도요타, 혼다, 닛산 등 일본 자동차 부대의 품질 수준에 오르는 데는 20년이 넘게 걸렸다.

하지만 디트로이트 제품에 계속 실망하고 일본 자동차의 높은 품질을 접한 미국 소비자들은 미국산 자동차에 등을 돌렸다. 결국 미국 자동차산업 경영진은 내수시장에서 자국 소비자들의 요구에 제대로 반응하지 못한 것이다.

미국 자동차 회사들이 직면한 모든 문제를 생각해 보면 정부가 계속해서 지원을 해야 하는지에 대한 의문이 들 수밖에 없다. 실패한 사업에 더욱 돈을 쏟아 붓는 게 과연 옳을까? 그들의 전망은 불투명한데, 뻔한 결말을 추가 자금 지원으로 연기만 하는 것은 아닐까? 하지만 그 대답은 간단치 않다.

자동차산업에 추가 자금을 지원하기 위해 정부는 납세자의 고혈을 짜낼 것이다. 그것은 모든 납세자, 심지어 자동차를 사지 않는 시민들까지 자동차 회사 지원에 나서야 하는 꼴이다.

그렇다고 미국 자동차 회사들의 몰락을 그대로 놔둘 수도 없다. 이는 2008년 금융붕괴 당시 월스트리트의 은행에 대한 대마불사(大馬不死, 바둑에서 대마가 살길이 생겨 쉽게 죽지 않는다는 뜻) 논쟁과 똑같다. 여기서 문제는 자동차 및 지원 산업의 고용 기반이 계속 감소되면 실직자를 위한 실업 수당이 필요하고, 궁극적으로는 세금 수입이 더 감소할 것이라는 점이다.

미국의 자동차산업이 그대로 몰락한다면 수입은 폭증하고 이미 마이너스인 무역수지는 더 심각하게 가라앉을 것이다. 자동차산업과 유사한 수준의 고용과 무역수지, 잠재 이익을 낼 수 있는 산업의 건설을 생각해볼 수도 있지만 이 역시 현실적으로는 어림없는 일이다.

미국 자동차산업의 패턴은 의류, 신발, 가구 등 다른 산업에서 이미 일어났던 것과 비슷하다. 여러 산업을 아우르는 몰락 도미노 효과로 인해 미국의 공장 수는 감소하고 실업이 증가하며, 해외 경쟁자는 강해지고 무역 적자는 늘어났다. 한동안 산업의 경쟁력이 약해지고 있다는 증거가 분명히 나타났었다.

어쩌면 미국 정부가 2005년에 행동에 나섰다면, 납세자의 부담은 지금보다 훨씬 적었을 것이다. 2009년에 정부가 자동차 제조업체 및 첨단 자동차 기술 기업에 금융지원을 한 것이 시작이지만 그 역시 충분하지는 않다.

연료절약형 저공해 자동차의 필요성이 대두되었을 때 미국 정부가 차세대 군수항공산업에 투자한 것과 같은 수준의 지원을 차세대 자동차산업에 했다면 미국 경제와 고용에 미칠 효과는 훨씬 컸을 것이다. 하지만 불행히도 미국은 군사력을 경제력보다 더 중요하게 여겼다.

GM은 전기자동차 볼트(Volt)와 같은 새로운 자동차 플랫폼을 개발 중이지만, 40마일(64km)밖에 안 되는 주행거리와 약 4만 달러에 이르는 비싼 가격 때문에 수요는 크지 않을 것이다. 다만 테슬라(Tesla)사의 세단형 전기차는 중산층 수입에 맞게 가격이 책정되어 가능성이 있으며 전기 자동차의 매력도 갖고 있다. 그래서 미국 정부가 최근 테슬라의 대출 보증을 한 것은 현명한 결정이지만, 안타깝게도 이는 정부에서 나온 결과가 아니라 몇몇 개인의 기업가 정신의 산물이다.

다임러-벤츠가 테슬라의 지분을 소유하고 있다는 사실은 다른 나라들이 미래 첨단 자동차 기술을 차지하려는 경쟁에서 어떻게 포지셔닝하고 있는지를 보여준다. 다임러-벤츠는 테슬라의 지분을 약 10% 취득했다가 다시 자기 지분의 약 40%를 아부다비(Abu Dhabi)에 매각했는데, 여기서 아부다비가 다임러-벤츠의 10% 지분을 소유하고 있다는 것에 주목할 필요가 있다. 즉, 테슬라 주식의 부분 매각은 독일의 자동차 거인(다임러-벤츠)이 최대 주주(아부다비)의 소망에 고개 숙인 결과임이 분명했다.

미국의 기업과 정부 리더십은 미국 자동차가 세계 시장점유율을 높이는 데 아직 부족하다. 위기를 겪고 있는 현재에도 다음 선거까지의 단기간 생존에만 관심을 쏟느라 과학기술이나 자동차의 에너지 효율성 분야에서 앞설 수 있도록 돕는 장기 조치에는 관심이 없다.

시장 규모가 크기 때문에 자동차산업 강화는 미국에게 다른 무엇보다도 중요하다. 경쟁이 치열한 시장에서 살아남으려면 세계적 수준을 갖추어야 한다. 그러기 위해선 경영과 저비용 비즈니스 모델로의 변화가 필요하다. 거기에는 낮은 단가를 유지하면서도 대주주인 정부와 노조를 만족시킬 만한 높은 고용이 포함되어야 한다. 물론 이 두 가지 조건이 반드시 상충하는 것만은 아니다. 부를 만들어내는 생성자로서 정부와 기업이 역할에 대한 개념적 사고를 바꾸면 된다.

미국은 군수사업에 계속해서 대규모 자금을 지원하고 있다. 군사력이 중요하긴 하지만 국가의 부는 군사적 성공보다는 기업의 성공 위에 건설된다는 점을 명심해야 한다.

위태로워지는 미국의 철강산업

철강은 건설, 전기제품, 자동차를 포함해 광범위한 산업의 기초가 되는 영역이다. 1960~1970년대만 해도 미국의 철강 기업은 글로벌 리더로서 충분한 경쟁력을 갖추고 있었다. 특히 US스틸(U.S. Steel)은 이 시기에 막강한 글로벌 리더 중 하나였다.

하지만 1970년대 후반, 미국의 덩치 큰 종합철강회사들은 기술 개발에 뒤처졌고, 높은 노동비용과 자초한 상처들로 인해 대차대조표가 온통 붉게 물들었다. 가장 먼저, 그들은 급속히 성장한 '미니밀(minimill, 소규모 제철 공장으로, 철강석과 연료탄을 녹여 쇳물을 뽑아내는 고로와 달리 고철을 녹여 쇳물을 만드는데, 철광 시황 변동에 유연하게 대처할 수 있다는 장점이 있다)'에게 시장 점유율을 빼앗겼다. 미니밀은 신기술을 사용하며 저비용 비즈니스 모델로 시장의 흐름을 바꾸어놓았다. 또한 아르셀로미탈(ArcelorMittal) 등 한층 더 강해진 해외 업체는 심한 가격 경쟁으로 약해져 있는 미국 철강 회사들을 사들였다.

2008년 US스틸은 세계 10위의 철강 제조업체로 전락했다. 세계철강협회에 따르면, 신흥 미니밀 경쟁사 누코(Nucor)는 12위에 랭크되었다. US스틸의 생산량은 누코보다 고작 15% 정도 많았다. 이는 기업이 거만하고 자기만족에 빠져 신기술을 무시하면 어떻게 되는지를 잘 보여주는 사례다. 이미 우리는 똑같은 경우를 GM에서도 보았다.

그나마 다행인 것은 철강산업이 합병되었다고 해서 미국이 총수입과 이익, 고용을 전부 잃은 것은 아니라는 점이다. 철강은 장거리 운송비가 매우 비싸기 때문에, 제조업체는 대형 고객에게 지리적으로 가까운 위치에 제철 설비를 짓는다. 물론 기술 발달의 이익을 얻기 위해 철강 회사들은 주요 현지 시장에 각각의 공장을 운영할 필요가 있다. 한 지역에서 얻어진 지식을 지렛대처럼 최대한 활용하여 다른 지역에서 비용을 절감하고 생산성을 향상시키는 것이다.

아르셀로미탈은 현재 철강 생산 분야에서 세계 1위다. 글로벌 생산 기업으로서 유럽과 아시아, 미국, 아프리카에서 철강 회사를 인수한 바 있다.

일본, 중국, 인도 회사 또한 철강산업의 선두주자다. 이 회사들은 원료 산지를 컨트롤하기 위해 철강석 생산자를 매입하고 있다. 이런 접근은 원료의 부족이 발생했을 때 아주 강력한 경쟁 장벽을 세운다. 물론 과잉 생산 또는 수요 부진이 생길 때 값이 떨어진 원료를 많이 갖고 있다 보면 재무상 위험도가 높아지는 단점도 있다.

과거에는 미국 정부가 헐값의 수입 철강으로부터 자국의 철강산업을 보호하기 위해 관세 장벽을 사용했지만, 요즘은 그 효과도 떨어졌다. 미국 철강 회사의 경쟁력이 약화되고 있기 때문이다. 비용이 너무 높다 보니 수송비를 포함해도 수입 철강의 값이 더 싸다.

철강산업에 대한 미국 정부의 지원도 있었다. 그 결과 2008~2009년에 정부 지원을 받았던 사업들은 총사업비가 약 24% 이상 늘어나지 않을 경우 반드시 미국 회사의 철강을 사용해야 한다. 그런데 이렇게 납세자의 돈을 이용해 국내 수요를 늘리려 하기에 미국의 철강 회사들은 가격경쟁력을 갖추려는 노력을 하지 않는다. 그러니 국내 제조업체를 수입 철강으로부터 보호하기에 이 정책은 충분하지 못한 면이 있다.

미국의 철강 제조업체들을 괴롭히는 또 다른 도전들도 있다. 미국의 금융기관은 과잉 생산 시기에 경험했던 대규모 금융 손실에 대한 우려 때문에 철강 제조업체에 대한 자본집약적 투자를 지원하지 않는다. 그러다 보니 결과적으로 일본, 한국, 중국, 인도의 경쟁사가 세계 철강시장의 점유율을 높이고 있다. 이들 나라의 은행이 신기술과 신설 공장에 기꺼이 투자하는 덕분이다.

미국 철강산업의 약화는 또 하나의 도미노가 막 쓰러지려 하는 신호이다. 미국이 철강 수입을 늘리면 당연히 무역 불균형도 늘어난다.

미국 경제의
불투명한
미래

미국은 해마다 첨단 군용 항공기, 잠수함 및 무기 생산에 수백억 달러를 쓰지만, 무선통신 인프라 개선을 위해서는 상대적으로 적은 예산을 배정한다. 미국은 부의 생성을 위한 정복군으로써 기업을 키우는 데 필요한 것을 우선 지원하는 게 아니라, 해묵은 우선순위와 로비 활동에 따라 지원을 결정한다.

컴퓨터산업 : 아직 무너지지 않은 도미노

1960년대부터 1980년대 초까지 컴퓨터산업을 지배했던 회사는 IBM, 버로우즈(Burroughs), 유니백(Univac), NCR, 컨트롤 데이터(Control Data), 허니웰(Honeywell), 디지털 이큅먼트(Digital Equipment) 등 미국의 기업들이었다. 당시 이들의 주요 경쟁자는 일본과 유럽의 기업들이었다.

컴퓨터산업의 기술은 1980년대 이후로 극적인 변화를 맞았다. 이때 인텔(Intel)과 IBM을 포함한 미국 기업들이 기술 향상을 이끌었다. 더 싼 값에 더 빠르고 더 강력한 컴퓨터를 시장에 내놓음으로써 미국의 컴퓨터 회사들은 전 세계적으로 높은 시장점유율을 기록할 수 있었다. 결국 유럽 기업들은 경쟁할 수 없게 되자 컴퓨터산업을 포기했다.

특히 미국은 서버 부문에서 세계 최고다. IBM, HP, 오라클 선(Oracle Sun)과 델(Dell)이 시장을 지배한다. 그들의 약한 경쟁자는 후지쯔

(Fujitsu), NEC와 히타치(Hitachi) 정도다. 그리고 후지쯔, NEC, 히타치는 인텔, AMD, IBM의 마이크로프로세서를 사용한다.

IBM은 슈퍼컴퓨터 부문의 강자다. IBM이 칩, 시스템, 소프트웨어에 대한 광범위한 연구와 함께 지속적인 기술 리더십에 집중하는 것을 우리는 주목해야 한다.

IBM은 미국 정부 연구기관의 자금 지원을 받고 있다. 이것은 나노기술, 즉 극소제품 개발에 대한 투자다. 이 계획은 군수와 산업 양쪽에서 매우 중요한 부분이며, 초기 자금 지원이 투여되었지만 기술 주도권 확보 비용에 비하면 아주 적은 액수라고 할 수 있다.

HP와 델은 제품의 가격경쟁력과 효율성 높은 공급망 덕분에 미국 내 데스크톱 컴퓨터 분야에서 가장 큰 시장점유율을 갖고 있다. 또한 애플은 높은 수준의 혁신적 제품 덕분에 개인용 컴퓨터 부문 시장점유율을 늘려가고 있다. 지난 2년간 PC 부문에서 시장점유율이 가장 높아진 회사는 대만의 에이서(Acer)로, 현재 세계 2위의 PC 판매회사가 되었다.

HP와 델은 노트북 컴퓨터의 시장점유율이 높지만, 소니, 도시바(Toshiba), 아수스(ASUS), 에이서 등의 강한 경쟁이 있다. 삼성도 노트북 컴퓨터의 시장점유율이 점차 높아지고 있는 추세다.

많은 회사가 새로운 넷북 시장에 참여하고 있지만, 시장이 성숙기에 접어들면서 이제는 조정이 예상된다. 효율적인 공급망과 막강한 유통채널은 넷북 시장을 지배할 핵심이 될 것이며, 브랜드 인지도 역시 중요해질 것이다.

미국의 컴퓨터 회사들은 통신회사를 움직여 장기 계약을 맺는 구매자에게 대폭적인 가격할인과 함께 넷북을 무상으로 제공하는 등 새로운 비즈니스 모델 채택에도 매우 혁신적이며 원가 우위를 유지하는 데도 앞서 있다.

일본과 유럽의 기업들은 미국과 경쟁하려 했지만 결과적으로 대단한 성공을 거두지는 못했다. 미국 제품의 성능이 뛰어난 것도 하나의 요소지만, 가장 중요한 것은 미국 회사들이 공급망 비용에 경쟁력이 있었던 덕분이다.

미국의 컴퓨터 판매업체들은 일찌감치 위탁제조를 활용했다. 낮은 생산 비용, 낮은 R&D 비용(기술은 인텔, 마이크로소프트 등 다른 회사의 것을 사용할 수 있었다), 여기에 아주 낮은 간접비용의 결합으로 델과 HP 같은 회사는 세계적인 수준의 가격경쟁력을 갖출 수 있었다. 이것이 바로 미국 컴퓨터 회사가 글로벌 경쟁 압력에 효과적으로 대응할 수 있었던 방법이다.

프로세서 엔진은 모든 컴퓨터에서 핵심 구성 요소인데, 이 부문에서도 미국은 인텔, AMD, IBM이 세계 마이크로프로세서 시장을 지배한다. 하지만 영국 회사 ARM이 시장에 침투하고 있다. ARM은 직접 칩을 제조하지 않고 마이크로프로세서 디자인을 다른 회사에 팔아서 대만 등의 외주 생산공장에서 만들 수 있게 한다. 따라서 장차 ARM의 프로세서는 새로운 넷북 컴퓨터 시장을 잠식할 가능성이 있다.

넷북의 글로벌 시장에서는 퀄컴(Qualcom), 엔비디아(NVIDIA), 그리고 잠재력 있는 브로드컴(Broadcom)과 같은 미국 반도체 제조업체가 주요 선두로 나섰다. 미국 컴퓨터 회사들은 효율적인 공급망과 유통채널 활용으로 제품 가격을 낮추고, 프로세서 같은 핵심 구성 요소를 컨트롤할 수 있는 능력을 개발함으로써 대단한 성과를 보여주었다.

하지만 컴퓨터 시장에도 새로운 경쟁 위협이 크게 드리우고 있다. 마이크로프로세서, 메모리칩, 디스크 드라이버 등 구성 요소의 광범위한 가용성이 점차 진입 장벽을 낮추고 있기 때문이다.

• 새로운 위협과 미래 전망

최근에는 대만의 컴퓨터 업체들이 강하게 다가오고 있다. 대만의 에이서와 아수스는 자사의 효율적인 공급망과 고객 기반을 잘 이용하고 있다. 예를 들어, 전 세계 데스크톱 및 랩탑 PC의 컴퓨터 서킷 보드 디자인과 생산의 90%는 대만에서 이루어진다.

ARM 디자인을 사용할 수 있는 덕분에 앞으로 대만 기업들은 프로세서 엔진 생산 등 가치사슬을 위로 이동시키려는 시도를 할 것이다. 물론 대만 기업이 강해지긴 했어도 미국 컴퓨터 회사는 향후 몇 년 동안 상당한 세계 시장점유율을 유지할 전망이다.

현재까지 중국의 컴퓨터 업체는 미국에 중요한 경쟁 도전자로 나서지 않았다. 중국 최대 PC 업체인 레노보(Lenovo)는 IBM의 PC사업 부문을 인수함으로써 컴퓨터산업의 위치를 강화하려고 시도했지만, 초기에 약간의 성공 이후 시장에서 급격한 가격 하락을 견디지 못하면서 추진력을 잃었다. 대형 경쟁사들의 규모의 경제를 앞세운 단가 인하 속도를 따라가지 못한 것이다. 결국 레노보는 2009년 초 CEO를 경질했고, 현재는 중국 시장에만 주력하고 있다.

미국 컴퓨터산업의 주요 성공 요인은 저비용이다. 생산라인을 극동지역으로 아웃소싱하고 위탁제조를 이용한 덕분에 저비용을 달성할 수 있었던 것이다. 이러한 위탁제조 덕분에 컴퓨터, 전화, 소비자 엔터테인먼트 기기 및 여러 제품 생산에서 경제 이익을 누릴 수 있었다.

하지만 위탁제조로 아웃소싱을 한 결과 미국 내 일자리가 없어지는 현상은 불가피했다. 컴퓨터 생산뿐만 아니라, 디스플레이 등의 구성요소와 하위 부품도 극동지역 생산 비중이 높았다. 무역수지 관점에서 미국 소비자가 아시아 기업보다는 미국 회사 컴퓨터를 사는 것이 더 낫지만, 미국 시장에서 팔리는 미국 회사 컴퓨터 대부분이 무역수지 적자와 연관이 있는 것이다. 하지만 이와 동시에 남미 등 다른 국가에서 팔리는 미국의 컴퓨터는 무역수지 흑자를 안겨주기도 한다.

미국 컴퓨터 회사가 위탁제조를 이용하지 않았다면 가격경쟁력을 갖추지 못해 문을 닫고 말았을 것이다. 따라서 제품 생산은 해외의 저비용 생산기지를 활용하되, 관리자와 엔지니어를 고용할 수 있는 수익성 있는 회사는 미국 내에 두는 균형을 취하는 것이 바람직하다.

마이클 델(Michael Dell), 애플의 스티브 잡스(Steve Jobs), HP의 마크 허드(Mark Hurd) 등 미국 컴퓨터산업의 유력 지도자들은 주주들을 위해 그 균형을 이루는 경영에 성공했다. 미국 내 제조업 일자리 숫자를 제한하긴 했지만, 종합적으로 봤을 때는 미국의 무역수지를 개선시키는 데 공헌한 것이다.

컴퓨터 기술에서 새로운 영역에 집중하는 기업가와 투자자는 미국의 힘이다. 구글(Google)은 10년도 안 되어 세계적인 브랜드가 되었으며 컴퓨터산업의 주역이 되었다. 컴퓨터 제조업체들은 세계 여러 나라에서 글로벌시장의 리더로서 이를 성취하고 또 유지하려는 강한 의지로 기꺼이 비즈니스 모델을 바꿔왔다.

미국 컴퓨터 업체의 단기 전망은 긍정적이다. 물론 새로운 기회와 도전이 있을 것이다. 인텔 등이 제공하는 신기술에 의지한 인터넷 기반의 하드웨어 장치는 새로운 시장을 만들어낼 것이다. 하지만 손바닥만 한 크기의 컴퓨터 장치 역시 대만과 중국에서 생산될 것이다.

• 컴퓨터 구성 요소들의 도전

컴퓨터의 주요 구성 요소인 평판 디스플레이는 한국과 대만, 일본에서 거의 독점적으로 생산된다. 현재 중국도 평판 디스플레이 생산 능력을 개발 중이다. 평판 디스플레이의 초기 기술은 상당수가 미국에서 개발되었지만, 미국 기업은 대규모 자본 투자가 필요하기 때문에 생산시설을 세우지 않았다.

컴퓨터산업은 또한 하드디스크드라이브, 광학드라이브, 프린터, 휴대용 메모리 장치 등 주변장치에 의해 좌우된다. 씨게이트(Seagate)와 웨스턴디지털(Western Digital)은 세계적인 하드디스크 업체인데, 하드디스크 시장은 빠른 제품 노후화 때문에 급격한 가격 하락과 낮은 마진으로 악명이 높다. 생산은 거의 독점적으로 극동지역에서 이루어진다.

사실 하드디스크드라이브 기술의 많은 부분을 IBM에서 개발했지만, IBM은 제품 라인을 관리하는 재무 부담 때문에 그 사업을 히타치(Hitachi)에 팔았다. 그런데 IBS의 분석에 따르면, 히타치는 씨게이트나 웨스턴디지털과 경쟁이 어려워서 IBM으로부터 사들인 하드디스크드라이브 사업의 대부분을 매각하거나 폐업할 예정이다.

일본의 하드디스크드라이브 사업 역시 재정적으로 취약하다. 후지쯔는 하드디스크드라이브 사업을 도시바에 매각했다.

하드디스크드라이브에서 경쟁이 치열한 기술은 솔리드스테이트 드라이브(solid-state drive, 반도체 드라이브. 반도체 플래시메모리 상에 데이터를 영구 저장할 수 있도록 고안된 저장 장치)이다. 이는 미국의 샌디스크(SanDisk)사가 특허를 보유하고 있지만, 대부분의 생산은 아시아에서 이루어지고 있다.

• 소프트웨어가 미래다

1990년대 이후 컴퓨터산업에서 가장 중요한 트렌드는 소프트웨어나 서비스가 하드웨어보다 중요하다는 것이다. 그리고 마이크로소프트, IBM, 오라클(Oracle), 세일즈포스닷컴(salesforce.com) 등이 현재 새로운 소프트웨어와 서비스 환경 분야의 글로벌 리더이다.

많은 미국 기업이 미국 내에서 소프트웨어 개발 활동을 하지만, 광범위한 소프트웨어 개발은 인도와 러시아 등지에서 일어난다. 낮은 비용으로 소프트웨어 개발자를 고용할 수 있다는 점에서 델, HP 등은 아웃소싱 방식을 따른다.

IBM이 하드웨어에서 소프트웨어와 서비스로 진화한 것은 어떻게 하면 대기업이 비즈니스 모델을 바꾸어 강한 재무 실적을 되찾는지를 보여주는 예다. IBM의 서비스 총수입 증가에서 높은 비중을 차지하는 것은 미국 외 지역에서다. 해외의 수요를 충족시키기 위해 IBM은 이 지역들의 직원 수를 늘리고 있는 반면 미국 내의 직원 수는 감축하고 있다.

서비스 비즈니스 모델은 인력 집중적이어서 고용 개선 효과가 막대하다. 브라질(Brazil), 러시아(Russia), 인도(India), 중국(China), 즉 브릭스(BRICs)의 IBM 직원 수는 2006년 말 8만5,000명이었던 것에서 2008년 말에는 10만 명에 달했다.

앞으로도 IBM, 델, HP 등의 기업은 이타주의나 애국심이 아닌, 이익 추구를 목적으로 움직이기 때문에 국내와 해외 고용 사이에서 이익이 되는 균형을 추구할 것이다. 따라서 미국 정부는 차세대 컴퓨터산업에서 더 많은 고용과 수출이 촉진될 수 있도록 지원 방안을 찾는 데 총력을 기울여야 한다.

미국의 입장에서 컴퓨터산업은 아직 무너지지 않은 하나의 도미노이다. 따라서 이 도미노가 무너지지 않도록 컴퓨터산업의 성장을 지속적으로 지원하는 일은 무엇보다도 중요하다.

가전제품산업 : 애플과 MS의 활약에도 무역수지는 적자

미국의 가전제품산업은 1960~1970년대 이후 크게 약해졌다. RCA와 제니스(Zenith)는 텔레비전의 선구자였지만, 현재 미국에는 대형 텔레비전 판매회사가 없고 RCA나 제니스는 소비자의 기억 속에서 거의 사라졌다.

가전제품 개발 모델은 TV 생산업체 비지오(VIZIO)를 통해 가장 잘 이해할 수 있다. 비지오의 본사는 미국(캘리포니아 주 어바인)에 있다. 회사의 엔지니어는 대만에, 생산은 대만 기업 소유의 중국 공장에서 한다.

비지오의 지분 중 약 4분의 1은 대만의 주요 부품 공급업체가 갖고 있다. 비지오는 월마트 등의 할인매장을 유통채널로 하는 저비용 비즈니스 모델을 채택하여 미국의 저가 텔레비전 시장에서 최대 시장점유율을 획득할 수 있었다. 《포브스(Forbes)》지에 따르면 비지오는 낮은 가격 이외에도 2009년에 다양한 제품군과 적절한 마케팅을 한 것이 주요했다.

비지오의 수익이 얼마나 되는지는 분명치 않지만, 경쟁사에 타격을 준 것만은 분명하다. 소니와 파나소닉, 샤프의 통합 손익계산서(소니는 2009년 10월 30일까지, 파나소닉과 샤프는 9월 30일까지)에 따르면, 그들은 계속해서 돈을 잃고 있는 형국이다.

또한 텔레비전 사업의 틈새시장 경쟁자였던 도시바, 필립스, 히타치, 미쯔비시(Mitsubishi) 역시 돈을 잃고 있거나 사업 규모를 적극적으로 줄이고 있다. 바로 중국과 대만, 한국의 새로운 저가 판매상 때문인데, 그 결과 이 회사들이 앞으로 얼마 동안 텔레비전 사업에 남아 있을지는 의문이다. 파이오니어(Pioneer)의 경우는 중국 소매업체 수닝전기(Suning Appliance)와 협력을 계획하고 있지만, 이미 텔레비전 사업에서 철수를 선언했다.

한국의 삼성과 LG전자, 비지오는 향후 몇 년간 텔레비전 시장의 주류를 지배할 수 있는 위치를 잘 잡고 있다. 하이얼(Haier), 톰슨(Thomson)과의 합작회사인 TCL, 하이센스(Hisense)가 생산량을 늘리면서 중국 기업의 텔레비전 생산량도 계속해서 증가하고 있다.

미국 내에서 생산되는 텔레비전은 히나도 없기 때문에, 미국 소비자가 텔레비전을 구입할 때마다 미국에서는 무역수지 적자가 발생한다. 하지만 미국 기업에도 이로운 비즈니스 변화는 일어나고 있다. 그

중 하나는 게임콘솔, 텔레비전, 케이블 TV 셋톱박스와 컴퓨터 기능 사이의 컨버전스(융합)다. 예전엔 독립적이었던 각각의 장치들이 새로운 멀티 기능의 플랫폼으로 결합되고 있다. 이처럼 컴퓨터와 유사한 플랫폼은 미국 컴퓨터 회사의 디자인과 소프트웨어에 잘 어울린다.

대표적으로 애플이 이 컨버전스를 지원하려고 한다. 애플의 TV 장치는 시장에서 성공하지 못했지만, 다가올 성공의 선발대이다. 애플의 화려한 디자인, 사용자 인터페이스, 마케팅 스킬은 의심할 여지없이 시간이 갈수록 이 부문의 이익을 늘려줄 것이다. 하지만 불행히도, 애플 제품 대부분은 저비용 생산이 가능한 중국의 폭스콘(Foxconn)에서 이루어진다.

마이크로소프트의 '엑스박스(Xbox)360' 게임콘솔은 쌍방향성을 강조하는데, 이 역시 새로운 멀티 기능 플랫폼으로 확장될 수 있다. 하지만 이 역시 플렉스트로닉스(Flextronics)와 같은 위탁제조업체가 생산한다.

시스코(Cisco), 모토로라 등의 셋톱박스 또한 컨버전스 플랫폼 역할을 할 수 있다. 이들 회사는 화상회의를 포함한 쌍방향성과 새로운 인터넷 접근 방법의 채택을 추진 중이다.

시스코는 이미 소형 비디오카메라인 '플립 비디오(Flip video)'로 유명한 퓨어디지털테크놀로지(Pure Digital Technologies)사를 매수함으로써 소비자 시장 참여를 선언했다. 하지만 모토로라는 무선 단말기 사업의 시장점유율을 회복하는 데 주 역량을 쏟고 있어서, 셋톱박스 사업을 매각하거나 분사하는 계획을 발표했다가 번복하기도 했다.

전자산업은 신기술 및 신사업 컨셉에 기초한 새로운 기회가 계속

되는 것이 특징이다. 이때 기업은 새로운 성장 기회를 활용하는 위치에 포지셔닝하는 것이 핵심적인 필요조건이다. 따라서 내수시장과 글로벌 시장에서 제대로 포지셔닝하기 위해서는 기꺼이 비용을 지불해야 한다.

애플은 아이팟 및 관련 파생상품에서 어마어마한 성공을 거두었다. 이것은 소비자 니즈를 잘 파악하는 혁신 기업이 성공한다는 것을 보여준다. 애플은 사용의 편리함과 아이팟을 위한 콘텐츠 인프라 구축에 초점을 맞추었다. 애플의 주요 특징은 친화적인 인터페이스를 갖고 있다는 점인데, 이로써 세계 여러 지역에서 서로 다른 수준의 사용자들이 제품을 잘 사용할 수 있다는 장점이 있다. 그리고 이와 비슷한 방식으로 아이폰이 탄생했고 큰 성공을 거두었다. (물론 애플 제품과 마이크로소프트의 엑스박스 역시 생산은 비용 절감 때문에 극동지역에서 이루어지고 있다.)

애플은 자사 제품에 대한 강한 글로벌 리더십을 갖고 있다. 또한 CEO는 과거의 접근 방식이나 비즈니스 모델에 얽매이지 않는 새로운 컨셉 채택을 기꺼이 추진할 만큼 혁신적인 지도자이다. 하지만 애플과 마이크로소프트의 활약에도 불구하고, 미국은 소비자 제품에서 대규모 무역수지 적자를 기록하고 있다.

• 미래 전자제품의 기회 시장

미래에는 고화질(HD, high-definition) 영상과 관련 서비스 지원 등 새로운 소비자 제품에 대한 시장 기회가 있다. 그리고 콘텐츠와 플랫폼 결합의 지렛대 효과로 미국에서는 여러 신생 기업들이 생겨나고 있다.

하지만 이 시장 기회가 현실화되려면, 영화와 콘텐츠 개발자들이 자신의 비즈니스 모델을 다시 생각하고 재가공해야 한다. 스티브 잡스와 애플이 아이튠즈(iTunes) 온라인 모델로 음반산업의 해적판 지옥에서 탈출하도록 도운 것과 마찬가지로, 할리우드의 경영자와 컴퓨터·가전제품산업 지도자들은 함께 힘을 모아 어마어마한 글로벌 비디오 시장의 잠재성을 열어야 한다.

강한 리더십과 쌍방향성을 포함한 인터넷 기반의 콘텐츠 유통, 소비 유발 기회 등에 대한 비전으로 미국의 전자산업은 과거의 하락 흐름을 뒤집을 수도 있을 것이다. 그 결과 광범위한 신기술에 기반한 새로운 장치들은 아이폰과 아이팟 사업보다 10배 이상의 가치를 제공할 수 있을 것이다.

휴대폰산업 : 경쟁력을 잃어버린 미약한 산업

미국의 휴대폰 하드웨어 산업에는 모토로라, 애플, 팜(Palm) 등이 있다. 모토로라는 이동전화를 처음 발명했던 회사로, 과거 세계 시장점유율 1위였다. 하지만 모토로라는 2005년에 세계 2위, 2009년 4분기에는 노키아, 삼성, LG전자, 소니에릭슨에 이은 5위의 판매업체로 떨어졌다. 모토로라는 한때 50%가 넘는 시장점유율을 자랑했으나, 2009년 4분기 시장점유율은 노키아가 30%를 상회한 것에 비해 모토로라는 10%도 안 되었다.

모토로라는 새로운 휴대전화 제품군에 기초한 무선 단말기 시장에서 시장점유율을 회복할 수도 있다. 구글 소프트웨어를 장착한 안드로이드(Android) 플랫폼이 강력한 경쟁 무기다. 물론 이 역시 하드웨어 및 소프트웨어 디자인은 미국에서 했지만, 생산은 주로 극동지역에서 이루어진다.

애플은 아이폰 제품군으로 시장점유율을 높여가고 있다. IBS의 추산에 따르면, 애플은 2009년 4분기에 2.6%의 시장점유율을 기록했고, 2011년경에는 15~20%를 기록할 수 있을 것이다(2010년 4월 아이패드 출시로 애플은 아이폰 제품을 보완하고 있다).

블랙베리 제조업체인 캐나다의 RIM(Research in Motion)은 모바일 플랫폼 시장에서 이메일을 강점으로 하여 큰 성공을 경험하고 있다. 특히 RIM은 기업 이메일 시장에서 탁월한 실적을 냈다. 그들은 기능의 장점을 살린 효과적인 사용자 인터페이스를 개척했고, 결국 직장인들을 위한 표준 휴대폰을 만들어냈다.

팜은 모바일 플랫폼 시장의 선구자지만, 곧 다른 기업들에게 시장을 빼앗겼다. 팜은 2009년에 터치스크린과 슬라이드-아웃 키보드를 장착한 혁신적인 팜프리폰(Palm Pre phone)을 출시했지만, 시장점유율은 여전히 낮다.

• 무선통신 전쟁에서 낙오된 미국

무선통신 시장은 세계 많은 지역에서 전략적 역량을 나타낸다. 이는 매우 큰 시장이며, 케이블 없이 음성 및 데이터 통신을 할 수 있는 인프라 창출에 나서는 나라가 점점 많아지면서 훨씬 더 커졌다.

무선전화와 데이터 서비스에 대한 수요는 무궁무진하다. 특히 4G 무선서비스는 개인과 기업의 생산성을 향상시키며 공공 안전을 증진시키고 에너지 소비를 줄이며 개인에게 정보 제공과 함께 즐거움을 줄 수 있다.

이제 무선 네트워크의 도달 범위와 성능 향상이 세계 표준 전쟁의 초점이다. 유럽 국가와 기업들은 이전 세대의 휴대폰 음성과 데이터 서비스를 커버하는 여러 개의 표준 채택을 추진해왔다. 그리고 GSM, GPRS, EDGE, W-CDMA 등이 세계 표준이 되었다. 미국의 퀄컴(Qualcomm)사는 cdma2000 프로토콜의 채택을 추진했는데, 한국은 미국보다도 먼저 이 프로토콜을 채택했다. 나중에 미국의 휴대폰 거대 기업 버라이즌 와이어리스(Verizon Wireless)가 퀄컴 프로토콜을 채택했고, 뒤이어 중국과 인도 역시 퀄컴 프로토콜을 채택했다.

하지만 중국의 정부와 산업 지도자들은 유럽 방식과 퀄컴 방식을 채택하면서도 한편으로는, 더욱 강력한 무선기술을 위해 새로운 전용 프로토콜 개발 활동을 시작했다. 이 이면에는 중국에서 2012년까지 수십억 인구에게 광대역 무선통신 서비스를 제공한다는 중대 계획이 있다.

반면 미국에는 이에 견줄 만한 활동이 없다. 무선통신은 미국 기업과 소비자에게 전략적으로 중요한 분야지만, 광대역 무선통신 분야에서 미국이 어떻게 글로벌 리더가 될 수 있을지에 대한 실제 비전과 리더십은 전혀 없다. 2010년 3월, 미국 연방 통신위원회(FCC, Federal Communications Commission)의 국가 광대역 통신망 계획(NBP, National Broadband Plan)은 중국이 이미 발표한 것에 비해 규모가 훨씬 작고 제한적이며, 미국이 광대역 무선통신 분야에서 글로벌 리더가 되는 데 크게 도움이 되지 않는다.

미국은 세계 여러 지역의 유무선 광대역 통신 인프라와 품질 면에서 뒤처진다. 일본, 한국, 유럽의 일부 지역에서는 케이블TV나 스마트폰을 미국의 소비자들보다 몇 배 이상 빠른 속도로 이용할 수 있다. 미국에서는 단기 이익에만 신경 쓰는 업체들의 느린 대응 탓에 고대역폭(high-band-width) 사용이 늦어진 것이다.

버라이즌, AT&T, T-모바일(T-Mobile), 스프린트(Sprint)는 빠른 속도의 무선 표준을 채택하는 데 소극적이다. 이들은 경쟁이 치열하지 않기 때문에 소비자에게 더 빠른 대역폭을 제공하라는 압력으로부터 자유롭다. 그 결과 미국 소비자에게 제공되는 서비스의 수준은 낮고, 일자리 기회도 없다. 본질적으로 미국의 무선통신 인프라는 아직 개발도상국 수준이다.

• 미약한 수준의 휴대폰 장비산업

전기통신 공급자와 대기업에 납품하는 무선통신 인프라 장비는 한때 선도 기술을 미국에서 갖고 있었는데도, 좀처럼 좋은 실적을 내지 못하는 분야다. 미국에 견실한 무선 인프라 장비 업체가 부족하다는 것은 그만큼 미국이 전략적 통신 능력에 대한 관심이 낮다는 뜻이다. 예를 들어 모토로라의 무선 인프라 사업은 시장에서 이렇다 할 점유율을 갖지 못한다.

무선 인프라 시장의 주역은 에릭슨(Ericsson), 화웨이(Huawei), 알카텔루슨트(Alcatel-Lucent), 노키아 지멘스 네트워크(Nokia Ziemens Network)와 ZTE다. 중국 기업 화웨이와 ZTE는 빠르게 시장점유율을 높였다. 실제로 화웨이는 첨단 휴대폰 기술 분야에서 세계 수준의 높은 경쟁력을 갖고 있다. 그들은 과거에는 비용을 내세워 시스템을 팔았지만, 현재는 경쟁사보다 더 나은 서비스를 더 낮은 운영비로 제공한다는 걸 강조한다.

가까운 시일 안에 중국은 첨단 휴대폰 기술을 보유하고, 중국 기업이 인프라 공급의 50% 이상을 맡게 될 것이며, 화웨이는 앞으로 1~2년 안에 휴대폰 인프라 장비 부문의 세계 1위가 될 전망이다.

물론 차세대 무선 데이터 및 음성 통신장비에 투자하는 미국 기업도 몇 군데 있다. 인텔은 차세대 고속 무선 데이터 전송이 가능한 와이맥스(WiMAX, 안테나 하나로 도시 전역을 커버하는 광대역 브로드밴드) 활성화에 주도권을 잡았다. 또 스프린트의 합작회사 클리어와이어(Clearwire)는 메릴랜드 주 볼티모어와 오레곤 주 포틀랜드에 와이맥스 인프라를 설치 중이지만, 와이맥스가 틈새시장 이상으로 커질 가능성은 높지 않아 보인다.

만약 미국이 무선통신에서 글로벌 리더가 되었다면 높은 고용을 유발할 수 있겠지만, 충분한 노력을 기울이지 않았던 탓에 그런 기회는 없다. 당연히 무선통신의 무역수지도 적자다. 무선 단말기와 필요한 인프라 장비를 극동지역과 유럽에서 수입하기 때문이다.

반도체산업 : 핵심 기술은 미국에서 고용은 극동지역에서

미국은 1970년대 후반부터 1980년대 초까지 세계 반도체 시장의 선두주자였다가 일본에게 그 자리를 빼앗겼다. 일본 기업이 강한 분야는 메모리칩이었다. 그리고 주요 메모리 제품은 인텔에서 발명한 것이다.

하지만 1980년대 초 일본은 취약한 재정 수익 때문에 첨단 반도체 생산량 확대에 투자를 줄였다. 이때 한국의 삼성과 하이닉스(LG전자와 현대전자 메모리 사업 부문의 결합)가 기회를 보았고, 결국 투자를 통해 메모리 분야의 시장점유율 주도권을 얻었다. 특히 삼성은 메모리 제품에서 세계 시장의 주도권을 잡기 위해 생산 능력 확장에 대규모 투자(2009년에 약 40억 달러)를 했다.

몇 개밖에 남지 않은 미국의 메모리칩 회사는 재무적으로 어려움을 겪고 있다. 마이크론(Micron)은 2009년 말까지 만성적인 손실을 기록하고 있다. 메모리칩 회사 스팬션(Spansion, AMD와 후지쯔의 합작회사)은 파산보호 신청을 했다. 마이크론과 인텔의 합작회사인 IM플래시(IM Flash)는 최근까지 수익을 내지 못하고 있다. 마이크론은 메모리칩 활동을 대만의 판매업체인 난야(Nanya)와 제휴하려고 노력 중이다.

미국 반도체 업체는 지금까지 마이크로프로세서 등 주도 상품 개발로 세계 반도체 경쟁에 적응해 왔다. 인텔, AMD, IBM은 아시아 경쟁사들의 취약한 부분인 최첨단 칩과 제품에 집중하는 전략을 채택했다.

인텔은 마이크로프로세서가 지배적 위치를 갖고 있는 덕분에 세계 최대의 반도체 회사이다. 인텔의 총수입은 2위인 삼성의 거의 2배다. 인텔이 고수입, 고이윤을 올리는 것은 강력한 리더십과 컴퓨터 프로세서 시장의 80%를 컨트롤하기 때문이다.

인텔은 또한 마이크로소프트와 긴밀한 관계를 유지해서 마이크로소프트 운영체제에 들어가는 프로세서 아키텍처를 공급했다. 인텔과 마이크로소프트의 결합은 미국이 계속해서 컴퓨터산업을 지배하고 인텔이 프로세서 시장을 지배할 수 있는 핵심 요인이다.

AMD는 프로세서 시장의 남은 20% 중 대부분을 차지하고 있다.

이처럼 인텔과 AMD는 컴퓨팅 응용 프로세서 시장을 지배한다. IBM, 프리스케일(Freescale), 텍사스 인스트루먼트(Texas Instrument), 아날로그 디바이스(Analog Device) 등도 프로세서를 만들긴 하지만 이는 틈새시장에 불과하다.

미국 회사가 1950년대 IC(집적회로)산업을 처음 만들었고, 지금도 가장 값비싼 칩과 마이크로프로세서 시장을 지배하기 때문에 미국 회사가 전체 반도체산업에서 세계 최고의 시장점유율과 기술을 갖고 있다고 생각하는 사람들도 많다. 하지만 미국 회사가 칩 공급은 지배할지라도 생산은 아시아에서 이루어진다.

[표 5.1]을 보면, IC산업에서 미국의 쇠락 비율과 중국의 칩 소비 비중이 높아지는 것을 알 수 있다.

2000년에 미국은 세계 반도체 시장에서 31%를 소비했고, 중국은 17%였다. 2015년에 미국은 세계 생산량 중 14%를 소화할 것에 비해, 중국은 거의 50%를 사용할 것이다.

중국이 최대의 시장점유율을 갖게 되면, 중국의 장비 제조업체와 긴밀한 관계를 맺고 있는 반도체 회사들은 경쟁 우위를 갖게 될 것이다. 이것은 첨단기술 분야의 미국 회사에게 결코 좋은 조짐이 아니다.

반도체에서 주도권을 갖는 것은 전자산업 내의 많은 고성장 산업에 참여할 때 중요한 요소다. 결국 미국이 미래에 많은 전자제품의 공급망을 컨트롤하려 한다면, 반도체산업의 주요 분야에서 기술과 시장점

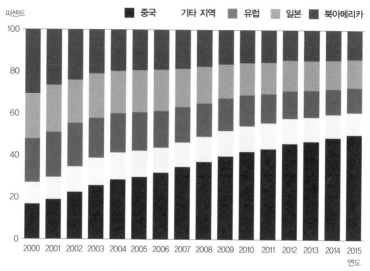

표 5.1 세계 지역별 IC 시장

퍼센트   ■ 중국   기타 지역   ■ 유럽   ■ 일본   ■ 북아메리카

자료 : International Business Strategies(IBS)

유율 주도권을 유지하는 것이 매우 중요하다.

전자 장비의 두뇌는 미국이 공급하지만 실질적인 전자 장비는 다른 나라가 공급한다는 사실은 아이러니하다. 미국 기업이 두뇌를 만들고, 다른 나라 기업이 몸통, 팔, 다리를 만든다.

만약 미국 기업이 장비 조립까지 한다면 장비 값의 상당 부분을 벌수 있을 것이다. 예전에는 그랬다. 과거의 반도체산업은 수직적 통합이 특징이었다. 칩 회사가 실리콘 웨이퍼를 만들고, 칩을 웨이퍼에 식각(etching)하고, 실리콘 조각을 포장에 넣고, 칩을 테스트했다. 그런 다음 완성된 구성 요소를 최종 소비자 제품에 끼워 넣었다. 하지만 오늘날 이처럼 전 과정이 완전히 수직적으로 통합된 칩 회사는 거의 없다.

그나마 인텔, IBM, TI(Texas Instruments), 마이크론은 여전히 대부분의 공정이 수직적으로 통합되어 있지만, 미국의 반도체 회사는 주로 반도체 칩의 제조를 전문으로 하는 기업의 웨이퍼를 사용한다.

웨이퍼 생산 기지는 주로 대만에 있다. TSMC(Taiwan Semiconductor Manufacturing Company)는 웨이퍼 생산 시장의 거의 50%를 갖고 있다. 사우디아라비아 하면 원유이듯, TSMC 하면 실리콘 웨이퍼다. 심지어 인텔은 자체 웨이퍼 생산시설이 아리조나와 뉴멕시코, 오레곤에 있는데도 극동지역의 조립과 테스트 시설에 의존한다.

사실 전자산업의 핵심 기술은 주로 미국에서 시작하지만, 대규모 고용은 극동지역에서 일어난다. 이는 미국이 기술적 주도권을 수립한 뒤 고용과 수출의 전체 가치를 얻는 데 실패한 이유 중 하나다.

미국의 입장에서 세계 칩 공급의 생산 기지는 미국에 있어야 한다. 미국은 해외 원유 공급자의 봉쇄나 다른 이유로 공급망이 붕괴하는 사태를 대비해 전략적인 원유 비축기지(SPR)를 세우면서도, 반도체 웨이퍼의 국내 공급자가 있어야 한다는 중요성은 전혀 몰랐다. 이 은색의 디스크는 그 무게만큼의 금에 해당하는 가치가 있으며, 탱크나 잠수함보다 더 소중한 것이다.

항공기산업 : 미국 최대의 수출 분야

보잉(Boeing)과 맥도넬 더글러스(McDonnel Douglas)는 1960년대부터 1980년대까지 민간 항공기 시장에서 지배적 지위를 갖고 있었다. 하지만 유럽의 컨소시엄인 에어버스(Airbus) 때문에 맥도넬 더글러스는 약해졌고, 1997년 보잉에 합병되었다.

현재 보잉은 다소 하락 국면에 있긴 하지만, 여전히 세계 항공운송시장의 강자다. 보잉은 아웃소싱을 늘리고 있지만, 향후 10년 내에 에어버스 이외에는 회사의 경쟁력에 심각한 도전이 없을 것으로 보인다.

보잉의 고용 능력은 미국의 근로 인구에 비하면 그리 크지 않다. 하지만 항공운송산업은 전략적으로 매우 중요하며 수출을 유발하는 산업이고, 실제로도 보잉은 미국 최대의 수출업체 중 하나다.

물론 미래에는 중국 또한 항공기 제조국으로 부상할 것이다. 중국은 현재 민간항공 수송기술 개발에 접근할 수 있는 프로젝트를 수행하고 있다.

방위산업 : 부동의 세계 1위

미국의 방위산업은 대규모 예산에 힘입어 계속해서 세계 1위다. 향후 10년 안에 미국 군수산업의 첨단기술에 위협적인 도전자는 없을 것이다. 군수 장비의 수출도 있는데, 수출의 상당 부분은 군사력을 원조하기 위해 지원한 비용만큼 미국 무기를 구매하기로 하는 협정과 연관되어 있다.

농업 : 아시아인들에게 빼앗기는 토지

미국은 여러 유형의 농산물 수출국이다. 에탄올을 만드는 옥수수처럼 에너지 생산 농작물에 대한 수요가 늘어나면서 미국 농업은 성장 모드에 있다.

넓은 국토, 비옥한 토양, 풍부한 물 공급 덕분에 미국 농업은 수십 년간 수출국이었다. 그리고 앞으로도 계속해서 농산물 수출국일 것이다. 하지만 내재된 문제는 외국인, 특히 아시아인의 미국 농토 매입이 늘고 있다는 점이다. 이것은 모든 토지가 정부 소유인 중국의 토지 관리와 현격한 대조를 보인다.

미국 정부가 토지를 매입하거나 외국인의 매입을 금지시키는 것이 바람직하지는 않으나, 토지와 농업의 전략적 가치를 잘 이해하는 것은 중요한 일이다.

Summary

미국 기업의 강점을 무조건 과소평가하는 것은 바람직하지 않다. 하지만 이보다 더 중요한 것은 많은 산업이 약화된 이유를 이해하는 일이다. 여기에는 외국 경쟁사들이 자국에서 받는 보조금 때문에 상대적으로 미국 기업의 경쟁력이 약해진 경우가 많다. 또 자국 내수시장에서 자국 기업에게 특혜를 주는 나라도 많다. 결국 정부의 역할은 자국의 부를 창출하는 군대와도 같은 기업이 거대한 경쟁 장벽에 부딪치지 않도록 보장해 주는 것이다.

　내가 미국의 기업 활동을 분석한 바로는, 경쟁 압력에 대응하여 비즈니스 모델을 자발적으로 바꾸는 기업이 성공하는 경우가 많았다는 점이다. 비즈니스 모델을 바꾸는 자발성은 자동차 같은 과거의 산업보다 전자산업 같은 신사업에서 더욱 흔하다. 또한 새로운 비즈니스 모델을 채택하는 데는 오래된 기업보다 신생 기업이 더욱 발 빠르다.

　경쟁사와 비교해서 낮은 비용을 유지하는 것이 절대적으로 중요하기 때문에 기업은 생산 전략의 유연성이 필요하다. 생산 전략에 융통성이 없고 고비용인 기업은 불가피하게 대규모 손실을 경험할 수밖에 없다. 그러므로 가격경쟁력을 갖추기 위해서는 해외의 생산 인프라를 사용할 수밖에 없는데, 이를 위해서는 수입을 상쇄할 만한 수출을 유발하는 것이 중요하다.

　미국의 기업들은 내수시장 보호와 효과적인 세계 시장 점유에 대한 인식이 없었다. 21세기 기업의 핵심 요소를 이해하지 못했던 것이다.

　미국은 원유와 석유 등의 원자재뿐만 아니라, 자동차와 소비재 같은 공장 생산품을 수입하는 데 막대한 비용을 들였음에도 이를 왕성한 수출로 충당하지 못했다. 대신, 미국 정부의 산업 전략은 소비 촉진으로 단기 만족을 꾀하는 것이었다. 30~40년 전만 해도 미국은 많은 전략적 산업 분야에서 시장을 지배하는 위치였지만, 이제는 일부 작은 영역의 산업에서만 리더 역할을 하고 있을 뿐이다.

　앞에서 살펴보았던 대로, 미국 기업은 컴퓨터, 소프트웨어, 반도체, 항공산업 등의 영역에서 시장을 주도한다. 물론 데이터 네트워킹과 대형 스토리지 장치에도 강하지만, 이것은 자동차나 가전에 비하면 시장이 작다. 또한 고도로 복잡한 전자제품 시장은 미국 외 지역에서는 그리 크지 않아서 수출 레버리지 효과도 제한적이다. 대부분의 애플리케이션용 전자장비 생산이 미국 밖에서 이루어지면서, 데이터 네트워킹과 스토리지 장치의 무역수지는 적자다.

많은 비평가들은 선진국의 제조업체들이 저임금 지역의 기업과 경쟁하는 것은 불가능하다고 말한다. 하지만 방법이 아주 없는 것은 아니다. 예를 들어, 카메라, 프린터, 복사기, 스캐너 제조사인 일본의 캐논(Canon)은 자동화를 채택했다. 캐논의 CEO는 높은 품질을 유지하기 위해서 해외뿐만 아니라 일본 내 생산을 유지해야 한다는 신념이 확고하다. 이와 동시에 중국의 성장 기회를 지원하기 위해, 캐논은 중국에도 자동화된 생산 공장을 짓고 있다.

미국 경제와 기업에게는 각각의 산업 분야에서 주도권을 잡는 일이 곧 중요한 힘이다. 2008년 월스트리트 붕괴 이후 미국의 은행이 약해져서 자본집약적 영역에 투자하기는 더 어려워졌지만, 회복되는 주식시장과 벤처자본산업은 그나마 희망을 준다.

미국은 여러 주요 영역에 강력한 기업가가 있음에도 불구하고 많은 사람들이 자기의 강점을 어떻게 국가의 부를 증진시키는 데 사용할 것인지에 대한 집중력이 부족하다. 물론 특정 내수시장에 너무 많은 기업이 참가한다면, 그들은 글로벌 시장에서 효과적으로 경쟁할 수 없다. 이에 대한 대표적인 사례가 바로 일본 기업들이다. 그들은 격렬한 내수시장 경쟁 때문에 세계 시장에서 효과적으로 경쟁할 힘을 잃고 말았다.

미국의 정부 정책은 여전히 이슈로 남았다. 미국은 해마다 첨단 군용 항공기, 잠수함 및 무기 생산에 수백억 달러를 쓰지만, 무선통신 인프라 개선을 위해서는 상대적으로 적은 예산을 배정한다. 미국은 부의 생성을 위한 정복군으로써 기업을 키우는 데 필요한 것을 우선 지원하는 게 아니라, 해묵은 우선순위와 로비 활동에 따라 지원을 결정한다.

미국의 산업 기반은 지난 30~40년 사이에 글로벌 경쟁력이 심각하게 약해졌다. 산업 정책에 획기적인 변화가 없다면 이 하락세는 계속해서 진행될 것이다. 그 결과 미국의 산업 기반이 약해지면, 미국의 부는 더 심각하게 쇠락할 것이다.

미국 정부의
해결 과제

06

미국은 자국의 우월한 힘으로 부의 전쟁에서 이길 것이
라는 환상 속에 있다. 그 결과 경쟁자가 위협적인 위치에 와
있는데도 미국은 과거의 시각으로 대처하고 있다. 1970~1980
년대에 미국이 일본을 상대했던 방식은 2015년 중국에는 효과가 없
을 것이다.

남북전쟁 이후, 미국 경제는 광범위한 천연자원을 성공적으로 이용함으로써 성장했다. 비옥한 토양, 수백만 에이커에 달하는 숲, 수많은 강, 풍부한 석탄 공급은 미국 기업의 성장에 최적의 환경을 제공했다. 또한 초중등 무상교육, 주립대학에 대한 자금 지원은 배고프고 야망을 품은 국민들이 천연자원을 이용해 강력한 산업 기반을 건설할 수 있도록 도왔다. 그 결과, 미국 기업은 많은 시장 분야에서 글로벌 리더가 되었다.

정부 정책은 국가의 부 건설을 돕기 위해 친산업적이었다. 산업은 일자리를 창출했고, 세금 수입을 낳았으며, 이 세금은 더 많은 일자리를 창출하고 시민들의 생활수준을 향상시킬 재원이 되었다.

정부는 군사적 지원도 했는데, 이는 한편으로 기업에 자금 지원 역할을 하는 경우도 있었다. 즉, 국방부의 연구기금 지원으로, 원자력, 집적회로, 제트기 엔진 사업을 비롯한 여러 산업의 기초가 되는 연구

가 이루어졌다.

미국의 부는 대부분 손쉬운 원료 조달과 규제의 부담으로부터 자유로운 기업 활동의 성공 위에 건설된 것이다. 미국의 제조업체는 석탄, 철광석, 구리, 알루미나, 목재, 원유 등 기타 천연자원을 돈만 내면 거의 무제한으로 맘껏 사용할 수 있었다. 철도회사는 서부 개척 계획에 대한 보상으로 정부에서 토지를 무상으로 받았다.

미국의 금융기관 역시 글로벌 거인이 될 수 있었다. 은행, 보험회사, 자산운용회사, 증권 중개인은 세계 다른 나라들의 부러움의 대상이었다. 그들은 다른 산업 부문의 사업 추진을 도와줄 수많은 혁신을 이루었다. 애플, 구글 등 여러 경제 강자에게 자금을 지원해 준 화폐시장은 그야말로 월스트리트 마법사들의 공로였다.

1위 기업이 독점의 횡포로 고통을 유발하면 정부가 개입해서 활동을 제한했다. 오염된 강과 토지, 반복되는 호황과 불황의 경제 사이클로 인해 20세기 초부터는 새로운 규제들이 생겨나기도 했다. 교묘한 방법으로 그 규제를 피해가거나 약한 집행으로 구속력이 떨어지는 경우도 있었지만, 식품과 의약품의 경우처럼 새 규제가 오랜 시간 동안 효과적이었던 적도 있다.

1900년대의 금융 재앙과 1920년대 후반부터 1930년대에 걸친 대공황으로 인해, 연방준비위원회(FRB, Federal Reserve Board)가 은행을 규제하고, 연방증권거래위원회(SEC, Securities and Exchange Commission)는 증권과 채권 중개를 규제하는 방안을 만들었다.

1980년대는 산업 규제 완화가 유행이어서 독점적 지위에 있던 AT&T 전화를 강제 분할했고, 항공기의 경쟁이 증가했으며, 금융회사에 대한 규제도 거의 없어지다시피 했다. 의회는 공화당의 적극적인 주도로 상업은행과 투자은행의 엄격한 분리를 핵심 내용으로 하는 대공황 시대의 글래스-스티걸 법(Glass-Steagall Act, 상업은행의 방만한 경영을 막기 위해 1933년에 제정된 규제 법률) 폐지안을 통과시켰고, 1999년 빌 클린턴 대통령은 이에 서명했다. 이로부터 채 10년도 안 돼서 월스트리트는 붕괴했고 대형 은행은 몰락의 위기에 몰렸다. 미국 정부의 구제만이 금융의 아마겟돈을 막을 수 있었다.

2007~2008년 금융산업의 붕괴로 많은 금융 회사들은 경제의 커다란 배수관이 되고 말았다. AIG(American International Group) 구제에 들어간 정부의 구제금융은 1,800억 달러가 넘었다. 시티그룹(Citigroup)을 살리는 데는 250억 달러의 자본 투입과 부실 자산 보증을 해줘야 했다.

다행히도, 뱅크 오브 아메리카(BOA)의 메릴린치(Merill Lynch) 인수와 다른 부실 자산으로부터 회복을 돕기 위해 정부가 투자한 450억 달러는 수익을 남겼다. 뱅크 오브 아메리카는 2009년 12월에 미국 재무부가 투자했던 우선주를 다시 사들였고, 2010년 3월에는 15억 달러 이상의 주식매수권을 팔았다.

7,000억 달러의 부실 자산 구제 프로그램(TARP, Troubled Asset Relief Program)은 금융기관 내부의 여러 문제를 해결하는 데 사용되면서 혼합된 결과를 가져왔다. 금융기관들은 회복 중이지만, 정부 대출을 상환하기 시작한 곳은 몇 군데에 불과한 것이다. 그러므로 납세자가 부담하는 비용이 최종적으로 얼마일지는 지켜봐야 할 노릇이다.

미국의 금융위기는 무자비한 조치를 취할 필요가 있었으며, 빌려온 돈은 반드시 상환해야 하는 것이다. 그런데 정부나 정치가들이 이를 해결할 수 있을 것 같지는 않으니, 빚을 갚을 유일한 방법은 세금을 늘리는 것뿐이다.

고소득자에 대한 증세는 이런 문제가 생길 때마다 늘 나오는 해결책이다. 하지만 이것이 과연 현명한 방법일까? 왜냐하면 고소득자는 과거에 경제 성장을 자극했던 투자자이기 때문이다. 결국 미래의 또 다른 구글, 애플, 시스코에 투자할 능력을 축소시키는 것은 좋은 방안이 아니다.

오바마 정부, 운전대를 잡다

최근 들어 미국 정부는 금융 회사와 자동차산업의 최대 주주가 되었다. 흥미로운 시기다. 하지만 미국 대통령이 운전대를 잡고 있는 것은 그리 기뻐할 일이 아니다.

사회주의나 공산주의 정부기관에서 비즈니스의 일부 또는 전부를 소유하는 것은 드문 일이 아니다. 몇몇 유럽 정부 역시 회사의 주식 또는 기업 지배권을 갖고 있다. 예를 들어, 프랑스와 스페인은 보잉사에 대항하는 민간항공기 제조사 에어버스(Airbus)의 모회사인 유럽항공우주방위산업(EADS N.V., European Aeronautic Defence and Space Company N.V.)의 지분을 소유하고 있다. 또한 미국 이외의 항공사 중에는 부분 또는 전부가 정부 소유인 경우가 많다. 에어 프랑스(Air France)만 해도 프랑스 정부가 일부 지분을 소유한다. 싱가포르 정부 역시 많은 산업의 지분을 소유하고 있으며, 현재까지 매우 성공적인 실적을 내고 있다.

하지만 미국에서는 어떨까? 자유의 문화를 마음껏 즐겨왔던 전통 때문에 미국에서 그런 모델이 쉽게 성공을 거두지는 못할 것이라는 전망이다. 싱가포르 정부가 12년 동안 그랬던 것처럼, 미국에서의 껌 씹기 금지를 상상이나 할 수 있겠는가?

정부가 소유권을 가지면 전략적 산업에 보조금을 지원할 수는 있지만, 수십 년 동안 사업을 성공적으로 경영한 예는 매우 드물다. 오히려 정치적 개입은 기업의 이윤을 극대화하는 데 방해가 된다.

정부가 소유주일 때 정부는 직원에 대한 책임감과 주주에 대한 책임감 사이에서 균형을 유지해야 할 필요가 있다. 자본주의는 주주에 비중을 두는 경우가 많다. 반면, 사회주의는 직원들에게 너무 많은 비중을 두는 경향이 있다.

지금의 정책을 보면, 미국은 자본주의 철학에서 사회주의 철학으로 옮겨가고 있는 게 분명하다. 하지만 새로운 산업을 건설하고 그 산업에서 고용을 확대하기 위한 제대로 된 전략이 없다. 금융 회사와 자동차 회사의 지분을 정부가 소유하는 것은 일시적인 것이겠지만, 어쨌든 그것은 새로운 전례를 만들었다. 또한 오바마 행정부와 민주당은 의료보험 개혁안에 몰두하고 있으니, 기금 마련과 의료시설 설립에 더 많은 정부 개입이 이루어질 것은 거의 확실한 상황이다.

이제 미국은 자본주의와 사회주의 사이에서 균형을 이룰 새로운 철학이 필요하다. 새로운 접근 방법은 '장기간에 걸친 국가 부의 성장'이라는 기준에 기초해야 한다.

정부는 글로벌 경쟁 환경에서 기업을 지원해야 하는 동시에 공정한 경쟁 기회를 보장해야 한다. 적절한 금융 지원(세금 우대, R&D 지원, 인프라 투자)과 효과적인 무역 정책만이 결국 미국 기업의 경쟁력을 높여줄 수 있다. 하지만 문제는 미국 정부의 글로벌 경제 환경에 대한 이해가 극히 부족하다는 것이다. 오직 정치적 재선을 위한 국내 이슈에만 관심을 쏟는다.

• 줄어드는 기업활동 비용

미국의 중요한 문제는 기업의 비생산적인 비용 증가를 제어할 수 있는 장치가 부족하다는 것이다. 늘어난 정부 공무원 부대를 지원하기 위해 세금과 의료보험은 높아지고, 2000년부터 축적된 재정 적자를 메우기 위해 더욱 높아진 세금은 미국 기업이 세계 시장에서 경쟁력을 갖지 못하게 만들었다. 기업의 수익이 늘어난 세금으로 줄줄 새나가는 바람에 연구비 지출은 갈수록 격감하고, 신제품 개발에 대한 열정도 줄어들었다.

전 국민 의료보험에 드는 잠재적 비용은 경악스러울 정도다. 미국에서 전 국민 의료보험 제공은 기업의 운영비용을 증가시킬 뿐만 아니라, 정부 적자도 가중시킬 것이다. 사회 정책에 지불하는 비용이 늘어나면 추가 적자 지출을 승인받지 않는 한 도로, 항공, 철도 인프라 개선에 대한 투자도 격감할 것이다.

운송 인프라, 특히 대량 수송을 위한 개선은 사용자(기업)에게 큰 편익을 제공한다. 유럽에서는 납세자 부담으로 저비용 교통 시스템을 구축함으로써 근로 인구의 효율성이 향상되었다는 게 이미 증명된 바 있다.

그렇다고 정부 및 공공복지 정책의 늘어난 비용을 세금이 지원하지 않는다면 국가는 자산 사용에 있어서 비효율성이 더욱 심각해질 것이다. 상황이 이렇다 보니, 복지정책에 많은 세금을 쓴다는 것은 곧 기업 설립과 실제 부를 생성하는 데 쓰이는 세금 액수가 줄어든다는 의미이다.

현재 미국의 정책은 단기적인 평가로만 운영되고 있다. 현재의 경제 침체를 소비가 늘어난 탓이라고 규정하는 것은 미국 문제에 대한 장기적인 해결책이 아니다. 실제로 수출을 늘리고 무역수지 적자를 감소시킬 수 있는 장기적 요소에 대한 주요 계획은 아직까지 발표된 게 없었다.

무역수지는 한 나라가 글로벌 경쟁자들에게 맞설 경쟁력을 평가하는 중요 잣대다. 하지만 최근의 TARP(부실 자산 구제 프로그램)와 경기부양정책은 미국의 무역 적자 감소 또는 세계 시장에서 경쟁력을 높이는 데 그리 도움이 되지 않는다.

운영비용 절감, 고용 창출, 수출 증대를 위한 장기 전략이 부족한 결과, 미국에서는 섬유, 의류, 신발, 텔레비전 모니터 등 많은 제조업 부문이 사라져버렸다. 미국 소비자의 주요 트렌드는 값싼 수입품을 소비하는 것인데, 해외 생산업체는 생산시설에 많은 투자를 하고, 이익 회수를 장기적인 관점으로 보기 때문에 그렇게 낮은 가격이 가능하다. 물론 미국의 입장에서는 소비자가 최저 가격에 최고의 상품을 살 수 있게 하는 것이 중요하다. 하지만 대량 수입을 똑같은 양의 수출로 상쇄할 수 있는 전략을 갖는 것이 훨씬 더 중요하다.

미국 시장은 외국 기업에 개방되어 있고, 시장 참여 장벽도 낮다. 기존에 설치된 무역 장벽은 전략적 산업 때문이 아니라, 특정 이해 집단의 압력 때문인 경우가 많다. 2009년 수입 타이어에 관세를 부과한 것도 타이어 회사보다는 노조의 압력 때문에 시행되었다.

미국이 세계 시장에서 지배적 위치였을 때는 경쟁국들에게 미국 시장을 개방해 주고 상대의 자국시장도 보호할 수 있도록 너그러운 태도로 임할 수 있었다. 하지만 미국 기업이 여러 산업에서 급격히 쇠퇴한 지금의 환경에서, 미국은 훨씬 더 강경한 태도로 미국 기업들이 미국에서나 다른 나라에서나 동등한 수준에서 경쟁할 수 있도록 보장해 주어야 한다.

• 정치에 끌려 다니는 결정들

미국 지도자들의 전략적 산업을 위한 장기 계획은 언제나 낮은 수준이었다.

미국 정부 내에 수뇌부의 전략적 비전이 부족한 것은 정치인을 뽑는 선거 절차와도 일부 관련이 있다. 대통령과 다른 고위급 선출직 공무원은 다음 선거 전에 성과를 낼 수 있는 것에만 관심을 갖는다. 정치인이 재선에 성공(재선 비율은 꽤 높다)할 수 있는 중요 요인은 해당 지역구의 신사업에 연방 정부의 자금 지원을 얻어내는 것이다. 이런 선심성 정치가 장기적인 경제 안목보다 더 높은 우선권을 갖는다. 정치인은 장기적 고용 창출이나 무역수지 흑자보다 더 많은 득표를 노리기 위해 세금을 재분배한다.

정부와 주 의회에 비즈니스나 기술에 관한 전문지식을 갖고 있는 정치인도 없다. 그 결과, 미국의 정치 지도자들은 국가의 글로벌 경쟁력을 과소평가한다. 다른 나라 정부가 자국 기업을 직간접적으로 지원하는 것을 모르고 있거나 알려고도 하지 않는다. 이는 최근 몇 년 동안 미국의 인프라 투자가 부족했다는 것만 봐도 알 수 있다.

미국에서 거둬들인 세금 중 국가 인프라 강화에 사용된 액수는 아주 적은데, 이것은 그야말로 근시안적인 예산 관행이다. 효율적이고 현대적인 인프라가 그 나라의 기업과 근로자의 효율성을 높여준다는 생각을 그들은 하지 못한다.

미국의 인프라 투자 부족은 중국과 극명하게 대조를 이룬다. 중국은 인프라 확장에 어마어마한 투자를 하고, 대신 복지와 다른 사회적 지원에 대한 투자가 매우 낮다. 21세기 초까지만 해도 중국의 인프라 수준은 미국의 그것에 비해 매우 열악했지만, 2020년이 되면 중국의 인프라가 훨씬 강해질 것이다.

미국은 지난 수십 년간 인프라 유지 및 개선에 충분한 자금 지원을 하지 않았다. 교량 보수는 대부분의 주에서 예산 부족으로 밀려났다. 결국 2007년 미네소타 주 교량 붕괴 사고는 부적절한 관리와 형편없는 설계로 인한 것이었으며, 더 큰 국가적인 문제가 발생할 수 있다는 것을 보여주는 빙산의 일각에 불과하다. 따라서 대대적인 변화가 없다면, 미국의 인프라 붕괴는 앞으로도 계속될 것이다.

금융기관과 자동차 회사에 대한 2007~2008년 구제금융 이전까지, 기업 활동에 대한 정부의 정치적 개입은 바람직한 일이 아니었다. 그런데 아이러니하게도 자동차산업 구제금융이 고용과 연금 의무 보호를 위해 이루어지자, 갑자기 정부의 사기업 개입은 박수를 받고 있다.

이전의 정부 지원은 정치적 편의에 의해 특정 분야의 작은 부분을 타깃으로 이루어졌다. 미국의 정치인들은 세금 기반 혹은 선거 자금 지원의 효과가 없다면 비즈니스 이슈에서 적극적인 지도력을 발휘하지 않기 때문이다. 예를 들어, 대체 에너지 프로그램은 휘발유 가격과 가용성에 따라 활기를 띠다 말다를 반복하는데, 가격이 오르거나 연료의 희소성이 높아질 때만 정치인이 에너지 독립을 발전시킬 새로운 프로그램을 발표하는 등의 반응을 보인다.

태양, 풍력 같은 대체 에너지원 시설을 설립하자는 움직임은 30여 년 전 1차 오일쇼크 때 있었는데, 태양에너지 시장은 약간의 고용을 유발했으나, 오늘날까지 여전히 작은 시장으로 남아 있어서 대규모 수출은 없다. 또 태양에너지 설비로 수입 원유의 사용이 줄어들긴 했지만, 그 이익은 아직까지 미미한 수준이다. 따라서 태양에너지 산업에 대한 정부의 지원은 향후 몇 십 년 동안 원유 수입에 별다른 영향을 주지 못할 것이다.

미국에서 농업은 상원의원들의 파워 덕분에 보호를 받는다. 아이오와, 몬태나, 아이다호, 와이오밍, 캔사스, 네브래스카와 같은 주는 인구는 적지만 의회에서 갖는 정치적 영향력이 작지 않다. 이들 주가 내보내는 상원의원 수는 4개의 첨단기술 주(매사추세츠, 캘리포니아, 텍사스, 노스캐롤라이나)보다 더 많다. 주요 산업이 농업이기 때문에, 이 지역 정치인들은 재선을 위해 농업을 장려하고 보호한다. 또한 에탄올 의무 사용 법안과 같은 친농업 법안이 통과된다. 여기에는 식료품 값과 에너지 비용에 미치는 장기적 영향에 대한 충분한 고려가 없다. 결국 2007년 옥수수 가격 폭등의 직접적인 원인은 다량의 곡물이 에탄올 생산에 전용되었기 때문이었다.

미국에서는 중서부 지역에 집중된 농업이 캘리포니아와 매사추세츠 주에 집중된 전자산업보다 더 큰 정치적 영향력을 갖는다. 방위산업과 항공산업을 위한 전자산업은 예외인데, 이 산업들은 정치적 상황에 따라 여러 주에 나뉘어 배치되어 있다. 예를 들어, NASA 기지가 유력 상원의원을 거쳐 후에 대통령이 된 린든 존슨(Lyndon Johnson)의 고향 텍사스 주에 있는 것은 우연이 아니다. 그는 우주산업을 정치적으로 이용하는 데 누구보다 적극적이었다.

캘리포니아와 매사추세츠는 역사적으로 민주당 강세 지역이다. 민주당은 자동차산업을 지원했던 것만큼 전자산업을 지원하지 않았다. 첨단기술 기업은 강한 노동조합을 갖지 않는 경우가 많기 때문이다. 첨단기술 노동자들은 이미 높은 급여와 혜택을 받고 있기 때문에 노동조합에 잘 가입하지 않는다. 따라서 자기 이익을 지키기 위한 투표의 정치적 영향력이 미미해서 결국 높은 세금이 전자산업에 부과된다. 그중 가장 부담스러운 세금은 소유 자산에 부과되는 주 재산세이다. 전자산업 공장의 비용은 칩 생산에 필요한 값비싼 장비와 정밀한 설계서 때문에 약 40억 달러 정도가 든다. 전자제품 생산업체가 캘리포니아에서 떠난 이유 중 하나는 캘리포니아 주정부가 자산(장비)에 부과한 세금 때문이었다.

노조와 지원해주는 정치가가 없는 탓에, 미국 내 전자산업의 고용 패턴이 바뀐 것은 미국 경제에 도움이 되기도 했고 해가 되기도 했다. 노동자가 정치력을 행사하지 않기 때문에 생산시설을 극동지역으로 아웃소싱하기는 쉬웠다. 기업은 벌금을 거의 물지 않고도 생산시설을 폐쇄할 수 있었다. 이로써 기업은 쉽게 저비용 제품 생산이 가능했지만, 미국 내 생산 기지는 그만큼 감소했다.

미국 전자제품 조립산업의 대규모 이전을 유럽에서의 상황과 대조해서 생각해보자. 프랑스, 독일 및 여러 지역에서는 생산시설 폐쇄 비용이 높다. 이런 출구 장벽 덕분에 상당수의 고비용 시설이 계속 가동되어 가격경쟁력이 없는 제품을 계속 생산했다. 제조업 일자리를 보호하려는 노조의 지원과 광범위한 규제 때문에 유럽의 많은 가전제품 회사는 결국 망했다.

캘리포니아와 프랑스 첨단기술 제조업의 소멸에서 얻는 교훈은 분명하다. 제조와 고용, 세금, 수입, 수출에 균형이 필요하다는 점이다. 즉, 미국 정부와 노조, 기업은 함께 협력해서 잃은 돈을 건지려다 더 큰 손해를 보지 않도록 산업정책을 마련해야 한다. 무조건 낮은 기술에 덩치만 큰 공장 산업의 고용을 장려하는 것은 바람직하지 않다. 하지만 높은 고용과 대규모 수출의 조합을 제공하는 첨단기술산업의 장려는 중요하다.

여기서 역설적인 것은 건실하고 이윤이 높은 기업은 정부 지원이 필요 없다는 것이다. 또한 대부분의 기업 경영자는 정부가 하는 일이 모두 규정 부과와 비용 추가라고 믿기 때문에 정부 관여가 제한적이길 바란다. 많은 업계 관계자들은 순진하게도 다른 나라 경쟁자들이 자신들과 똑같은 믿음을 갖고 있다고 생각한다. 하지만 광범위한 보조금이 지급되는 나라가 많기 때문에 이렇게 생각하는 것은 큰 실수다.

미국 정부 공무원과 기업이 글로벌 경쟁력 위협에 대한 이해가 부족한 것은 미국이 늘 리더였던 탓도 있다. 늘 기술에서 다른 나라를 앞서갔기 때문에, 대부분의 미국 기업은 약자의 위치에 익숙하지 않다.

수익성 제로, 시장점유율 하락, 낮은 총수입, 낮은 고용 수준으로 산업이 망해버리면 그 산업에서의 정치력도 약해진다. 선출직 공무원은 선거 캠페인에서 돈이나 표를 주지 않는 곳에는 관심이 없기 때문이다.

가전제품산업은 미국 기업이 경쟁력을 잃어가는 분야 중 하나다. 고급 사양과 낮은 가격으로 무장하고 밀려들어오는 한국 및 중국산 에어컨, 세탁기, 냉장고는 미국 제조업체에 강력한 도전자이다.

미국에서 가전제품산업 분야의 통합은 이미 이루어졌다. 월풀(Whirlpool)은 규모의 경제를 달성하기 위해 메이택(Maytag), 아마나(Amana), 젠에어(Jenn-Air), 키친에이드(KitchenAid) 등 여러 브랜드를 인수했다. 발명가 토마스 에디슨(Thomas Edison)이 설립한 GE(General Electric)는 가전사업 부분을 해외 기업에 매각하려 했다.

미국 기업이 외국 기업에 매각되면 처음에는 고용이 대부분 유지되지만, 시간이 갈수록 고용은 줄고 공장은 폐쇄된다. 제니스(Zenith)는 한때 최대의 TV 제조업체였지만, 공장과 직원들은 사라진 지 오래다. 물론 제니스라는 브랜드는 한국의 LG전자 제품라인 중 하나로 여전히 살아 있다.

미국을 포함한 많은 나라가 자유무역을 지원하는 철학을 표방했지만, 현실적으로 완전히 무제한 개방을 하는 나라는 없다. 미국에서는 무역에 관한 결정 중 상당수가 산업 및 지역을 대표하는 의원들의 로비 활동에 따라 내려진다. 사업장이 위치한 지역뿐만 아니라 해당 주의 정치적 파워가 미국 정치인들이 내리는 의사 결정에 중요한 영향력을 미친다.

미국은 장기적 관점에서 국가의 부에 기여할 전략적 산업을 키우는 데 지속적인 접근이 부족하다. 선거가 다가오면 반짝해서 고용 증가 노력을 기울인다. 미국인은 값싼 중국산 제품을 즐기느라 바쁘기 때문에 무역 불균형에서 오는 황폐한 충격에 대해 의원들에게 불평할 시간이 없다.

미국에는 최고의 제품과 최저 가격을 가진 최고 강자가 이길 것이라는 근본적인 믿음이 있다. 이것은 공개경쟁일 때는 옳은 철학이다. 하지만 다른 나라에서도 똑같은 수준의 개방이 아니라는 점을 인식해야 한다.. 어쨌든 지금의 경쟁 환경은 미국 기업들에게 불리하다.

또한 미국의 환경에서는 과거의 성공이 미래의 성공 지표로 여겨진다. 하지만 과거에 효과적이었던 사업 개념이 글로벌 경쟁 환경에서는 더 이상 쓸모없어진 경우가 많다.

• 자본집약적 산업에 대한 취약한 지원

21세기 미국 산업의 주요 특징은 자본집약적 공장에 대해 투자가 낮다는 점이다. 그나마 항공산업은 예외다. 하지만 보잉조차도 미국 내에서 생산하기보다는 보잉 787 항공기의 외주 생산 규모를 늘렸다.

자본집약적 시설에 대한 지출이 낮은 이유는 낮은 설비 가동률로 운영했을 때 발생할 재무 충격에 대한 염려 때문이다. 또 주주와 채권자 우선순위 때문에 그들에게는 장기적 전략보다 단기적 재무 수치가 우선이 되있다.

전자산업뿐만 아니라, 철강 같은 중공업 역시 다른 나라에 비해 낮은 투자를 기록하고 있다.

취약한 반도체 웨이퍼 생산시설

세계 수준의 경쟁력을 갖기 위해 필요한 수준만큼의 투자가 이루어지지 않는 미국의 산업들이 있는데, 그중 대표적인 것이 반도체 공급용 웨이퍼 생산시설이다.

미국 내에서 유일하게 공격적으로 웨이퍼 생산 능력 확장 전략을 취하는 기업은 인텔이다. 인텔은 기존의 이스라엘과 아일랜드 공장 외에 해외 공장도 건설 중이다. 인텔이 유럽에서의 미래 투자를 축소할 움직임을 보이자, 유럽위원회(EC, European Commission)는 인텔에 14억 달러가 넘는 벌금을 부과했다.

앞서 언급했던 뉴욕 주의 웨이퍼 생산시설은 아부다비 석유왕국의 경제적 지원으로 건설되고 있고, 삼성은 텍사스 주 오스틴(Austin)에 첨단 설비를 건설했다. 하지만 삼성이 웨이퍼 생산시설을 더 이상 미국에 건설할 것 같지는 않다.

인텔과 아이다호 주 메모리칩 회사 마이크론의 합작회사인 IM플래시(IM Flash)는 싱가포르에 첨단 웨이퍼 생산시설을 건설할 계획이었지만 시장에서의 가격 압력으로 인해 연기되었다. 사실, IM플래시의 장기적 재무 능력은 불확실하다.

IBM은 뉴욕 주 피시킬(Fishkill)에 첨단 웨이퍼 공장이 있지만 생산 능력을 늘릴 계획은 없다. 오히려 IBM은 이 시설을 매각할 가능성이 높다.

최첨단 반도체 생산 공장은 미국 내에 몇 개 없을 뿐만 아니라, 현존하는 것들도 이전 세대의 공장들이라서 5~10년 후면 문을 닫을 것이다. 내쇼날(National)은 이미 텍사스 주 오스틴의 생산설비 폐쇄를 발표했다. 이는 미국 반도체 산업이 웨이퍼를 외주 생산으로 공급하는 비즈니스 모델을 채택하고 있다는 뜻이다. 이는 세계 최대의 미국 정유회사인 엑슨모빌(ExxonMobil)이 원유 수출에는 더 이상 관심이 없으며 대신 필요량을 모두 다른 회사에서 사 올 거라고 말하는 것과 같다.

인텔과 AMD 이외의 미국 회사에 공급되는 웨이퍼는 약 80%가 대만 제품이다. 그러니 미국 경제의 무수한 리스크와 취약성을 생각해 볼 때, 만약 대만에 심각한 정치적 문제나 대규모 지진 등 어떤 문제가 발생하면 미국 반도체와 전자산업은 대번에 무력해질 수 있다. 또 중국이 대만과의 통일 계획에 성공한다면 중국은 미국 반도체산업 대부분의 웨이퍼 공급을 컨트롤할 수도 있다.

대만 기업이 어떻게 이 자본집약적 산업을 지배하게 되었는지에 대해서는 배울 교훈이 있다. 글로벌 파운드리(반도체 칩의 제조를 전문으로 하는 기업) 시장에 대한 참여는 물론, 내수용 웨이퍼 공급을 위한 웨이퍼 생산설비 건설을 장려하기 위해서 대만 정부는 자국 기업에게 수많은 인센티브를 제공했다. 그 결과, 대만은 대규모의 웨이퍼 생산 능력을 갖게 된 것이다.

미국의 몇몇 주에서도 칩 생산업체에 인센티브를 제공하고 있기는 하다. 뉴욕 주는 글로벌파운드리즈(Globalfoundries)를, 텍사스는 삼성을, 아리조나, 뉴멕시코와 오레곤은 인텔 사업을 지원한다. 그런데 문제는 주의 좁은 시야이다. 이런 노력은 국내 웨이퍼 공급 확보라는 종합적 전략의 일환이 아니라, 자기 지역에 고용을 제공하고 궁극적으로 세금 수입을 늘리기 위한 노력일 뿐이라는 점이다.

미국은 웨이퍼 생산 능력 확장을 보증하는 기술과, 금융자원, 시장 수요가 있지만, 실천에는 소극적이다. 그 결과 해외 공급업체, 특히 대만 기업에 대한 의존도가 증가하고 있다.

웨이퍼 수입 수요와 함께 미국 내 고용의 손실은 무역 불균형을 초래할 것이다. 미국 반도체산업이 웨이퍼 공급을 자급자족한다면 가능할 고용 기지 또한 갖지 못할 것이다.

미국은 전자산업에 필요한 웨이퍼 생산에서 주도권을 가질 기술 기반을 갖고 있다. 하지만 생산시설을 건설하기 위한 지원은 전혀 없다.

아시아에 주도권을 빼앗긴 평판 디스플레이

반도체 생산시설에 이어 또 취약한 지원 분야는 평판 디스플레이 생산시설이다. 평판 디스플레이는 거의 아시아에서 독점 생산된다.

많은 평판 디스플레이 공장이 일본에 있다. 샤프는 새로운 액정 디스플레이(LCD, liquid crystal display) 생산시설을 도시바, 소니와 합작 운영하고 있다. 파나소닉은 차세대 시설을 히타치와 캐논의 합작으로 건설할 예정이다. 소니는 또한 LCD 생산 능력 확장을 위해 삼성과의 협력도 계속 유지할 것이다.

BOE테크놀로지(BOE Technology)는 중국 정부의 지원을 받아 중국에 40억 달러를 쏟아 부어 새로운 LCD 시설을 건설한다. 삼성, LG전자, 샤프 또한 중국에 각각 수십억 달러를 들여 새로운 LCD 생산시설을 건설 중이다.

미국 기업과 정부 기관은 높은 리스크에 비해 투자수익률이 불확실하다는 이유로 평판 디스플레이 생산 능력에 아무런 노력을 기울이지 않았다. 유럽 역시 평판 디스플레이 생산에는 관심이 없다.

투자수익률을 걱정하는 것은 이해할 만하다. 디스플레이 기술은 이제 더욱 복잡해져서, 새로운 공장 건설비용은 50억 달러가 넘는다. 그래서 새 공장을 지을 만한 재정 자원을 가진 기업의 수가 많지 않다.

이런 자금과 용기를 가진 몇 안 되는 기업 중 하나가 한국의 삼성이다. 그 덕분에 삼성은 평판 디스플레이와 다른 자본집약적 산업에서 시장 1위를 다투는 막강한 기업이 되었다.

평판 패널 공급은 10년 후에 대만과 한국, 중국으로 갈라질 것이다. 디스플레이 기술의 전략적 가치는 반도체 웨이퍼 공급의 가치만큼 높지는 않지만, 평판 디스플레이는 미국이 고용 창출 기회를 놓치고 수입의 홍수를 줄이는 데도 실패한 대표적인 사례다.

또한 LCD 생산 흐름을 놓친 것은 평판 디스플레이 양산에 관한 중요한 지식을 얻을 기회를 상실했다는 것을 의미한다. 이런 지식 기반이 계속해서 업데이트되지 않으면, 다른 전자기술에서도 글로벌 경쟁력을 잃을 가능성이 있다. 한 세대의 기술을 놓치면 다음 세대 기술의 시설 건설은 매우 어려워진다.

자본집약적 산업에서 아시아의 도전에 취약한 분야는 또 있다. 미국은 마이크로소프트, 구글, 오라클 등 소프트웨어 및 인터넷 중심 기업들이 막강한 요새를 구축하고 있지만, 이 분야에서도 아시아가 경쟁자로 떠오르고 있다.

중국의 검색엔진 바이두(Baidu)가 중국 내에서 구글보다 더 높은 시장점유율을 갖는다는 것은 특별한 의미가 있다. 그들의 눈부신 발전에서 다음과 같은 교훈을 배워야 한다.

먼저, 새로운 컨셉과 기술이 미국에서 개발되었다 하더라도, 그것은 다른 나라에서 짧은 시간 안에 모방된다. 그리고 향후 몇 세대 동안에 걸쳐 미국 기업이 지배할 것으로 생각되었던 영역에서조차 글로벌 경쟁자들의 능력이 강해지고 있다는 점이다.

미국이 할 수 있는 중요한 도전은 자본집약도가 높은 산업의 쇠퇴를 보상할 수 있을 만큼, 고도의 기술을 요하되 자본집약도가 낮은 산업의 고용 기반을 빨리 건설하는 것이다. 또한 자본집약적 산업의 어느 분야가 전략적인지를 생각하고, 필요한 투자에 적극적으로 나서야 한다.

외주 생산이 미국에 미치는 장단점

1970~1980년대에 미국, 일본, 유럽의 전자 회사들은 비용 절감을 위해 제품 조립을 대신해 줄 회사와 계약을 하거나 아니면 자사의 조립 공장을 극동지역에 지었다. 이런 공장들은 저임금 노동력을 이용할 수 있었지만, 소규모였고 상대적으로 효율이 낮았다.

낮은 비용을 추구하기 위한 다음 단계는 자사 소유의 생산시설을 솔렉트론(Solectron), 플렉스트로닉스(Flextronics) 같은 계약생산업체로 이전하는 것이었다. 그다음엔 대형 브랜드 회사(HP, IBM, 델 등)가 인수 회사에 조립 서비스 하도급을 주었다. 그 결과, 소규모 공장은 문을 닫았고 생산이 크고 집중화된 공장으로 넘어갔다. 특히 중국에 대규모 생산시설이 많이 들어서면서 계약생산업체는 규모의 경제를 얻게 되었다. 외주 생산으로 미국 기업은 전자 장비 조립에 고비용을 지출하지 않아도 되었다. 그래서 외주 생산은 노동비용의 절감뿐만 아니라 투자 절감 효과도 있었다.

자본집약적인 대규모 생산시설을 갖춤으로써 솔렉트론, 플렉스트로닉스 같은 계약생산업체의 총수입은 크게 늘어났다. 초기 계약생산업체 중 하나인 솔렉트론의 중요한 특징은 일본 제조업체에 필적할 만한 품질의 제품을 만들어낸다는 점이었다. 일본 제조업체는 품질 면에서 세계 최고였다. 솔렉트론은 일본 업체 수준의 품질에 비용은 낮아서 고객들에게 경쟁 우위를 선사했다. 솔렉트론과 군소 업체들의 성장으로 몇몇 일본 전자 회사들의 경쟁력은 약해지기까지 했다.

생산설비가 계약생산업체로 이동하면서 미국 및 유럽 기업은 제품 디자인, 특히 생산비가 낮은 제품의 디자인에 집중할 수 있었다. 이로써 미국의 전자장비 업체가 계약생산업체를 이용해 생산한 장비는 가격, 품질, 사양 면에서 글로벌 경쟁력을 갖추었다.

이후 대만의 계약생산업체는 조립 회사이자 디자인 회사로 비약적인 성장을 했다. 플렉스트로닉스는 솔렉트론을 인수하여 그나마 경쟁력을 유지했지만, 대만 이외의 계약생산업체들은 시장점유율이 크게 줄어들었디.

대만의 계약생산업체는 낮은 비용에 효율성 높은 생산설비를 갖추고 있다. 그리고 이런 시설은 중국의 저비용 지역에 있는 경우가 많다. 조립 시설이 극동지역으로 옮겨간 결과, 미국 내 조립 근로자 고용은 감소했고, 미국 내에 있었던 생산설비 주변의 지원 인프라도 사라졌다. 지원 인프라에는 각 분야의 전문가인 엔지니어와 테크니션, 장비 지원 분야가 포함되어 있었다. 이런 소중한 능력이 없어져버린 것이다.

조립 공정이 더욱 복잡해지고 차세대 기술을 위한 장비 지출이 늘어나면서 새 생산시설이 미국이나 유럽에 들어설 가능성은 없어 보인다. 그 결과, 미국 내 첨단기술 기업의 직원은 계속 감소할 것이다.

일본은 여전히 강한 제조 기술을 보유하고 있지만, 중국 및 다른 저비용 지역의 이용이 늘면서 이들 기술은 향후 5~15년 사이에 사라질 것으로 보인다. 물론 예외도 있는데, 캐논은 일본 내 기술 기반을 보호하려고 애쓰고 있다. 앞서 말한 대로, 캐논은 엄격한 품질관리가 가능한 고도의 자동화 생산시설을 지었다.

미국 전자장비업체가 가격경쟁력을 유지하기 위해서 외주 생산은 필수적이었다. 하지만 외주 생산으로 인한 고용 손실을 상쇄하기 위해서 고용 성장을 제공할 다른 산업을 부양할 필요도 있다. 고용 기회의 장기적 관점에 기초한 종합적인 계획이 필요한 것이다.

중요한 사실은 IBM처럼 과거에 생산 기술 면에서 글로벌 리더십을 보유했던 기업들이 이제는 생산을 하지 않고 디자인 서비스 및 소프트웨어 개발에 집중한다는 것이다. 1990년대까지만 해도 복합 시스템 생산은 IBM의 주력 분야였지만, 미국에 있던 IBM의 생산설비 대부분은 문을 닫았다. IBM은 여전히 대규모 고용을 유지하고 있지만, 고용의 높은 비중은 미국 외 지역에서 일어난다.

미국 전자산업의 장기적인 생존 전략은 소프트웨어 및 서비스 개발에 주력하고, 생산 능력과 재료 기술은 계약생산업체의 지원을 받는 것이다. 하지만 이 전략을 추구하는 데는 엄청난 리스크가 있다. 저비용으로 대규모 생산 능력을 지속적으로 이용할 수 있어야 하며, 중국을 포함한 극동지역의 생산비를 낮은 수준으로 유지할 만큼 충분한 경쟁을 유지해야 하기 때문이다.

독점이 발생하고 경쟁이 사라지면 미국 기업은 가격을 통제할 수 없게 된다. 제품 가격이 오르면 미국 소비자들은 좋아하지 않을 것이다. 그만큼 자본집약적 산업에서의 공급망 집중은 염려스러운 일이다.

핵심 산업 주변의 지원 인프라 구축

전자 및 자동차산업을 포함한 대부분의 산업은 핵심 산업 주변에 대규모 지원 구조를 갖고 있다. 앞에서 언급했던 대로, 지원 산업의 인력은 핵심 산업 인력의 4~5배에 이른다.

물론 핵심 산업 주변의 지원 인프라 구축에는 수십 년이 걸릴 수도 있다. 하지만 그것은 기술과 고용이 핵심 산업으로 확장되는 것을 나타낸다. 반대로 핵심 산업의 생산 기반이 쇠락하면 지원 산업의 요구도 같이 줄어들고 고용의 손실을 낳는다.

미국에서 벤처 캐피탈리스트를 비롯한 많은 사람들은 가치사슬의 위로 올라갈수록 하드웨어 판매 수입보다 더 크고 새로운 수익이 생성될 수 있다고 믿는다. 가장 대표적인 사례가 휴대폰 산업이다. 전화 사업자인 버라이즌, AT&T, 스프린트, T-모바일 등은 그들의 하드웨어 파트너보다 훨씬 더 높은 수입을 올리고 있다.

하지만 이와 반대로 비디오 게임산업을 생각해 보라. 게임은 게임기보다 값이 더 나간다. 면도날 사업이 면도기 사업보다 더 값이 나간다는 것도 익히 알려진 이야기다.

여기서 중요한 것은 게임 콘텐츠가 가치를 얻기 위해서는 대규모의 하드웨어 베이스를 구축해야 한다는 점이다. 게임기 회사 닌텐도, 소니, 마이크로소프트의 전략은 소프트웨어에서 얻은 높은 수익과 이윤을 하드웨어에서 잃는 것이었다.

하드웨어 플랫폼의 중요성을 보여주는 또 다른 예도 있다. 개인용 컴퓨터가 활성화되기 이전에는 마이크로소프트 등이 제공하는 운영시스템과 어플리케이션 소프트웨어 시장이 크지 않았다. 하지만 PC 시장이 구축되고 나니, 대규모 소프트웨어 개발 시장이 생겨났다. 만약 운영시스템 소프트웨어가 없었다면, PC 환경도 조성될 수 없었을 것이다. 결국 소프트웨어와 하드웨어의 '결합'이 대규모 PC 시장을 낳은 것이다.

애플은 아이폰 관련 소프트웨어와 콘텐츠 기반을 구축 중이다. 2010년 2월 현재, 애플의 앱스토어(App Store)에는 약 15만 개의 프로그램이 있고, 애플은 보다 강력한 환경을 개발 중이다. 아이팟은 애플의 아이튠즈에 긴밀하게 연결되고, 바로 이 점이 아이팟 플랫폼의 판매를 자극했으며, 콘텐츠 역시 마찬가지다.

중국은 애플의 모델을 따르고 있다. 중국은 스마트폰 판매 촉진을 위해 무선 인프라를 업그레이드하는 데 590억 달러를 쓰고 있다. 이런 인프라 투자는 인터넷 콘텐츠 다운로드의 극적인 성장을 촉발시킬 것이다. 불행히도 미국은 새로운 광대역 인터넷 기반 서비스의 성장을 자극할 차세대 무선 데이터와 음성 통신 채택을 추진할 비전이 없다.

애플과 비교해 구글의 상황은 좀 다르다. 구글은 대규모로 조성된 인터넷 사용자 베이스와 전 세계적으로 데이터센터에 막대한 투자를 했기 때문에 높은 성장을 기록했다. 인터넷 사용자 베이스는 광대역 통신 이용과 함께 하드웨어와 소프트웨어의 결합으로 더 커졌다. 그 결과 구글은 콘텐츠에 보다 나은 접속을 제공하는 비즈니스 모델을 개발한 회사로 여겨진다. 또한 높은 성장 잠재력을 가진 '콘텐츠'를 관리한다. 하지만 콘텐츠의 양은 급속히 팽창하는 중인데, 그것을 뒷받침할 이렇다 할 인프라가 없다.

지원 인프라의 시너지 효과는 핵심 산업을 확장시킬 중대한 기회이다. 따라서 미국은 핵심 산업을 갖는 것뿐만 아니라, 앞으로 더 커질 지원 인프라를 갖는 산업에 집중하는 것이 중요하다.

연구 활동의 쇠퇴

미국은 1960년대부터 1990년대까지 세계 최고의 연구센터였다. 하지만 1990년대부터 21세기 초까지 미국 정부 및 산업계는 새로운 영역의 기술에 대한 자금 지원을 줄였다(표 6.1 참조).

제2차 세계대전 이후 미국은 군사 강국의 이미지를 갖고 있었다. 소련과의 냉전으로 인해 상대적으로 대규모 군사비를 지출했고, 고성능 군사 무기를 개발하고 제조했다.

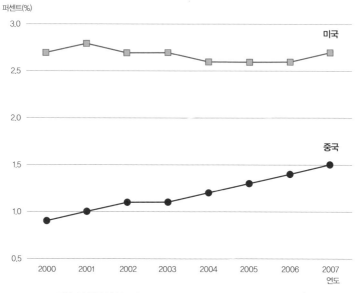

퍼센트(%)

미국

중국

자료 : UNESCO(United Nations Educational, and Cultural Organization)

미국이 세계에서 강한 정치적 위치를 갖게 된 주요 요인 중 하나는 강한 군사력이었다. 소련의 직접적 위협을 받지 않기 위해서 소련보다 군사적 우위를 유지해야 했기 때문이다.

미국 정부는 1962년 쿠바 미사일 위기가 다시 반복되는 것을 결코 원하지 않았다. 그래서 미군은 첨단기술 개발에 더욱 힘을 쏟았다. 이를 위한 주도적 기술에 많은 자원이 들어갔지만, 이 투자비용은 군사 기술이 민간 부문으로 이전되면서 회수되었다. 예를 들어, 지금 세계적으로 사용되는 무선통신 기술의 상당수는 미군 내에서 개발되었던 것이다.

군사 중심 기업은 정부로부터 전폭적인 지원을 받았지만, 불확실한 프로젝트도 수행했다. 1970년대 후반부터 1980년대 초반에 있었던 미국의 B-1폭격기 개발을 예로 들 수 있는데, 이 프로젝트는 광범위한 첨단기술의 사용이 필요했다. 하지만 향상된 레이더 탐지 기술로 인해 실제 전투 상황에서 B-1폭격기의 가치는 낮았다. 오히려 이전 모델인 B-52폭격기가 대량의 무장 탑재 능력을 갖고 있어서 계속 사용되었다.

B-1 프로젝트에 대한 지출만 봐도, 방위산업의 강력한 로비 능력과 불확실한 프로젝트에 선뜻 대규모 투자를 결정하는 의회의 의지가 어느 정도인지 알 수 있다. B-1 프로젝트는 군사적 관점에서 큰 전략적 혜택이 없었는데도 납세자의 부담으로 기술 개발에 나선 예이다. 물론 1970년대와 1980년대에는 미국 경제가 강했기 때문에 이런 비효율성은 소비자의 생활수준에 별다른 충격 없이 소화될 수 있었다.

록히드(Lockheed), 노스롭(Northrop), 보잉, 록웰(Rockwell), 레이티온(Raytheon), 휴즈(Hughes), 리튼(Litton), 제너럴 다이나믹스(General Dynamics) 등 많은 미국 기업은 기술적 노하우와 정부의 군사 지출로 많은 혜택을 차지했다. 이로 인해 대규모의 엔지니어와 관리자, 조립라인 근로자의 고용이 생겼다.

반도체산업에도 혜택이 있었다. 사실, 1970년대와 1980년대 많은 반도체 회사들의 주요 전략은 군사프로그램에 초점을 맞추고 있었다. TI(Texas Instruments)는 국방부 사업의 상당량을 갖고 있었던 칩 회사로, 국방부의 자금 지원을 발판으로 사업적 성공을 이끌어냈다.

현재 군에서는 새로운 기술 개발보다도 기존 기술의 배치가 지출의 많은 비중을 차지한다. 기존의 장치를 강조함으로써 군의 비용은 줄었지만, 동시에 국방부가 연구기금을 지원하는 전체 숫자도 줄었다. 이처럼 군사 지출 패턴이 변하고 첨단기술 개발 강조가 줄어든 것은 미국이 지난 20~30년간 중대한 변화를 겪었던 영역이다.

군이 신기술 개발 추진을 그만둔 것은 미국의 전자산업에 결코 좋은 일이 아니다. 군사 기술이 상업적 용도로 전용되는 것이 줄어듦으로써 록히드와 보잉을 포함한 방위 및 항공산업에서 상업적 비즈니스 그룹은 두드러진 성과를 내지 못했다. 또한 10년 이상 장기 연구 프로젝트 추진이 많지 않아 기관의 첨단 연구시설이 축소되거나 아예 없어졌다.

지난 20년간 벨연구소(Bell Lab)의 쇠퇴는 극적이었다. 벨연구소는 많은 노벨상 수상자를 배출한 세계적인 연구센터였다. 트랜지스터 개발을 비롯해 일상생활과 비즈니스에 필요한 여러 기술을 보유하고 있었다. 하지만 오늘날 벨연구소는 껍데기만 남아 있다.

AT&T가 시장에서 독점을 차지하고 있을 때, 미국의 소비자들은 앞선 통신 능력을 사용할 수 있었지만 값이 비쌌다. 그리고 그 덕분에 AT&T는 독점 전화요금으로 벨연구소를 지원할 수 있었다. 하지만 규제 완화와 더불어, 소비자의 통신비용은 빠르게 줄어들었다. 물론 그 이면에는 고대역폭 접속 등 다른 나라에 비해 이용할 수 있는 기술이 훨씬 제한적이었다는 이유도 있다. 결국 AT&T의 생산 부문은 알카텔(Alcatel)에 인수되었는데, 인수 당시 유럽의 일자리 수를 보호하려는 거센 압력으로 미국 내 직원 수는 대폭 감원이 뒤따랐다.

강한 첨단기술센터를 보유하고 있으면 광범위한 신제품을 만날 수 있다. 대표적인 사례로 애플이 주도한 주요 PC 혁신을 1970년대

~1980년대 초 제록스가 운영한 팔로알토 리서치센터(PARC, Pale Alto Research Center)의 선구적인 작업에서 그 자취를 찾을 수 있다는 점이다.

마이크로소프트는 연구기관을 확장했지만, 그들의 전략적 제품에만 포커스를 맞추고 있다. 구글은 첨단 연구소를 설립했지만, 채용 직원 수는 상대적으로 적다. HP에도 첨단 연구소가 있지만, 마찬가지로 채용 직원 수는 적다.

리서치를 진행하고 이를 상업화하는 데 미국 대학의 역할은 늘어났지만, 대학은 본래 교육기관이어서 연구 프로젝트에 지출하는 비용이 상대적으로 낮다. 또 알바니 나노테크(Albany NanoTech) 연구단지가 뉴욕에 세워졌지만, 미국의 많은 기업에서 기술 R&D는 계속 축소되고 있다. 이것이 미국의 현실이다.

미국의 소프트웨어 개발 활동은 매우 폭넓게 이루어지고 있으며, 아직까지 소프트웨어 개발에서만큼은 세계에서 주도적인 위치에 있다. 하지만 인도와 중국의 경쟁이 치고 올라오고 있다. 과거 인도에서는 외국 기업과의 계약에 따른 소프트웨어 개발이 중심이었지만, 많은 영역에서 글로벌 경쟁력을 갖춘 기업이 설립되면서 한층 더 복잡한 수준의 소프트웨어 개발을 빠르게 늘리고 있다.

첨단기술을 등한시했던 대표적인 나라는 영국이다. 그 결과 영국 기업에는 엔지니어의 일자리가 별로 없다. 아일랜드는 기술 기업 지원에 많은 힘을 쏟았지만, 아시아 기업의 저비용 생산에 밀려서 R&D와 첨단기술 공장이 많이 줄었다. 영국 경제는 금융서비스의 비중이 높아 이 분야에서 주로 부를 창출했지만, 이 또한 급격히 약해졌다.

독일에서조차 학생들의 기술교육에 대한 관심이 줄어들고 있다. 그들은 공학기술이 밝은 미래를 보장해 주지 않는다고 알고 있다. 하지만 독일의 고용과 수출은 여전히 자동차산업 등 주도적 기술을 가진 산업에 의존도가 높다.

일본 역시 공학기술 학생 수가 감소하고 있다. 그리고 이 학생들은 일본의 대형 전자회사에서 일하고 싶은 생각이 별로 없다. 이는 장래에 취업 기회가 줄어들 것이라는 예상과 관련이 깊다.

독일과 일본의 공학기술에서 나타나는 이런 흐름은 이 두 나라의 미래 경제 전망이 악화될 것을 알리는 조기 신호일 수 있다.

첨단연구센터를 갖고 있으면 최고의 과학자와 엔지니어를 고용할 수 있다. 대학은 첨단기술 훈련을 보유하려 할 것이고, 우수한 졸업생들은 훨씬 더 안정적인 직업을 찾을 수 있다. 구글의 설립자들은 스탠포드 대학교 박사 과정을 밟으면서 인터넷 검색 연구를 했는데, 실제로 1980년대 실리콘밸리에서 개발된 칩 기술은 스탠포드 주변에서 진행된 연구와 직접적인 연관이 있다.

외국 태생의 지도자가 미국 산업에 미치는 영향

미국의 전자산업 분야에는 미국 외 지역에서 태어난 기업 리더들이 많은데, 인도인이나 중국인도 많다. 이들 중에는 미국에 유학을 왔다가 졸업 후에도 계속 머무는 경우가 많다.

외국에서 태어난 전자산업 분야의 리더들로는 인텔의 앤드류 그로브(Andrew Grove) 회장, 엔비디아(NVIDIA)의 젠슨 황(Jen-Hsun Huang) 회장,

마벨(Marvell)의 세하트 수타자(Sehat Sutardja) 회장, LSI 로직(LSI Logic)의 윌프레드 코리건(Wilfred Corrigan) 회장, 자일링스(Xilinx)의 윌렘 롤랜츠(Willem Roelandts) 회장 등이다.

미국의 전자업체는 외부인을 기꺼이 받아들이는 게 특징이다. 1960년대와 1970년대의 외부인은 비교적 미국 문화에 동화가 쉬웠던 유럽 출신들이 많았다. 이들은 유럽 또는 러시아에서 편견, 독재, 가난, 또는 다른 문제들을 피해 온 사람들이었다. 유럽에서 미국으로 이민 온 엔지니어와 경영자들 중에서 유럽으로 돌아갈 생각을 하고 있었던 사람은 매우 적었고, 유럽 기업에서 일하고 싶어 한 사람 또한 거의 없었다.

아웃사이더를 환영하는 분위기 덕분에 신사업이나 기술 컨셉은 쉽게 받아들여질 수 있었다. 인텔의 많은 신사업 컨셉이 그로브 회장에게서 나온 것이라는 점은 좋은 예다. 또한 고위경영자들의 기업 간 이동이 많은 덕분에 궁극적으로 새로운 컨셉이 널리 퍼졌다. 오래된 기업은 변화를 거부했지만, 신생 기업에서는 신사업과 신제품 개발이 용이했다. 이처럼 실리콘밸리에서의 경영자 이동이 활발해지자 많은 신생 회사의 창업이 이루어질 수 있었다.

고국으로 돌아간 아시아의 인재들

1970~1980년대, 많은 일본 기업들이 미국에서 설비를 확장했다. 많은 수의 일본 엔지니어와 경영자가 미국에 파견되었지만, 그중 상당

수는 맡은 업무를 마친 후 바로 일본으로 돌아갔다. 일본 엔지니어와 경영자들은 미국 체류를 일시적인 임무라고 여겼다. 그들이 임시 배치를 수락했던 주요 동기는 일본으로 돌아갔을 때 승진할 수 있다는 점이었다. 그래서 일본 기업은 미국에서 통용되는 비즈니스 문화를 그다지 많이 흡수하지 않았다. 대신 일본 기업은 수십 년간 해왔던 비즈니스 컨셉과 조직 구조를 그대로 유지했다.

1980~1990년대 미국의 전자산업에는 인도, 대만 등 극동지역의 많은 엔지니어와 경영자들이 진출했다. 인도 및 대만 출신의 엔지니어들은 높은 수준의 기술과 비즈니스 능력을 제공했지만, 이들은 유럽 출신보다 미국 사회에 쉽게 흡수되지 않았다.

인도 및 중국의 엔지니어와 경영자들은 가족과 긴밀한 유대를 유지했다. 또 미국 내에서 그들만의 민족적인 커뮤니티 그룹에 강력한 유대관계를 수립했다. 이후 대만과 인도의 전자산업이 성장하자, 대만 및 인도 출신의 엔지니어들은 자연스럽게 이들 나라의 신생 기업에 다리 역할을 했다.

인도와 대만 기업의 성장에 있어서 미국 사업과의 연계는 주요한 요소였다. 그리고 현재 그와 비슷한 다리가 대만과 중국 사이에, 또 중국과 미국 사이에 있다.

그런데 미국이 비자 정책을 바꾸는 바람에 그들 나라의 대학 졸업자가 미국에 그대로 남아 있기가 어려워졌다. 이것은 중대한 전략적 실수다. 결과적으로는 똑똑한 엔지니어들을 잃게 되는 바람에 미국은 튼튼한 산업을 건설할 수 없게 되고 말았다.

미국에서 유학을 한 대만과 인도 출신의 엔지니어들은 고국으로 돌아가서 돈 잘 버는 일자리를 가질 수 있다. 그 결과 미국 기업은 강력한 기술적 재능을 잃고 미래 경쟁력도 약화될 수밖에 없다. 반면, 해외 기업은 미국의 이민 정책 때문에 고국으로 돌아간 엔지니어를 고용함으로써 경쟁력이 강화될 것이다.

미국에 이민을 와서 최소한의 정규교육을 받은 사람의 친척은 미국으로 이민을 오기가 상대적으로 쉽다. 이런 이민자들은 미국 납세자의 비용 부담으로 광범위한 사회 복지 혜택을 누리는 경우가 많다. 하지만 미국의 부에 기여할 수 있는 이민자들에게 돌아가는 혜택은 점점 줄어들고 있다.

과거에는 외부에서 뛰어난 인재를 데려와 역량을 보충하는 것이 미국의 경쟁력을 크게 증대시켜 주었다. 하지만 불행하게도 현재 미국의 이민 정책은 다른 우선순위로 작동한다. 미국은 고용 증대와 무역수지 개선이라는 장기적인 목적을 지원할 이민 정책을 갖고 있지 않다. 미국의 정치적 결정은 부를 형성하기 위해 필요한 조치가 아니라, 단기적 편의에 기초해서 내려지고 있다.

이익의 부적절한 사용

글로벌 경기 침체의 여파로 많이 약해지긴 했지만, 지난 수십 년간 미국 기업의 이익과 현금 형성 능력은 매우 강했다. 이익이 없다면 투자자는 투자하지 않을 것이다. 투자자가 없다면 국가의 부를 형성하기란 매우 어렵다.

주주는 단기적인 잣대를 가진 경우가 많다. 그들은 매 분기마다 주당 순익의 증가와 총수입 증대를 요구한다. 이런 단기적 잣대는 기업이 장기 투자를 요하는 분야에 지출을 제한하도록 압력을 행사한다.

미국에서는 CEO, 고위경영자, 이사회에 대한 보상이 주가 상승 등의 이익 및 현금 형성과 밀접한 관련이 있다. 지난 10년간 미국 기업의 많은 최고경영자들은 스톡옵션을 통해 얻을 수 있는 보너스가 매우 높았다. 그 때문에 장기적 성장을 위한 회사 건설보다 주가를 올리는 데 더 열정적이었던 분위기가 형성되었다.

기업이 현금을 벌어들이면 그 현금은 추가적인 신제품 개발, 보조금 지급, 회사 인수, 자사주 매입 등의 기금으로 쓰일 수 있다. 기업은 또한 현금을 쌓아둘 수도 있다. 주식 숫자가 줄어들어 주당 순익이 증가하면 주가가 상승할 거라는 기대를 갖고 많은 미국 기업이 자사주 매입에 매우 적극적이었다. 자사주 매입은 자기 회사에 대한 투자라고 주장하는 기업도 많았다. 근로자 몫의 실질적인 가치 저하에 대한 규제가 있지만, 자사주 매입은 주당 순익의 증가를 가져오며, 이것은 경영진이 보유한 스톡옵션에 이로운 결과를 만들어냈다.

주당 순익이 증가하고 주가가 오르면 투자자가 기뻐한다. 경영진은 현금을 자사주 매입이나 단기적 주가 상승을 위해 쓸지, 아니면 5~10년 후 수입과 이익을 가져다줄 신제품 또는 다른 전략에 투자할지를 결정하는 데 갈등하게 된다. 이 과정에서 많은 기업들이 자사주 매입을 결정했고, 그 결과 미래를 내다보고 투자할 수 있는 자금은 줄어든다.

미국 기업들의 스톡옵션 및 자사주 매입 활동의 결과, 경영진에게 주어진 보상 수준은 매우 높았다(2006년 야후의 CEO에게는 2억 3천만 달러가 주어졌다). 기업 경영자에게 2~5년간의 성과에 대해서 높은 보상이 있다면, 사실 경영자는 향후 10~20년 뒤에 있을 회사의 운명에 대해 걱정할 필요가 없다. 중요한 것은 2006년 야후를 이끌었던 CEO는 얼마 가지 않아 교체되었고, 야후에 대한 그의 공헌도는 별로 크지 않았다는 점이다. 다른 많은 경우를 보아도 CEO에 대한 보상은 그가 회사의 글로벌 경쟁력을 키우는 데 얼마나 공헌했는지와 밀접한 연관이 없다.

미국의 전자산업은 장기적인 관점에서 회사 기여도에 상응하는 보상 구조를 갖출 필요가 있다. 그들의 목적은 세계 시장에서 높은 시장 점유율을 차지하고, 성공한 리더로서 부자가 되는 것이어야 한다. 기업의 재무적 성과를 강요하기보다는 R&D 지출을 늘리고 스톡옵션의 기간을 더 길게 하기 위한 추가 인센티브, 그리고 회사, 리더, 투자자의 장기 목적이 하나가 되게 하는 전술이 있어야 한다. 또한 회사를 키우고 성공시킨 경영자와 엔지니어에 대한 보상뿐 아니라 국가의 부(富) 형성을 지원할 수 있는 가이드라인을 세울 수 있어야 한다.

금융기관과 고위경영자가 기업에서 실제 자기가 기여한 것보다 더 많은 부를 빼내가서는 안 된다. 최고경영자에 대한 보상은 장기적인 기여도에 근거해서 주어져야지, 겨우 2~5년간 일하고 수억 달러의 보상을 주어선 안 된다.

미국의 부는 왜 쇠락하는가

다음은 미국 부의 트렌드를 요약한 것이다.

- 미국은 100년간 부유했고, 미국이 계속 부유할 것이라는 문화적 가설이 있다. 사람들은 경제 불황기가 끝나면 미국이 다시 경제 강대국으로 돌아갈 거라고 믿는다. 하지만 미국은 중국의 성장 및 앞서 언급한 여러 요인들 때문에 앞으로 10년간 쇠락을 경험할 것이다.

- 미국의 실업, 특히 민간 부문의 실업은 매우 높다. 그 이유는 자동차 회사를 비롯한 많은 미국 기업이 쇠퇴하여 미국 내 인력을 감축했기 때문이다. 세계 시장에서 성공을 거두고 있는 시스코, 마이크로소프트, HP, IBM 등 각 기업의 연차보고서에 따르면, 이들 기업은 미국 내 고용보다 해외 고용을 늘리고 있다.
물론 정부 부문의 고용은 증가할 것이다. 이로 인해 추가로 납부할 세금이 늘어날 것이며, 그 세금은 잠재적으로 감소 추세에 있는 민간 고용 분야에서 내야 할 것이다. 또한 공무원에 대한 후한 퇴직연금 등을 충당하기 위해 정부의 비용은 더욱 늘어날 것이다. 결국 정부의 비용 증가 속도를 늦추기는 매우 어려울 것이다.

- 미국은 대규모의 내부 적자를 안고 운영하고 있다. 이것은 금융 부문의 위기 해결과 소비 촉진을 위한 기금 마련 때문에 발생하는 것이다. 소비 촉진은 단기적으로 사람들에게 안정감을 주지만, 소비 증가는 수입 증가로 이어지기 때문에 장기적으로는 취약한 경제를 더욱 악화시킨다. 정부의 경기부양책 비용

은 세금을 늘리거나, 필요한 인프라와 장기적인 부 창출에 쓰여야 할 세금을 끌어다 채워야 한다.

- 미국의 무역수지는 적자인데, 매우 큰 폭이며 더욱 늘어나고 있다. 제조업 베이스를 구축하지 않으면 무역 적자는 계속 증가할 것이다.

- 미국은 적자를 메우고 달러 가치를 유지하며 구매력을 유지하기 위해 중국, 일본, 독일, 원유 수출국 등 다른 나라들로부터 돈을 차입하고 있다. 차입금은 지탱할 수 없을 정도다. 다른 나라들의 달러 보유고는 자산 구매에 사용되고 있다. 특히 중국은 원자재 구입 권한을 가진 기업을 사들이고 있다.
내부 적자가 세금의 상당 부분을 소비하지 않도록 미국은 저금리 정책을 유지할 수밖에 없다. 결국 저금리 기조를 유지함으로써 미국 달러는 장기간에 걸쳐 약화될 것이다.

- 부를 축적하기 위해 미국은 수출을 늘려야 한다. 수출할 수 있는 제품을 개발하고 생산해야 수출을 늘릴 수 있다. 세계적인 수출품의 대부분은 자동차, 텔레비전, 이동전화 등의 하드웨어 제품이지만, 소프트웨어 제품도 수출할 수 있다. 미국은 고비용이므로 고가의 프리미엄을 지원하는 제품을 생산해야 한다. 그리고 저가의 생산은 높은 자동화 수준을 통해서 가능하다.
연료 효율성이 높은 자동차의 디자인 및 생산은 신사업 베이스 구축을 위한 하나의 옵션이다. 높은 성장 잠재력을 가진 또 다른 분야는 첨단 의료 기술이다. 이것은 사회적 이익과 경제적 이익 둘 다를 제공할 수 있다.
미국은 많은 영역에서 주도적 기술을 갖고 있으므로, 그 기술의 가치를 세계 시장에 확산시킬 수 있는 사업 구축에 속도를 낼 필요가 있다. 즉 군사력 구축을 위해 썼던 것과 똑같은 접근 방법을 기업 건설에도 써야 한다.

정부의 현실은 친 노동조합 인프라의 유산 보호에만 적극적인 것처럼 보인다. 하지만 강한 기업 없이는 수출할 수 있는 제품 생산을 위한 고용의 증가도 없는 게 현실이다.

2008년 경제 붕괴 이후 정부의 조치는 외국 공장이 있는 기업에 대한 증세가 될 것이다. 미국의 세금 법이 우스꽝스러운 게 많지만, 일반적인 접근은 전체 세금을 줄이는 것이어야 하며, 정부 비용을 줄여서 세금의 더 많은 부분이 부의 형성에 기여할 수 있는 성장을 지원하는 데 쓰이도록 해야 한다.

• 미국의 국민들은 소비의 환상 세계에서 살고 있다. 그들은 외부 위협의 힘과 외국 기업의 능력에 대해 충분히 이해하지 못하고 있다. 그리고 외국 정부가 자국의 내수시장 보호 및 글로벌 마켓과 내수시장의 경쟁에서 자국 기업을 어떻게 지원하고 있는지도 잘 모른다.

미국은 자국의 우월한 힘으로 부의 전쟁에서 이길 것이라는 환상 속에 있다. 그 결과 경쟁자가 위협적인 위치에 와 있는데도 미국은 과거의 시각으로 대처하고 있다. 하지만 1970~1980년대에 미국이 일본을 상대했던 방식은 2015년 중국에게는 효과가 없을 것이다.

중국이 세계 강대국으로 부상하고 있다는 것은 분명한 사실이다. 중국은 미국에서 소비되는 제품의 상당 부분을 공급한다. 지금까지 중국은 그동안 커져버린 경제적·정치적 파워를 드러내는 데 소극적이었지만, 이제 중국 내부에서 미국의 정치적·경제적 요구에 저항하라는 압력이 높아지고 있다.

중국, 인도 및 여러 나라의 중산층이 성장함에 따라 제품에 대한 소비는 증가할 것이다. 그 결과 원자재 수요가 증가하며 가격이 폭등하고, 원자재 부족 현상이 발생할 것이다. 이때 중국은 점점 더 자신들의 목소리를 낼 것이며, 무력 충돌은 아니겠지만 원자재 및 제품 생산의 공급망을 놓고 전투가 벌어질 것이다.

미국을 분석하려면 세금 및 정부의 비용 증가 충격으로 인한 내부 구조의 약화를 설명해야 한다. 또한 외부의 경쟁 압력도 있으며, 이는 앞으로 더욱 더 심해질 것이다. 여기서 중국은 미국의 약화를 촉진시킬 가장 중요한 외부 세력 중 하나이다.

미국이 중국의 전략을 잘 이해하는 것이 중요하지만, 미국이 강대국으로 남아서 중국과 협력하는 것 또한 중요하다. 이렇게 해야 양국이 부를 얻을 수 있다. 미국은 강한 군사력을 보유하는 것도 중요하지만, 중국 시장을 포함한 세계 시장에서 높은 시장점유율을 갖는 막강한 기업을 보유하는 것이 더욱 중요한 일이다.

미국의 약화는 중국의 잘못이 아니다. 그보다는 미국 사회 내부에 존재하는 탐욕의 결과다. 떡갈나무 내부가 약해져 있기 때문에 폭풍을 맞아 나뭇가지의 약화와 상실이 촉진되는 것이다.

3부

성장하는 거인, 중국

China:
The Growing Giant

★

베이징이나 상하이 공항을 통해 중국에 도착할 때면, 넓고 초현대화된 터미널에 들어서게 된다. 건물은 깨끗하다. 넓게 탁 트인 공간과 높은 천장이 있다. 모든 것이 효율적이고 현대적이어서 취리히, 도쿄, 뉴욕시의 터미널과 다를 바 없다.

수하물 찾는 곳과 세관을 지나는 것도 쉽다. 통로는 호화로워서 방문객에게 깊은 인상을 준다. 현대 중국으로 들어가는 입구는 잘 계획된 21세기 허브라는 첫인상을 심어준다.

하지만 차를 타고 대도시 안에 들어가 보면 다소 호감 떨어지는 인상이 밀려온다. 우선 교통체증이 심각하다. 많은 교차로가 정체로 꼼짝달싹할 수 없다. 시커먼 연기를 내뿜는 낡은 자동차도 많다. 시끄러운 닭장을 가득 싣고 가는 작은 트럭도 있다. 또 다른 트럭에는 새끼돼지우리들이 실려 있다.

이때부터 헷갈리는 풍경이 펼쳐지기 시작한다. 중국은 현대적이고 효율적으로 보이지만, 그 안에는 가난에 허덕이는 사람들이 가득하고, 도심으로 가는 출근 정체를 공공연히 모른 체한다. 한물간 구닥다리 자동차들은 뉴욕이나 LA의 백화점 같은 새로 생긴 대형 백화점으로 사람들을 실어 나른다.

대로를 벗어나면, 형편없는 상태의 저층 주택들이 늘어서 있다. 오래되진 않았지만 급하게 싼 값으로 지어진 것이다. 인도는 좁고 사람들로 북적거린다. 걷는 사람도 있고 자전거를 타고 가는 사람도 있다. 찢어지고 더러운 옷을 입고 있는 사람들, 곳곳에 빨래를 널어 말리는 모습은 무질서해 보인다.

호텔에 도착하면, 다시 질서정연한 느낌이 계속된다. 로비는 깨끗하고 천장이 높다. 서비스도 빠르다. 안내 데스크에는 영어를 하는 직원들이 편안한 미소를 짓고 있다. 또다시, 모든 것이 의심의 여지없이 현대적이다. 짧은 시간 동안 질서에서 무질서, 다시 질서로 이동한다.

중국에서는 배경이 급속히 변화한다. 마치 보이지 않는 무대감독의 지휘에 따라 보이지 않는 무대 담당원이 배경과 소품을 재빨리 바꾸어놓는 것 같다.

중국이 보여주고 싶어 하는 나라는 아름답고 인상적인 외관에 있다. 중국인은 이 아름다운 외관이 사람 많고 가난했던 나라를 가리기 위해 꾸며진 건물 현관이 아니라, 중국 전체의 모습으로 보이기를 바란다. 자금성, 만리장성 같은 유명한 관광지는 그 아름다움과 거대한 규모로 관광객들을 압도한다.

하지만 중국에는 또 다른 현실이 있다. 그러기 위해서는 무대 뒤로 가서 떠들썩하고 발버둥치는 뒷골목 현장을 직접 눈으로 보고 느껴봐야 한다. 중국은 복잡한 나라다. 햇살이 비치고 긍정적이지만, 동시에 어둡고 이해하기 힘든 면이 있다.

중국은 약 7억 명의 인구가 농촌에 산다. 농촌 사람들은 보다 편안해 보인다. 가다가 멈춰 서서 얘기를 나누기도 한다. 도시의 사람들은 돌진한다. 그들의 의도적인 서두름으로 군중 속 고독감이 생긴다.

중국인들은 자신들이 스스로 자기 운명을 컨트롤하고 있다고 생각한다. 하지만 중국에서는 정부가 매우 막강한 영향력을 행사한다. 최근 들어 규제가 완화되긴 했지만, 정부의 정책은 거의 모든 일상에까지 영향을 미친다. 이런 정책은 날씨만큼이나 생활 속 곳곳에 스며들어 있다. 특히 1979년에 시작된 1자녀 정책은 개인의 권리에 대한 정부 통제 중 가장 유명한 것이다.

정부 이외에도 변화를 촉구하는 세력들은 많이 있다. 젊은 층은 그나마 변화에 적응하고 있지만, 중년층 이상은 변화를 거부하거나 무시하는 경향이 있다(중국인은 변화를 살짝 피해가는 데 탁월한 재능이 있다).

인구가 많기 때문에 중국은 타인을 배제하는 기술이 있다. 그들은 외국인과 상호작용할 필요가 꼭 있는 것이 아니라면 외국인두 배제한다.

중국은 팔과 손, 손가락, 다리가 각각 다른 속도로 움직일 수 있는 사람의 몸과 같다. 중국의 농촌은 몸통이고, 도시는 팔과 다리에 해당한다. 중국의 뇌는 중앙정부다. 그리고 중국의 심장은 인민들의 마음속에 감추어진 따뜻함이다.

북쪽의 도시 베이징, 텐진을 여행할 때면 높은 에너지의 공격성이 느껴진다. 역사상 중국의 많은 불안과 싸움은 북쪽으로부터의 침략 때문에 일어났다. 그래서 이 지역엔 외부인에 대한 경계심이 있다. 하지만 남쪽 상하이 사람들은 외부인을 환영하며 외부인과 교역하는 능력이 뛰어나다. 손님을 환대하는 성향이 더 크며 그 덕분에 더 풍요롭다.

중국은 세계적으로 유명한, 유례 없었던 산업화를 진행하고 있다. 중국의 경제는 미국 경제의 30%에 불과하지만(2008년 미국의 GDP는 14조 4,400억 달러였다), 중국은 내수 및 수출을 위한 제품을 생산하기 위해 엄청난 규모의 공장을 건설 중이다.

2008년 중국의 GDP는 4조 4,040억 달러였고, 같은 해 중국의 수출은 GDP의 약 3분의 1에 해당하는 1조 4,300억 달러에 달했다. 그리고 중국 수출의 약 5분의 1인 3천억 달러 이상이 미국으로의 수출이다.

중국은 정부가 경제 목표를 설정하는 5개년 계획에 따라 운영된다. 하지만, 기업의 수가 늘어나고 재정적 영향력이 커지면서 정부에 대한 압박이 점차 높아지고 있다. 중앙정부의 통제를 원하지 않는 공장 경영자들이 점점 더 많아지고 있는 것이다. 이 경영자들은 중앙정부의 높은 세금도 내기 싫어한다. 중국의 기업가, 소상공인, 농부는 운영에 구속받지 않기를 원한다. 그들은 자기가 구상하는 사업을 창업하려 하고, 재배 방법을 아는 농작물을 기르기를 원하고, 자기 마음대로 가격을 협상하고 싶어 한다. 하지만 정부는 산업 정책에 엄격한 통제를 유지하고 있다. 우선순위는 막대한 양의 수출품 판매 수요에 있다. 내수시장에 공급할 제품의 양이 제한되어 시민들의 생활수준을 제한하더라도 그들에게는 수출이 우선이다.

중국은 만화경처럼 변화무쌍하다. 비틀어 돌리면 새로운 그림이 나타난다. 남서부 지방 윈난성(Yunnan)과 남동부에 위치한 광시성(Guangxi)의 산과 강처럼 아름다운 지역이 많다. 또한 베이징의 자금성, 시안(Xi'an) 부근에 묻혀 있는 병마용(Terra Cotta Warriors) 등의 사원과 역사적 건물은 경외심을 일으킨다. 하지만 다른 지역의 강은 오염되어 숨이 막힐 지경이고, 구도시에는 허름한 건물이 수없이 많아서 사람 수만큼이나 쥐가 들끓는다.

하지만 중국은 자부심이 강한 나라이며, 그들의 성장은 이런 자부심에 기름을 붓는다. 중국인은 조국의 부가 성장한다고 느끼기만 한다면 정부의 통제에 기꺼이 복종한다.

중국인은 외부인을 극히 불신하며 불합리한 미신을 갖고 있다. 따라서 중국인의 신뢰를 얻는 데는 많은 노력이 필요하다. 중국이 미국의 친구인지 적인지는 중국 및 중국인의 목적이 얼마나 충족되느냐에 달려 있다. 따라서 좋은 관계를 지속하려면 반드시 중국의 커져가는 힘을 잘 이해해야 한다.

★

CHINAMERICA

왜,
중국인가?

07

중국은 2000년 이후 극적인 발전을 했다. 파트너인 대
만과 함께, 앞으로 중국은 내수시장의 주도권을 유지하는 것
은 물론 많은 전략적 세계 시장에서 강한 경쟁력을 발휘할 것이
다. 그러므로 중국과 경쟁하는 모든 나라는 방어적 전략과 공격적 전
략을 모두 써야만 한다.

　　중국과 다른 경쟁국 간의 중요한 차이가 하나 있다. 바로 중국
의 경쟁국들이 자국 시장을 개방하려 애쓰거나 적어도 개방이 이상적
이라는 입장을 취한다는 점이다. 하지만 중국은 그렇지 않다. 중국은
시장의 접근을 규제하기 위해 광범위한 통제 체계를 설치해 놓고 있
다. 예를 들어, 자동차 같은 제품의 생산 면허는 몇몇 선택된 회사에
만 허가되며, 50% 이상의 지분을 중국인이 가져야 한다. 이처럼 중국
은 명확히 정의된 목적을 갖고 운영되는 국가이다.

　　미국에서는 소비를 강조하는 탓에 소비자가 상환 능력도 없는 부채
까지 끌어다가 소비를 해댄다. 그 결과, 부가 격감된다. 현재 미국은
금융기관과 소비자들의 과도한 레버리지로 인해 야기된 문제로부터
벗어나려 애쓰고 있다. 반면, 중국은 지금 산업 기반과 부의 형성을
촉진할 요소들을 건설하고 있다.

　　중국에서도 소비는 촉진되고 있다. 그런데 이 소비는 경제활동, 특

히 고용을 증대시킨다. 그리고 이 소비는 장기적으로 경제 강화 목표
달성과 동시에 단기적으로는 대중의 물질적 만족감을 희생시키지 않
기 위해서 중앙정부의 관리를 받고 있다. 그 덕분에 중국이 다른 선진
국과의 관계에서 과도한 무역수지 흑자를 지속하는 것이다.

글로벌 경기 침체는 중국에도 매우 악영향을 미쳤지만, 중국은 서
방 국가들보다 경기 침체를 잘 견뎠다. 그 이유는 대규모 적자나 과도
한 레버리지의 부담이 없었기 때문이다.

중국은 경기부양책을 집행할 돈이 있다. 중국의 경기부양 조치는
적자를 발생시키거나 확대시켜가며 자금 조달을 하지 않았다. 중국은
대불황 초기에도 적자가 없었고 지금도 없다. 그러니 불황에서 벗어
날 때면 더욱 큰 이익을 얻게 된다.

중국 경제 성장의 특징

중국의 인구는 어떻게 세느냐에 따라 13억에서 15억 명이다. 어쨌든
중국의 인구는 유럽, 미국, 일본, 그리고 다른 산업화된 국가 몇 개의
인구를 합친 것보다 많다.

많은 중국인들이 이제는 우주 비행사가 로켓 발사 직후 어떤 기분
인지를 알 것이다. 그만큼 중국의 경제 발전은 로켓 궤도를 날아가는
것 같다. 중국인들은 가난한 농촌 국가에서 글로벌 시장의 거인으로
빠르게 변모하는 나라에 살고 있다.

서양의 산업화는 약 200년의 기간에 걸쳐서 일어났다. 이에 반해

중국의 산업화는 약 20년으로 압축되어 진행되고 있다. 그 과정에서 사회구조와 경제도 급격히 변화하고 있다. 지난 20년간 중국 GDP의 연간 성장률은 평균 10%에 가깝다(표7.1 참조). 현대 국가 중에서 20년간 두 자릿수의 연평균 GDP 성장률을 기록한 것은 중국이 유일하다.

중국 경제 성장의 특징은 다음과 같다.

1980년대, 중국의 1인당 GDP는 해마다 300달러를 약간 웃도는 수준으로 1인당 하루 일당이 86센트도 안 되었다. 그런데 2008년 1인당 GDP(인구를 15억으로 가정했을 때)는 3천 달러에 1인당 하루 일당은 8달러가 넘었다.

표 7.1 중국의 GDP 성장률

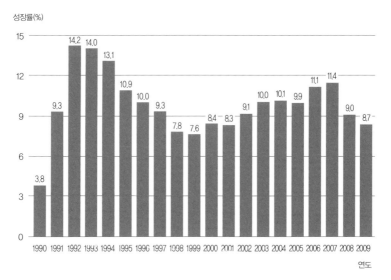

자료: 중국 국가통계국(China National Bureau Statistics)

중국 국가통계국에 따르면, 중국의 무역파트너가 대불황을 겪었던 2009년에도 중국의 GDP 성장률은 약 8%를 기록했다. 2008년과 2009년에 수출 성장률의 감소가 있었지만, 그래도 수출은 GDP의 약 3분의 1에 달했다.

소비도 계속 증가 추세이긴 했지만 GDP 성장률 속도보다 빠르진 않다. 중국 국가통계국에 따르면, 중국의 소매 판매는 2008년 이후 해마다 17% 비율로 증가했다. 소비가 늘었지만, GDP에서 소비가 차지하는 비중은 지난 10년간 계속 떨어졌다. 그 결과 현재에는 약 35%를 차지하는데, 이는 미국의 절반밖에 안 되는 수치다(1980년대 중국의 소비는 GDP의 50% 이상을 차지했다). 일부는 절약 때문이기도 하다. 대부분의 중국인은 검소하고 미리 저축하며 수입의 일부만 소비한다(중국의 소비자와 기관은 해마다 총 2조 5천억 달러를 저축한다).

GDP의 성장에 따라 중산층 인구가 점점 많아지고 소비도 늘어난다. 경제의 성장 호르몬인 소비자 수요가 늘면서 이는 고용 증대로 이어진다. 이로 인해 경제에 추가 구매력이 주입되며, 경제를 나선형 상승 궤도로 밀어 올린다.

GDP와 고용의 성장 때문에 지난 15년에 걸쳐 중국 도시의 생활수준은 극적으로 향상되었다. 그럼에도 불구하고 중국의 평균 개인 생활수준은 미국의 개인 평균 생활수준에 비해 훨씬 못하다(중국의 1인당 GDP는 6천 달러이고, 미국의 1인당 GDP는 4만 7천 5백 달러이다).

중국의 농촌 지역에 사는 사람들은 대도시에 사는 사람들에 비해 여전히 매우 가난하다. 도시 주민의 생활수준과 농촌에 사는 7억 인구 대부분의 생활수준은 엄청나게 차이가 난다. 농촌의 가난은 비참

한 풍토병 같다. 산업 기업가의 생활수준과 최저 임금의 공장 근로자의 생활수준 사이에도 큰 차이가 있다. 그 결과 중국은 몇 개의 경제계급을 만들고 있으며, 그러한 분할은 긴장과 계급 간의 적대의식을 낳는다.

수출은 중국의 성장을 이끄는 주요 동력이다. 급증하는 수출은 중국 무역수지 흑자의 기초가 된다. 그러니 수출 증대는 중국 정부 산업정책의 주요 목표 중 하나다.

중국의 무역수지 흑자는 많은 요인이 합쳐져서 만들어낸 것이다.

첫째, 중앙정부는 수출이 일어날 산업을 장려한다.

둘째, 소비자는 비교적 높은 저축률을 보인다. 《뉴욕타임즈》 기사에 따르면, 2009년 후반 중국의 가구는 수입의 40%까지 저축하는 것으로 추산한다.

셋째, 중국인은 신용판매 이용이 서양 소비자보다 훨씬 적다.

넷째, 낮은 임금이 유지되었다. 《뉴요커(New Yorker)》의 금융 칼럼니스트 제임스 서로위키(Jame Surowiecki)에 따르면, 중국의 성장은 특별하지만 평범한 근로자들은 기대만큼 수입이 뛰지 않았다고 밝히며, 지난 10년간 GDP에서 임금이 차지하는 비중은 오히려 하락한 것으로 분석한다.

국내 소비는 억제 되었고, 소비 비중이 가장 높은 서양 경제에 비해 중국은 여전히 GDP 대비 소비 비중이 매우 낮다. 이처럼 수출을 강조하고 소비가 억제된 결과, 2009년 12월 현재 중국은 2조 4,000억 달러에 육박하는 달러 보유고를 갖게 되었다. 또한 금 보유량도 1,054톤에 달하는데, 이는 2003년 이후 454톤이 증가한 것이다.

중국은 해외에서 팔 수 있는 제품 생산에 초점을 맞춤으로써 고용 기반을 건설하고 있다. 중국이 대규모 수출 산업을 유지하기 위해서는 주요 무역 상대국인 일본, 대만, 한국, 그리고 미국이 계속 중국 제품의 큰 소비자로 남아 있어야 한다. 그 소비자들이 구매력을 유지하고 중국산 세품을 계속해서 사도록 확실히 해 두어야 한다.

중국 정부는 부의 형성에 매진하고 있는 한편, 미국과의 관계에서는 다른 정치적 신념에 따라 행동하기도 한다. 일본, 한국, 여러 유럽 국가들은 미국을 정치적·군사적 동맹국으로 보면서 미국과의 무역을 수행한다. 미국의 무력이 그들의 국경을 지키기 때문이다.

이와 대조적으로 중국의 지도자들은 중국이 미국의 보호국이 아니라, 초강대국의 위치를 놓고 미국과 경쟁하는 존재로 생각한다. 물론 중국은 더 이상 어느 나라의 식민지가 아니다. 중국의 지도자들은 언제나 두 나라 간의 산업적 경쟁, 특히 주요 산업에서의 경쟁은 경제적인 위협일 뿐만 아니라 정치적 위협이라고 여긴다.

미국의 사업가들과 정치 지도자들은 미국을 보는 중국의 이원성을 잘 이해해야 한다. 미국이 사려 깊고 기교 있게 행동하면 중국 시장이 개방되고 수익성이 좋은 기회가 될 수 있지만, 미국이 약자를 괴롭히거나 독선적, 불공정한 방식으로 행동하면 중국 시장은 미국이 원하는 것만큼 매력적이지 않을 것이다. 반면 중국 기업의 세계 시장점유율은 갈수록 높아질 것이다.

8억 명에 달하는 중국의 노동 인구

중국 국가통계국에 따르면, 1996년에 6억 8,800만 명이었던 중국의 취업 인구는 2008년에 7억 8,000만 명으로 늘어났다(표 7.2 참조). 12년 만에 거의 1억 명이 중국 노동시장에 새로 진입했다. 이것은 전체 미국 노동 인구의 3분의 2에 해당하는 수치다.

중국의 다른 일들이 그렇듯, 이런 대규모 고용이 자발적으로 이루어진 것은 아니다. 신규 노동자의 흡수와 배치는 고용 기반을 확장하려는 정부 정책의 조정 및 지도를 받았다. 정부는 경영자, 엔지니어, 테크니션, 그리고 자동차, 전자, 제약 등 전략적으로 중요한 산업의 노동자 훈련도 실시한다.

중국 기업과 서양 기업 간의 합작도 광범위하게 이용한다. 합작을 통해 기술 유입은 물론 고용과 경영 기술도 높일 수 있었다. 또한 정부 정책은 기업가 정신을 적극 장려했다. 특히 외부에서 자금이 유입된 경우에는 더욱 그렇다. 그럴 경우, 중국은 남의 돈으로 고용을 확대하게 된다.

중국은 2020년까지 구직 활동에 나설 약 2억 명의 추가 근로자들을 수용할 수 있는 산업 기반을 급속히 늘려야 한다. 글로벌 경기 침체로 인해 수출 성장률이 둔화되자 중국의 실업이 늘었기 때문이다.

정부기관의 발표에 근거한 기사에 따르면, 중국은 현재 많은 대학 졸업자가 구직에 어려움을 겪고 있다. 이 문제가 더욱 걱정스러운 것은 신규 졸업자가 계속해서 늘어날 것이기 때문이다. 동시에 경기 침체로 인해 중국이 값싼 노동력 경제에서 폭넓은 분야에 숙련 노동자를 고용할 수 있는 구조로 진화하는 속도가 늦어졌다.

중국은 과거에 낮은 기술의 제조업 및 건설 근로자가 노동시장의 주류를 이루었다. 하지만 미래에는 많은 수의 엔지니어와 관리직 일자리를 제공해야 할 것이다.

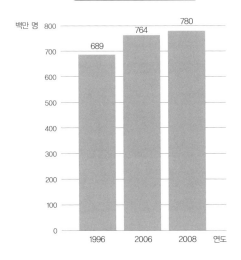

표 7.2 중국의 고용 성장률

자료 : 중국 정부 보고서와 미국중앙정보국(CIA) 《세계 연감(World Factbook)》

중국은 경기 침체가 다소 완화되고 주요 산업에서 고용이 형성됨에 따라 지원 산업의 고용 증대가 이어질 것으로 기대된다. 실제로 중국은 자동차 구입자를 위한 세제 지원 등 폭넓은 인센티브를 통해 자동차조립산업 등의 지원 산업 형성을 장려하고 있다. 계획대로 된다면, 지원 산업이 발전하여 자동차산업 고용이 급증하는 것은 물론, 중국의 자동차 부품 공급 자립도도 높아질 것이다.

희생을 감내하는 중국인

중국의 산업화로 많은 인구가 농촌에서 도시로 이동했다. 1980년에는 인구의 80.4%가 농촌에 살았으나, 2008년 농촌 지역의 인구는 약 54%에 불과하다.

수억 명의 근로자가 농촌에서 도시로 이동함으로써, 쉔젠(Shenzen) 같은 메가시티(인구 천만 이상의 도시)가 생겨났다. 정부 자료에 따르면 쉔젠은 1998년 인구 400만 명에서 현재 1,900만 명(약 1,000만 명은 등록되지 않은 이주 근로자)으로 늘었다.

쉔젠은 1979년에 특별경제구역(SEZ, Specialized Economic Zone)으로 건설되었다. 처음에는 홍콩에 가깝다는 게 특징인 해안가 마을이었지만, 오늘날 쉔젠은 근로자들을 막사 침대에서 일터로 실어 나르는 교통수단을 갖춘 거대한 벌집 같은 도시다. 그곳에서는 하나의 침대를 3명의 근로자가 24시간 교대로 사용한다.

상하이와 광저우 같은 도시 인구도 크게 늘어났다. 이들 도시의 스카이라인은 현대적 고층빌딩의 모습을 띠고 있지만, 한 방에 10명 이상이 사는 지역들이 곳곳에 있다.

글로벌 경기 침체의 여파로 많은 대형 산업도시에서 대량 실업이 일어나기도 했다. 실업자에게 제공되는 복지 혜택은 빈약했고, 가족을 부양해야 하는 실업자들에게 절대적으로 필요한 것은 음식과 침대였다. 다른 생활 편의시설은 있어도 그만, 없어도 그만이었다.

농촌 지역에 사는 인구 중에서 1억 4,000만 명이 월 또는 주 단위로 집을 떠나 대도시에 나가서 일을 한다. 이주 근로자가 많다는 것은 중국인들이 취업과 가족 부양을 위해 기꺼이 희생한다는 것을 보여준다. 이런 이주 근로자들은 그들의 기술을 필요로 하는 수요가 있을 때는 주요 자산이 되지만, 수요가 없을 때는 부담이 된다. 그러므로 건설산업 등 이주 근로자를 고용할 산업은 활기를 잃지 않고 수억 명을 고용할 수 있어야 한다.

중국 경제가 왕성한 성장을 계속하고 인구 증가에 맞춰 고용이 증가한다면 많은 중국 근로자들은 더 나은 중국에 대한 신념이 있기 때문에 계속해서 큰 희생을 감수할 것이다. 반대로 중국 경제가 성공을 지속하지 못한다면 불만은 늘어날 것이다.

근로자의 이동에도 불구하고, 농촌 인구는 여전히 7억 명이다. 농촌 지역에 일자리를 늘리려는 시도도 있지만 아직까지 그 결과는 미미하다. 많은 농촌 지역이 강력한 산업 기반을 구축하지 못했기 때문이다.

허페이(Hefei) 같은 몇몇 농촌 지역은 산업단지를 건설했다. 토지를 몰수하여 도로를 건설하고 빌딩을 세웠다. 하지만 많은 빌딩이 비어 있고, 사용하지 않는 토지에는 풀이 무성하게 자라 있다. 물론 중국의 산업 기반이 커지면 이 빌딩을 사용하게 될 날이 올 것이다. 중국 정부의 눈에는 이 빌딩을 채울 수 있을지에 대한 여부가 아니라 시기가 문제일 뿐이다.

중국,
제대로
들여다보기

생존 경쟁이 치열했던 탓에 중국 사람들은 수백 년 동안 내부 투쟁에 길들여져 왔다. 권력자에 대한 불만을 표출하는 등 작은 실수만 저질러도 공개적으로 사형에 처해지곤 했기 때문에 중국인은 조심성이 매우 많다. 지금이야 실수로 인해 사형에 처해지는 분위기는 아니지만, 사형이 만연할 때의 생존 습성은 아직도 사람들의 몸속 깊이 남아 있다.

한 나라의 비즈니스 관행을 이해하려면 그 나라의 문화를 이해해야 한다.

미국 문화는 구성원들이 개인의 자유를 즐기는 다민족 사회의 토대 위에 세워졌고, 미국 정부는 다양한 가지들의 견제와 균형을 위해 태어났다. 자유 기업과 고용 다양성 관행은 이런 토대에서 나온 것이다. 또 미국 문화는 150년 전 서부 황무지를 건너간 개척자 정신을 품고 있다. 이것이 실리콘밸리, 보스턴, 텍사스 등 곳곳에서 일어난 기업가 정신의 모태이다.

미국의 문화가 그 비즈니스 관행을 형성하듯, 마찬가지로 중국 인민의 문화는 중국의 비즈니스 관행을 형성한다.

중국인은 자부심이 강해서 문화적 가치를 지키는 것을 대단히 중요하게 생각한다. 자랑스러운 이미지를 더욱 갈고 닦는 것은 중국의 정치적·경제적 성장에 없어서는 안 될 부분이다. 특히 2008년 올림픽 개최는 탁월한 계획 덕분에 중국이 세계적 행사의 무대가 될 수 있음을 드러내는 기회였다. 개막식은 호화롭게 펼쳐졌고 큰 문제도 없었다.

상하이와 베이징 등 대도시의 새 빌딩은 성장과 현대화의 이미지를 상징한다. 20년 전에 늪지였던 푸동(Pudong) 산업단지는 이제 역동적이고 융성하는 중국의 이미지를 강하게 뿜어낸다.

알다가도 모를 중국인

중국의 역사를 보면, 추진력과 공격성을 가진 사람이 극심한 갈등 시기에 상대를 전복시키고 순식간에 파워와 부를 얻을 수 있었다. 그래서인지 중국인들에게는 조심성과 공격성이 이중적으로 내재되어 있는 경향이 있다.

최근 들어 이 이중성은 명백하게 나타난다. 보통 사람들은 위험을 피해 안전지역에 머무르며 자신의 생존을 확보하려 하는 반면, 또 어떤 사람들은 기꺼이 큰 도박을 벌이려 한다.

조심성과 공격성이라는 이중성은 수천 년 동안 내려온 중국 역사의 결과물이다. 왕의 통치가 신권(神權)이라는 서양 사상과 달리, 중국의 황제 또는 지도자는 통치를 계속하기 위해서 백성들의 믿음과 지원이 있어야만 했다. 전 황제의 형제자매들을 포함해, 권력 그룹 사이의 경쟁으로 인해 폐위되는 경우가 허다했기 때문이다.

통제력을 유지하기 위해 황제는 나름의 관리 체계를 수립했다. 하위 왕조 간에 서로 부와 권력을 감시하고 경쟁하도록 조장한 것이다. 이는 황제가 여러 도시에 흩어져 각기 다른 권한을 갖고 있는 많은 종속국을 직접 감시할 수 없었기 때문이다.

경쟁 그룹이 서로 감시하게 함으로써 황제는 한 그룹에게서 다른 그룹의 약점과 문제점에 대한 정보를 얻을 수 있었다. 서로를 감시하는 여러 단계의 경쟁 인프라가 존재하는 이런 위계적 시스템을 이용해 황제는 넓고 다양한 그룹과 지역에 대한 통제력을 가질 수 있었다.

하지만 황제는 종속국에게 충성을 맹세할 수 있는 인센티브로 보상을 해 주어야 했다. 그래서 황제는 부가 있어야 했고, 결국 종속국이 황제에게 전달한 혜택에 따라서 종속국에게 보상을 해 줄 수 있었다.

이런 환경은 종속국을 다스리는 각각의 리더들의 권력을 보호한다. 하지만 그것이 공통의 선(善) 보호와 강한 사회 건설로 이끌어주지는 않는다. 그럼에도 오늘날 중국 지도자들은 그 접근 방식이 가치가 있다고 믿는다. 중국의 많은 최고지도자들은 강력한 통제력을 유지하기 위해서 종속국의 책임을 분할하는 접근 방식을 쓴다.

그룹 간 경쟁은 충성이 급속히 변할 수 있기 때문에 황제 및 권력자가 누구를 믿어야 할지 어렵다는 단점이 있다. 따라서 계속되는 긴장과 암투의 결과, 정말 믿을 수 있을 수 있는 사람이라는 확신이 들기 전에는 그 사람에 대한 진짜 감정을 숨기는 습관이 생겼다.

이후 시간이 흘러, 중국인들은 진짜 의도를 감추는 것에서 더 나아가, 자기의 생각과 다르게 말하는 기술까지도 완성시켰다. 그리고 이런 능력은 나쁘게만 보이지 않고 존경스러운 특징으로 여겨지기까지 한다.

적에 대한 적대감

━━

내부 투쟁이 중국 사회를 형성했지만, 외부 압력과 침략 또한 중요한 역할을 했다.

민리장성은 북쪽의 침략자를 막기 위해 지은 것이었다. 그 놀라운 건축물마저 500여 년 전, 어느 장군이 첩을 빼앗긴 것에 대한 앙갚음으로 적을 통과시켜주는 배반 행위를 하는 바람에 뚫리고 말았다. 이처럼 외부의 적과 내부의 적 모두에 대응하고 보호해야 할 필요가 있다는 것은 중국 역사에서 반복되는 주제다.

외부 위협에 대한 저항과 결합하여 사회의 내부 운영 구조 강화는 현재 중국에서 통용되는 철학과 전략의 핵심 요소다. 또 군사적 갈등과 그로 인한 권력 구조의 변화는 수백 년 동안 중국의 조심성과 야심이라는 양면을 조절해온 요소였다.

중국 인민의 개인주의

━━

중국인은 체제에 순응하고 화합하는 환경에서 기꺼이 일한다고 생각하는 게 보통이다. 하지만 실제로 중국인은 매우 개인주의적이며 성공 지향적이다.

과거 중국의 인민은 지배자에 순응하는 이미지를 풍겨야만 했고, 그 이미지가 아직도 남아 있다. 하지만 이면에 숨겨진 진짜 감정은 다르다. 순응은 중국의 허울 좋은 앞모습이다. 이런 이중성은 과거 중국인이 외부인과 상호작용할 때부터 늘 있었던 것으로 지금도 여전하다.

과거 중국의 개인주의는 많은 발명품의 창의성을 통해서 나타났다. 개인은 주판, 관개 시설, 나침반, 목판 인쇄 등 꼭 필요한 물건만을 개발했다. 중국의 개인주의와 창의성은 중국의 예술, 특히 도자기와 청동미술품에서도 볼 수 있다.

기원전 6세기에 씌어진 《손자병법(The Art of War)》의 전략은 매우 독창적이다. 이처럼 중국의 전략적 사고 기술은 계속해서 매우 강해지고, 이는 과거의 전쟁에 적용되었지만, 그중 몇 가지는 기업 간의 전투에서도 유효하다.

중국에 수억 명의 소상공인이 있다는 사실은 개인주의의 증거이며, 그 소상공인들이 가격을 흥정하며 끈질긴 입씨름을 벌이는 것은 기업가 정신의 증거이다.

반면 쉔젠의 대규모 공장에서 수만 명의 젊은 여성 근로자가 하루 10~12시간씩 주 6일 근무라는, 미국에서는 결코 용납되지 않을 작업 조건에서 일하는 모습은 전혀 다른 그림이다. 이렇게 힘든 작업 환경을 보면 과거 군대에서 수만 명, 아니 수십만 명의 군사들이 희생된 장면이 떠오른다. 그 결과 중국 대규모 공장의 효율성 수준은 놀라울 정도이며, 중국인들은 기꺼이 희생을 감수하는 것을 보여준다.

소수 개인의 이익을 위해 다수를 기꺼이 희생시키는 것은 과거 중국의 흔한 주제였다. 중국에는 많은 군사 전투가 있었는데, 그때마다 수십만 명의 전사가 죽었다. 중국에서 사람은 대체될 수 있는 자산이다. 몇 년만 기다리면, 또 다른 대규모의 병사 혹은 근로자 그룹이 가용될 수 있기 때문이다.

도시로 간 부모들

중국에서는 부모가 일하러 간 사이에 조부모가 아이 양육을 맡는 것이 흔한 일이다. 농촌 지역에 사는 가정의 부모가 도시에서 일을 한다면, 부모는 일 년에 한 번 춘절기간에 아이를 보러 올 수 있다.

조부모가 아이를 맡아서 키워주는 것은 젊은이들의 도시 이주나 창업, 위험을 무릅쓴 도전에 중요하다. 만약 실패한다면 시골의 고향으로 돌아가 다시 노부모와 함께 살면 된다. 이런 가족 안전망은 자녀를 교육시키고 더 나은 미래를 안겨주기 위해 자기 인생을 바치는 이주 근로자에게 매우 중요하다.

중국의 가족생활에서 조부모, 부모, 그리고 자녀의 역할을 살펴보면 어떻게 농촌 지역의 안정된 생활을 버리고 도시의 높은 기회와 위기를 찾게 되는지 알 수 있다.

중국의 교육과 증산층의 확대

2008년 중국의 공대 졸업생은 60만 명으로, 2000년 20만 명이었던 것에서 크게 늘어났다. 반대로 미국은 2006년 공대 신입생이 약 47만 4,000명이었다. 그리고 이들은 중국의 공대 졸업생들보다 더 좋은 교육을 받고 있다.

중국에서 공대를 갓 졸업한 엔지니어들 간의 교육 수준에는 엄청나게 큰 차이가 있다. 몇몇 중국 대학은 미국 최고의 대학과 어깨를 나

란히 할 정도지만, 대부분의 대학은 미국 대학보다 교육 수준이 많이 떨어진다.

중국인은 대학 졸업자의 스킬을 향상시키는 게 얼마나 중요한지 잘 알고 있다. 그래서 2015년까지 해마다 100만 명의 공대 졸업생을 배출하고, 그들의 훈련 수준을 꾸준히 높여 다른 나라에서 공대를 졸업한 엔지니어들에게 뒤지지 않는 실력을 갖추도록 계획하고 있다.

또한 가능한 일자리 수만큼 졸업자 수를 맞추는 게 필수적이라는 것도 잘 알고 있다. 앞으로 10~20년간 중국 엔지니어의 교육 및 훈련 수준이 향상되어가고, 졸업생을 고용할 수 있을 만큼 산업 부문이 번성하게 된다면, 중국의 공학 기반은 주요 대표 자산이 될 것이다.

물론 졸업생들을 고용하기 위해서 중국 기업은 반드시 내수시장 장악 능력을 가져야 한다. 중국 기업들이 많은 근로자를 고용하려면 내수시장 장악에서 얻을 수 있는 큰 덩치가 필요하기 때문이다. 그 결과, 중국의 사회 계획자는 해외 시장에서 시장점유율이 높은 기업뿐만 아니라 중국 내에서도 시장점유율이 높은 기업의 발전을 지원할 것이다.

중국 내의 시장점유율 전투는 상업적으로나 인구통계적으로 다양한 전략적 의미를 갖는다. 중국 정부는 미래의 졸업생들이 본국 회사에 취업하는 사회를 만들기 위해 외부인들의 중국 시장 접근 통제에 매우 적극적이다.

중국인은 예로부터 항상 교육에 높은 가치를 두었다. 그것은 이 나라의 문화적 유산이다. 가족은 자녀를 비싼 대학에 보내기 위해 엄청난 희생을 감수한다. 중국 정부 또한 장학금 지원 이상으로 교육 지원에 열심인데, 이것은 중산층 확대 계획에 꼭 필요하기 때문이다.

넓은 중산층 기반이 발전하면 교육받은 인구에게 필요한 주택과 인프라 공급을 포함해서 많은 기회가 생긴다. 물론 중산층을 위해 중상위 수준의 관리직 일자리가 충분히 공급되어야 한다. 더욱 부유하고 더 잘 교육받은 관리자는 승진 기회가 있는 일자리를 기대할 것이다.

이러한 요구가 정부의 5개년 계획 목적에 구체적으로 표현되어 있다. 계획에는 다양한 산업 설립이 있고, 산업은 첨단기술 분야의 기술 향상 및 훈련된 기술자 공급을 필요로 한다. 자동차 제조업체 주변의 공급업체들이 발달하는 것에서 보듯, 주요 산업은 다른 지원 산업과 조화를 이루어 발전되어야 한다. 여기엔 주의 깊은 계획이 필요하다. 중국 정부 지도자들은 시장의 힘이 단기적이며 변할 수 있는 것이라고 보기 때문에 시장의 힘으로만 산업 성장을 이끌게 하는 것은 적절하지 않다고 믿는다.

잘 교육받은 관리자들은 또다시 자기들 나름의 5개년 계획을 수립할 것이다. 물론 미래에는 중산층을 관리하기가 더 힘들어질 것이다. 단지 그들의 그룹이 커져서만 그런 것은 아니다. 그들은 다방면에 걸쳐 글로벌 사고를 갖고 있을 것이다. 그리고 자기의 교육 수준과 관리 기술로 세계 다른 곳에서도 일할 수 있다는 것을 알게 될 것이다. 지난 10~20년간 인구 제한을 위해 사용되었던 방법은 더 이상 이들에게 통하지 않을 것이다.

중산층이 TV, 영화, 인터넷을 통해 세계 다른 곳의 생활에 대해서 더 많이 알게 됨에 따라 그렇게 살고 싶어 하는 사람도 많아질 것이다. 자율성도 마찬가지다. 다른 나라 사람들이 자기만의 인생을 영위하는 것을 보면, 이들도 그렇게 하고 싶어 할 것이다. 중국은 그런 물질적 풍요 및 자유를 개방하되, 경제를 이끌어갈 균형도 잃지 않도록 리더십을 발휘해야 한다. 하지만 중국 지도자들은 여전히 부의 성장을 통제할 필요가 있다고 믿는다. 즉, 중국 내 소비를 억제하고 제한하여 무역수지 흑자를 유지할 수 있도록 해야 한다는 것이다.

중국이 수출 증대의 중요성을 잘 알고 있는 하나의 이유는 중산층의 성장과 함께 국내산 제품 및 외제품(노키아, 애플, 구찌, 카르티에, 메르세데스-벤츠, BMW 등의 브랜드) 소비가 증가할 것을 충분히 예상하고 있기 때문이다. 그러므로 중국은 수입이 늘어나면 수입품 대금 지불을 위해 수출을 더 늘릴 것이다.

중국의 문화적 유산은 의사 결정에도 영향을 미친다. 예를 들어, 중국이 해외 무역을 수행하는 방식은 빚지는 것을 혐오하는 뿌리 깊은 성향에 기반한다. 많은 중국인은 빚을 지면 채권자의 통제에 들어가기 때문에 비루해진다고 생각한다. 개인적인 부채는 실패로 여겨진다. 이런 시각 때문에 서양을 닮아가고 있는 젊은 층의 구매 습관은 중국에서 문화적 갈등을 야기하기도 한다.

중국의 젊은 기업가들

중국의 기업 내에서는 젊은 사람들이 높은 자리에 올라갈 수 있는 가능성이 높아졌다. 이것은 일본과 극명한 차이를 보이는데, 일본에서는 연공서열에 따라 권한이 정해지는 관례가 있다. 하지만 중국 기업에는 젊은 관리자에게 멘토 역할을 해 줄 나이 든 경험 많은 관리자 그룹이 없는 경우조차 흔하다.

중국에서 성공한 기업 중에는 젊은 기업가가 세운 기업이 많다. 텐센트(Tencent)의 마 화텅(Huateng), 바이두(Baidu)의 로빈 리(Robin Li), 포커스미디어(Focus Media)의 제이슨 지앙(Jason Jiang), 알리바바 그룹(Alibaba Group)의 잭 마(Jack Ma) 회장 등 중국의 많은 억만장자들은 35세 이하의 나이에 회사를 차렸다. 이 젊은 기업가들의 성공 열쇠는 중국의 독특한 기업 문화에 미국, 일본 및 유럽에서 개발된 시장 기술 개념을 적용한 것이다.

알리바바그룹이 운영하는 알리바바닷컴(Alibaba.com)은 중간 브로커와 중개상을 빼고 바이어를 공급자와 직접 연결해 주는 기업 간(B2B) 온라인 무역회사다. 알리바바는 중국 외부에서 온 인터넷 기술 개념과 중국에만 있는 독특한 특징을 잘 결합한 예다.

아마존닷컴(Amazon.com)과 다를 바 없이, 알리바바는 공급망 네트워크 플랫폼을 제공한다. 중국에서는 신용카드나 직불카드가 널리 사용되지 않기 때문에 알리바바는 페이팔(PayPal. 인터넷을 이용한 결제 서비스로, 페이팔 계좌끼리 또는 신용카드로 송금, 입금, 청구를 할 수 있다)과 비슷한 전자상거래 결제 수단인 알리페이(Alipay)를 개발했다. 알리페이는 중국에 맞는 솔루션으로 에스크로(판매자 신용보증. 거래대금을 제3자에게 맡긴 뒤 물품 배송을 확인하고 판매자에게 지불하는 제도) 기반이다.

중국에 독특한 비즈니스 모델을 수립한 또 다른 예는 포커스미디어다. 이 회사는 엘리베이터 및 다른 공공장소에 평면 광고 모니터를 설치했다. 광고할 내용은 직원이 자전거를 타고 여기저기 다니면서 새 카드나 DVD를 꽂아서 바꾼다. 이런 업데이트 방식은 서양의 도시에서는 그리 실용적이지 않다. 그러나 자전거 테크니션을 이용해 광고 내용을 업데이트하는 것이 구식으로 보일지는 모르지만, 노동력이 풍부한 중국에서는 비용 면에서 효과적이다.

중국 소비자들의 라이프스타일

중국에서는 지난 15년간 엄청나게 부를 증식한 사람들이 많다. 이런 구매력의 증가는 상하이, 베이징, 광저우 같은 대도시에 집중되어 있다.

도시 소비자들은 다른 선진국 대도시 소비자들과 비슷한 구매 패턴과 라이프스타일을 갖게 되었다. 중국 대도시에 들어선 백화점은 서양 도시의 백화점과 다르지 않다. 구찌(Gucci), 루이비통(Louis Vuitoon), 랄프 로렌(Ralph Lauren) 등 똑같은 브랜드가 입점해 있다. 빠른 속도로 서양식 소비 패턴이 자리 잡고 있는 것이다. 이는 젊은 층이 새로운, 비중국적인 라이프스타일을 원하고 있음을 보여준다.

하지만 중국의 중소도시는 여전히 가난하다. 그곳에서의 변화 속도는 매우 느리다. 중소도시에는 식품과 생필품을 파는 1층 혹은 2층짜리 상가들이 즐비하다.

이처럼 대도시와 중소도시의 라이프스타일에는 차이가 엄청나다. 일부 농촌 지역의 라이프스타일은 30~40년 전과 달라진 게 없다.

젊은이들의 변해가는 인생철학

공자의 유교는 권위를 존중하고 원대한 목표를 세우는 철학이지만, 도교는 조화로운 결의를 갖고 내부 감정에서 나오는 행복을 누리라는 철학이다. 그 결과 중국 철학에는 갈등과 탈출이라는 두 가지 메커니즘이 공존하는데, 이는 서양의 종교와도 일부 비슷한 특징이 있다.

이처럼 인생철학에 대한 다른 접근 방식으로 중국 사회에는 또 다른 생각들이 생겨났다. 지난 세대들이 갖고 있는 중국 철학의 핵심은 현재를 희생해서 미래에 보상받으려는 것이었다. 하지만 오늘날 중국의 젊은이들은 그들의 부모만큼 인내심이 많지 않다. 자기의 노동과 희생을 보상받기 위해 수십 년씩 기다리려 하지 않는다.

국유기업의 한계와 보호무역주의

중국에는 10억 명이 넘는 소비자가 있지만, 이 소비자를 놓고 수천만 개 기업이 경쟁을 벌인다. 외부인들이 보기에는 중국이 사회적·정치적으로 단결을 잘 하는 것처럼 보이지만, 사실 중국인들은 경쟁의식이 매우 강하다.

중국의 어떤 비즈니스 리더는 중국인들이 바구니에서 서로를 밟고 올라 빠져나오려 애쓰는 게와 같다고 말한 적이 있다. 중국 정부가 세계 시장에서 경쟁할 수 있는 대기업 건설에 성공하려면 이 같은 중국인들의 개인적, 기업가적 특징을 잘 이용해야 한다.

중국 최고위급 정치 지도자들은 장기 목표를 갖고 있지만, 비즈니스 리더는 단기 목표만 갖고 있는 경우가 많다. 단기 재무 목표를 달성하면 회사 설립자는 부자가 될 수 있기 때문이다. 또한 단기 목표는 중국과 세계 시장의 치열한 경쟁 압력과도 관련이 있다.

중국의 지도자들은 국유기업(SOEs, state-owned enterprises)을 더욱 기업가적인 기업으로 바꾸려 애쓴다. 자유로운 생각을 가진 외부인을 더 많이 경영에 참여시키고, 추가적인 금융 자원을 얻기 위해서이다. 그럼에도 불구하고 많은 국유기업에서는 지극히 보수적인 경영이 우세하다. 여러 해 동안, 일부 고위경영자를 영구 고용하는 일이 이익 창출 및 변화에 대응하는 것보다 더 높은 가치를 지녀온 것이다.

최근에는 국유기업과 정부 부처 간의 관계가 더욱 가까워져서, 국유기업의 최고경영자는 정치적으로도 눈치 빠르게 행동해야 한다. 정부기관의 지속적 지원을 확보하는 것이 내수시장에서 최상의 결과를 내는 것보다 더 중요하기 때문이다.

국유기업의 최고경영자는 나이 든 사람이 많고 엄격한 계층 구조 내에서 훈련을 받았다. 그러니 그들은 세계 시장의 경쟁 압력에 효과적인 운영으로 대처할 만한 준비가 되어 있지 않다. 예를 들어, 차이나모바일(China Mobile), 차이나텔레콤(China Telecom), 차이나 유니콤(China Unicom)은 중국에서 무선통신 사업자로 탄탄대로였다. 하지만 차이나모바일이 중국에서 5억 명의 가입자를 갖고 있다고 해서 반드시 중국 밖 시장에서도 강한 경쟁력을 갖는 것은 아니다.

그래도 텐센트, 바이두, 알리바바, 포커스미디어 등 성공한 많은 중국 기업의 창업주는 35세 이하인 경우가 많았다. 이처럼 젊은 경영자가 중국에서 창업을 해서 성공한 능력은 혁신적인 기업가가 탄생할 수 있다는 희망적인 신호다.

문화혁명(Cultural Revolution)의 치명적 유산 중 하나는 중국에 경험 있는 경영자 기반이 튼튼하지 않다는 점이다. 그러므로 젊은 기업가의 창업이 꾸준히 일어나는 것이 중요하며, 그들은 그 안에서 스스로를 훈련하는 모험을 하게 된다. 그리고 중국에서 신생 기업이 몇 개나 생기느냐는 그런 벤처 기업에 자금을 지원해 줄 투자자의 유동성 능력에 전적으로 달려 있다.

중국 신생 벤처기업의 실적은 첨단기술 분야에서는 그다지 고무적이지 못하다. 전자산업의 많은 기업들이 전도유망한 첫 단계 이후 심각한 재정 문제에 부딪쳤기 때문이다. 그런 문제들은 그들이 매력적인 후속 제품을 개발하지 못했기 때문에 발생하곤 한다.

신생 기업이 직면하는 가장 큰 문제는 내수시장이 심하게 변덕스럽고 낮은 가격에 극도로 집중되어 있다는 점이다. 이로 인해 이익을 내기도 어렵고 신제품 개발에 투자하기도 어렵다.

대만 기업들도 전자산업 발달에서 비슷한 단계를 거쳤다. 에이서(Acer), 폭스콘(Foxconn), 미디어텍(MediaTek) 같은 회사가 수익이 나는 비즈니스 모델을 수립하는 데 5~10년이 걸렸다. 그 결과, 지금 대만의 전자산업은 기술과 생산비용 면에서 세계 어느 곳에서도 경쟁할 수 있다.

중국 기업이 세계 시장에서 성공하기 위해서는 비즈니스 모델이 한두 개 더 필요할 것이다. 그리고 IBS의 전망에 따르면 2015년이 되면 중국 시장이 세계 시장의 50~60%에 이를 것으로 확실시 되고 있다.

앞으로 중국은 보호무역주의자인 정부가 어떻게 하느냐에 따라 국가의 장기 경쟁력에서 중요한 역할을 차지할 것이다. 그리고 결론적으로 중국의 보호무역주의는 궁극적으로 도움이 안 될 것이다(보호무역주의는 허약 체질을 키워내곤 했다).

중국의 지도자들은 외부 시장을 정복하고 싶어 하지만, 지금은 내수시장 확립에 더 많이 집중하고 있다. 이는 미국과 대조를 이룬다. 미국은 덩치는 크지만 비효율적이며 고용과 수출 증대를 위한 정부 주도의 지원이 없다.

중국은 엄청나게 큰 도전을 맞아 훌륭한 발전을 해 왔다. 하지만 중국 성장의 대부분은 저임금 생산에서 나왔다는 것을 기억해야 한다. 중국은 GDP 성장으로 중산층이 확대되었고, 이로 인해 광범위한 상품과 서비스의 소비가 늘어날 것이다. 인도, 브라질, 그리도 다른 개발도상국에서도 이와 비슷한 패턴이 진행될 것이다.

세계적으로는 식품을 비롯한 원유, 철강, 구리에 대한 수요 압력이 늘어날 것이다. 이 때문에 중국은 미국, 일본, 유럽연합(EU)과 격렬히 충돌하게 될 것이다.

어느 시점이 되면, 중국 정부는 오염을 통제하고 복구하는 데 자원을 써야 할 것이다. 오염 때문에 중국의 물 공급이 회복할 수 없을 정도로 손상되고 있기 때문이다.

중국은 또한 고용 불균형도 처리해야 한다. 중국 GDP의 약 절반이 산입화된 해안 시역에서 생산되는데, 이 지역은 중국 육지의 약 14%에 불과하다. 그러므로 중국은 나머지 지역의 고용 상황을 개선해야 할 필요가 있다.

성장의
원동력이 된
정부 정책

09

중국이 그들의 국민을 대하는 모습은 곧 그들이
외부인을 대하는 것과도 같다. 중국 지도자들이 중국
시민을 성장 동력을 위한 소모품으로 본다면, 그 리더는
당연히 외국과 외국 기업도 쓸모가 있을 때만 가치 있게 여긴
다는 뜻이다. 중국에 높은 이익을 안겨준다면 중국 지도자는 외국
및 외국 기업과의 관계를 잘 가꿀 것이다. 하지만 그 반대라면 지도자는
그 관계를 유지할 근거가 없을 것이다.

민간 부문 지도자들이 선출직 공무원과 관료들을 비즈니스의
친구로 여기지 않는 다른 선진국 정부와 달리, 중국 정부는 대부분의
회사를 효과적으로 경영한다. 중국의 여러 정치 지도자들은 소위 국
유기업의 감독이사회라고 생각해도 무방한 수준이다.

중국 경제는 5개년 계획에 따라 관리된다. 5개년 계획은 여러 구체적
인 목표를 정해 놓은 것으로, 중국의 산업정책을 정하며 중국 성장을
이끈 핵심 요소이다. 5개년 계획의 중심은 내수보다 수출을 강조하여
무역수지 흑자를 달성하는 것이다. 수출 강조를 통해 산업과 기업을 건
설하여 고용 기반을 형성하고 경제 수익이 좋은 상품을 생산한다.

중국 정부의 리더십은 매우 실용적이어서 글로벌 경쟁 환경의 변화에
따라 목표를 수정할 수도 있다. 예를 들어 2008~2009년 글로벌 경기 침
체가 시작되자 정부 정책은 내수시장 확대로 수정되었다. 정부 정책을
환경의 변화에 따라 기꺼이 바꿀 수 있는 능력은 무척 인상적이다.

중국의 기술 관료 리더십

중국 최고의 지도자들 중에는 공학도 출신이 높은 비중을 차지한다. [표 9.1]은 중국 지도층의 교육 계보로, 중앙인민정부(Central People's Government) 웹사이트와 신화통신사(Xinhua News Agency)의 온라인 자회사인 신화넷(Xinhuanet)에서 자료를 수집한 것이다.

중국의 지도자는 교육 수준이 높고 공학 전공자가 많아서 경쟁력에 중요한 기술적·비즈니스적 이슈를 잘 이해한다. 많은 최고지도자들이 입학 점수가 매우 높은 칭화대학(Tsinghua University)을 다녔다. 그리고 이 엘리트 집단이 개발·실행한 경제 정책은 건설적인 것으로 입증되었다.

현재 중국은 효율성을 더욱 높이기 위해 인프라에 대규모 투자를 하고 있지만, 중국의 산업적 성공은 상당히 최근의 일이다. 사실 2003년까지만 해도 중국은 13억 달러의 외국 원조를 받았다. 중국이 외국의 지원이 필요한 나라에서 경제 강국으로 변모한 것은 불과 지난 8~9년 사이에 일어난 일이다.

인민을 대하는 중국 정부의 생각

중국 인민과 정부 간의 사회적 계약은 유럽이나 미국의 그것과 전혀 다르다. 서양에서는 주민들이 그들의 요구와 투표권에 따라서 혜택을 받는다. 예를 들어, 1960년대 린든 존슨(Lyndon B. Johnson) 대통령이 출

표 9.1 중국 최고 지도자들의 교육 배경

이름	지위	고향	출생연도	학력
후진타오	• 중앙 인민공화국 주석 • 중국공산당 중앙위원회 총서기 • 중앙 군사위원회 주석	안후이성 지시현	1942	칭화대학교 수리(水利)학과 기계공학 학사
원자바오	• 국무원 총리 • 중국공산당 중앙위원회 정치국 상무위원 • 영도소조 조장	텐진	1942	베이징지질학원 지질학 석사
우방궈	• 중국공산당 중앙위원회 정치국 상무위원 • 10차 전국인민대표대회 상무위원장 • 영도소조 조장	안후이성 페이둥	1941	칭화대학교 무선전자학과 기계공학 학사
자칭린	• 전국 정치협상회의 주석	허베이성 버터우	1940	허베이 공업대학 전력과 고급공학 학사
리창춘	• 중국공산당 중앙위원회 정치국 상무위원	랴오닝성 다롄	1944	하얼빈 공업대학 전기학과 산업기업자동화, 공학 석사
시진핑	• 중국 국가 부주석 • 중국공산당 중앙위원회 정치국 상무위원 • 중국공산당 중앙위원회 서기국 서기 • 중국공산당 상하이 시위원회 서기	산시성 푸핑	1953	칭화대학교 인문사회학원 법학박사
리커창	• 상무부총리 • 중국공산당 중앙위원회 정치국 상무위원 • 중국공산당 랴오닝성 위원회 서기	안후이성 딩위안	1955	베이징대학교 경제학과 경제학 박사 (베이징대학교 법학 학위도 있음)

허궈창	• 중국공산당 중앙기율
	  검사위원회 서기
	• 정치국 상무위원
	• 중국공산당 중앙위원회
	  서기국 서기
	• 중국공산당 중앙위원회
	  조직부장
		후난성 샹샹	1943	베이징대학교 화공학원
				무기화학과
				고급공학 학사

저우융캉	• 중국공산당 중앙위원회
	  정치 및 입법상
	  사변위원회 서기
	• 중앙정치국 상임위원
	• 국무원 영도소조 자문관
	  및 소조원
	• 중국 공안부 국장
	  및 당 서기
		장쑤성 우시	1942	베이징 석유학원
				지구물리탐사학과
				고급공학 학사

후이량위	• 국무원 부총리 • 중국공산당 중앙정치국 위원	지린성 위수	1944	성위당교전문대 경제학과 졸업
장더쟝	• 국무원 부총리 • 중국공산당 중앙정치국 위원 • 저장성 당 위원회 서기	랴오닝성 타이안	1946	북한 김일성종합대학 경제학과 경제학 학사

왕치산	• 부총리
	• 중국공산당 중앙정치국
	  위원
	• 중국공산당 베이징시
	  위원회 부서기
	• 베이징 시장
	• 24회 베이징 올림픽
	  조직위원회 위원장
	• 영도소조 부조장
		산시성 톈쩐	1948	시안 시베이대 역사학과
				경제학 학사

범시킨 '위대한 사회(Great Society)' 복지 정책(빈곤 추방과 경제 번영 정책)은 소수 민족 유권자 수의 증가에 대한 대응 측면도 있었다.

중국에서 사람의 가치를 결정하는 최고의 측정 잣대는 국가의 부 창출에 기여한 정도이다. 중국에서 사람은 자원으로 간주되며, 지도 자는 사람을 흘깃 보고는 철광석 매장량, 살찐 돼지, 생산 장비를 대하는 것과 똑같은 계산을 한다. 사람은 생산력을 갖도록 관리해야 할 대상이다. 생산력이 있는 한 기르고 경작한다. 나이가 들면, 사람 역시 가치가 떨어진다. 가치가 떨어진 자산이다. 따라서 국가의 부에 기여할 수 있는 능력이 하락으로 돌아서는 지점에 도달하면 소모될 수도 있다. 하지만 그들은 노동력 손실을 슬퍼하지는 않는다. 그들을 대신할 사람이 수백만 명이나 있기 때문이다.

중국이 기꺼이 젊은 층에게 교육을 제공하는 것은 자본 회수, 즉 나중에 돌아올 생산성을 기대하기 때문이다. 반면 노년층에게 지급하는 연금은, 설령 그들이 일생 동안 열심히 일을 했다 하더라도 우선순위가 낮다. 그래서 중국인들은 아주 열심히 저축을 한다. 그들은 늙고 노쇠해지면 자기 힘으로 자신을 부양해야 한다는 것을 알고 염려한다. 정부는 인민을 오직 부를 건설하기 위한 자산으로 사용하는 것만 생각한다.

중국은 의료보험 체계 개선에 1,240억 달러의 예산을 계획하고 있다. 예산은 더 많은 물리학자를 배출할 새 교육시설 건설, 병원 건설, 진료소 설치에 쓰일 것이다. 의료 인프라 구축으로 중국의 고용 기반을 증대시킬 수도 있다. 물론 수출이 일어나지는 않는다. 그래도 건강한 근로자는 곧 생산력인 것이다.

중국이 국민을 대하는 방식을 통해 염두에 두어야 할 것이 있다. 중국이 그들의 국민을 대하는 모습은 곧 그들이 외부인을 대하는 것과 같다는 점이다. 중국 지도자들이 중국 시민을 성장 동력을 위한 소모품으로 본다면, 그 리더는 당연히 외국과 외국 기업도 쓸모 있을 때만 가치 있게 여긴다는 뜻이다. 중국에 높은 이익을 안겨준다면 중국 지도자는 외국 및 외국 기업과의 관계를 잘 가꿀 것이다. 하지만 그 반대라면 지도자는 그 관계를 유지할 근거가 없을 것이다.

국민은 중국에서 부를 창출하는 데 절대적으로 중요한 요소이다. 중앙정부의 기획자에게 인류를 대하는 냉담한 방식에 대해 묻는다면, 대답은 이럴 것이다. 인구가 너무 많아서 국민을 효율적으로 활용하느냐 못하느냐에 따라 부의 창출 능력에 엄청난 차이가 난다고.

정부 최고위급의 비즈니스 성장 지침

중국의 경제 성장을 이끈 것은 전국 인민대표대회가 수립한 상세한 5개년 계획이다. [표 9.2]는 계획을 수립하는 중국 정부 계층의 구도를 보여준다. 최고위급 관리는 경제 문제를 지배하는 데 필요한 조치를 맘대로 결정할 수 있는 막강한 권위를 갖는다.

중국 국가통계국(NBS)에 따르면 정부 고용 인원이 약 1억 명으로, 이것은 GDP의 약 15%에 해당한다. 1억 명이 중국 노동시장의 약 15%를 차지하는 것이다. 따라서 최고관리들의 결정에 대항할 세력이 없다. 그들이 추구하는 바가 현실적이지 않다 하더라도 그들의 통치

표 9.2 중국의 정부 구조

전국인민대표 대회(NPC) 최고 국가권력기관	국가 주석 대내외적인 최고 대표자 (군 통수권을 가짐)	국무원 (중앙 인민 정부라고도 함) 최고집행기관 최고국가행정 기관	중앙군사 위원회(CMC) 최고 군사권력기관	최고 인민법원 최고 사법기관	최고 인민검찰청 최고 감찰기관
외교부	검찰부	철도부			
국방부	민정부	수자원부			
국가발전계획위원회	사법부	농업부			
교육부	재정부	상업부			
과학기술부	인력자원사회안전부	문화부			
산업정보기술부	국가자원부	위생부			
민족사무위원회	환경보호부	인구출산계획위원회			
공안부	주택 및 도시농촌개발부	중국인민은행			
국가안전부	교통부	감사부			

는 상소할 수 없는 법률의 힘을 갖는다.

중국은 그토록 짧은 시간에 산업 기반을 강화하기 위해서 효율적인 의사결정 과정과 신속한 실행이 필요했을 것이다. 여론의 동의를 얻으려면 의사결정 과정이 늦어지고 자원의 낭비가 있었을 것이다.

중국의 지도자들은 이런 실수가 저질러지고 있고, 앞으로도 그럴 것이라는 사실을 잘 알고 받아들이지만, 그럼에도 불구하고 중국의 GDP 성장은 급속도로 큰 적자 없이 달성되었다.

중국에는 성장을 관리하는 데 관련 있는 관료들이 매우 많다. 중국인에게도 그렇지만 외부인에게 누가 실제 결정자인지 불분명한 경우가 많다. 하지만 결과로 판단해 보건대, 최고위층 정부 관료의 스킬은 지속적으로 향상되고 있다. 목표는 명확하며, 소통의 장 또한 점차 열리고 있다.

부패한 국유기업과 관료주의의 영향

중국의 많은 대기업이 전체 혹은 부분적으로 정부 소유다. 이들 회사는 중국을 이끄는 산업 인프라의 주요 기업으로 물과 전기 공급을 맡는다.

석유 및 통신 등 다른 산업의 회사들은 전체가 정부 소유는 아니지만, 정부의 소유 지분이 여전히 지배적이다. 이런 유형의 회사는 자사의 상품 및 서비스에 가격 제한이 없고 거의 독점이기 때문에 높은 이익을 낼 수 있다.

과거에 이런 회사들은 급여가 높지 않았다. 그런데 주식의 일부를 팔 수 있게 되면서 이 회사들에 대한 시장 가치가 높아졌다. 그 결과 주식을 통해서 아주 높은 급여를 지불할 수 있게 되었다.

수익성 좋은 보상 구조 덕분에 이제 이 회사들은 신규 대졸자들이 무척 선호하는 직장이 되었다. 그러나 이들 기업의 취업 기회는 정부 관료의 자녀들에게 돌아간다.

중국에서 실업, 특히 신규 대졸자들의 실업이 늘고, 준 국유기업의 은밀한 고용 관행을 알게 되면 중국의 체제에 대한 환멸이 높아질 것이다. 실제로 이런 부패 때문에 중국의 중요 산업은 비효율성이 높아지기도 한다. 그리고 대중들 사이에는 분노가 끓어 터지고 있다.

중국의 관료주의는 비교적 최근에 생겼다. 많은 정부기관이 1976년 이후에야 비즈니스의 중심이 되었다. 관료화 경향은 자기보호적이 되고 개인적인 이익에 초점을 맞추게 된다. 부패는 중앙정부 자리와의 거리가 멀어질수록, 혹은 최고위급 지도력의 통제가 약해질수록 늘어나는 추세다.

막강한 권력이 소수에게 집중되어 있는 사회에서 늘 그렇듯, 부패 억제는 확실히 하는 것이 중요하다. 또한 최고지도자는 자기가 사람들의 부를 잠시 맡아 갖고 있는 것으로 생각해야지, 자기 자신 혹은 자손을 위해 부를 축적하려 해서는 안 된다.

산업 성장을 위한 정부의 대규모 투자

중국 정부는 정치적 결정에 있어서는 보수적이다. 하지만 경제 발전을 위한 대규모 장기 투자는 과감히 한다. 이는 약간의 낭비가 발생하더라도 산업 강화의 급진전을 이루기 위한 대담성으로 비쳐진다. 중국은 서두르지만, 적어도 잘 정의된 계획을 따르며 그 과정을 잘 감시하고 있다.

인프라 구축을 위한 3대 대규모 투자 지출은 삼협프로젝트(The Gorges Project)로 알려진 댐, 베이징 수도 국제공항(BCIA, Beijing Capital International Airport), 그리고 상하이 경유 베이징-광저우 고속철도 연결

사업이다.

　이들 3대 사업 및 다른 대규모 사업은 중국 산업의 효율성을 증대시키고 대규모 단기 고용을 발생시켰다. 또한 그 덕분에 중국은 대규모 복합 사업 관리에 전문 기술이 증대될 수 있었다. 일테면 상하이공항 제2청사 개장과 함께 가방 분실사고나 비행 지연이 없는 것을 중국은 자랑스러워한다.

　높은 성장 기회는 첨단기술 사업 분야에 많이 있다. 이것은 많은 기회를 창출하지만, 또한 미국과 직접 경쟁하게 될 분야이기도 하다. 미국은 글로벌 시장에서 많은 첨단기술 기업이 성공을 거두고 있지만, 중국에서는 중국 기업 및 정부의 지원으로 결성된 카르텔(기업 연합)과 경쟁하고 있다.

지방 성(省)의 산업 성장

중국은 큰 나라다. 32개의 성(省)이 있고, 별도의 자치지구가 있다. 따라서 상하이와 같은 자체 산업화 의제를 가진 성이 많다. 여러 성과 도시의 공통 목적은 기업 설립 혹은 기업 시설을 자기 지역에 유치하여 고용을 늘리는 것이다. 고용이 늘어야 세금 수입도 늘기 때문이다.

　이저럼 중앙정부뿐만 아니라 싱과 도시들도 전략적 산업 확장에 적극적이다. 중앙정부는 지방 성이 특정 산업을 특화하는 것을 장려한다. 상하이, 베이징, 쉔젠 같은 대도시는 나름의 산업적 아젠다를 갖고 있으며, 지방 성과 도시는 약간의 자치권을 발휘할 수 있다.

그런데 현재 약 62개의 도시에 100만 명이 넘는 인구가 있다 보니, 중복된 사업이 엄청나게 많아질 수 있다. 특히 사업 기회가 풍부한 영역에서 중복된 산업이 나오는 것은 당연하다. 예를 들어, 소규모의 독립적인 자동차 회사가 많은 지역에 세워졌다. 이런 회사는 역량 미달로 장기 생존할 수 없는 경우도 있다.

어쨌든 자동차 회사가 결정적 규모에 도달하도록 장려하기 위해 중앙정부는 산업을 3~5개의 대형 회사로 통합시키려는 노력을 기울여 왔다. 자동차산업은 대규모 고용 기반을 건설하므로 중국에서도 중요한 전략적 산업으로 여겨지기 때문이다.

중앙정부는 어떤 산업 혹은 운송 시스템을 어느 도시에 지원할 것인지도 결정한다. 그러니 정부 지원을 받기 위해서 도시 간 경쟁이 뜨겁다. 자치권이 있다 하더라도, 중앙정부는 최고 수준의 목표를 지원하는 지방 성과 도시에 보조금 지급이라는 달콤한 유인책을 준다.

지방 도시와 성이 자금 지원 경쟁을 벌이게 함으로써 중앙정부는 그들에 대한 강력한 통제력을 가질 수 있다. 또한 중앙정부가 통제하고 보호하기에 대형 자동차 회사들은 소수만 있는 것이 훨씬 수월하다. 이렇게 소수 강자들 간의 경쟁은 그들 모두를 더 강해지게 만든다.

한편 중국은 수입 자동차에 대규모 관세를 부과해서 자국 생산업체 보호를 돕는다. 중국 자동차 회사들이 서로 뜨거운 경쟁을 벌이는 동안, 그들은 외국 업체들로부터 강력한 보호를 받는다.

중앙정부는 생산자 면허를 통해서 지방 성과 산업단지를 부분적으로 통제할 수 있다. 이를 통해 정부는 서로 다른 지역에 우선권을 줄 수 있으며, 고용과 성장의 장기적 성장을 지원할 사업 계획을 장려할 수 있다. 또 면허제도를 통해 합작투자 형태로 지방에서 운영을 허락받은 외국 기업의 수와 유형을 통제할 수도 있다.

전자산업의 고용 기반을 설립하는 데 크게 성공한 도시와 성도 몇 군데 있다. 예를 들면, 후베이(Hubei) 성에 위치한 우한 동호수 신기술 개발구역(Wuhan East Lake New Technology Zone)에서는 지방정부가 집적회로(ICs, integrated circuits) 생산공장을 건설해서 소유한다. 이 반도체 칩은 컴퓨터, 휴대폰 및 다른 기기의 두뇌로, 반도체 소재 300mm 지름의 둥근 웨이퍼 위에 회로를 새겨서 만드는 것이다. 이런 IC 웨이퍼 생산은 가장 고급의 상업용 IC 제조기술로, 상하이 소재 반도체 생산업체인 SMIC(Semiconductor Manufacturing International Corporation)에서 공장 운영을 맡고 있으며, 생산량의 60%를 북미 기업에 판매한다.

도시의 자치권도 중요하지만, 장기적으로 중국 정부는 그들이 반포한 전체 산업화 전략을 지원할 수 있는 투자를 결정했다. 그 결과 상하이는 산업 및 재정 기반을 푸동에 설치하도록 권장받았고, 많은 외국 회사와 중국 회사가 그곳에 생산시설을 세웠다.

중국은 저임금 노동력을 얻을 수 있는 데다, 잠재적으로는 중국 소비자 시장에 접근할 수 있기 때문에 외국 회사가 생산시설을 세우기에 매력적인 곳이다. 또한 중앙 정부는 공장 건설을 위해 낮은 비용으로 토지를 제공한다. 그리고 새로운 제조업이 들어서는 과정에서 비교적 쉽게 허가를 내준다. 산업단지에는 전기, 물, 그리고 기타 서비스가 낮은 비용으로 제공되어 기업은 초기 비용에 대한 부담 없이 공장을 지을 수 있다. 그러니 그 공장에서 나오는 제품 생산 비용도 낮을 것이다. 물론 정부는 그 회사에게 공장을 운영할 때 중국인 파트너가 50% 이상의 지분을 가져야 한다거나 생산 제품의 수출 비중이 매우 높아야 한다거나 하는 요구사항을 제시할 수 있다.

중국의 토지는 국가 수유여서 중앙정부는 토지의 사용 및 긴축을 통제할 수 있다. 임대 형식으로 제공했다가 전략적인 산업에는 기간을 연장해 주는데, 임대차 계약을 언제까지 할지는 보통 정부가 결정한다.

사실상 정부는 중국 내 외국 기업과의 거래에서 언제나 소리 없는, 그러나 궁극적으로 영향력을 행사하는 파트너이다. 그러므로 정부의 생각과 상충할 때는 절대 양보하지 않는다. 하지만 정부의 목적에 잘 맞물려가는 기업에게는 너그럽다. 그렇지 않을 경우, 정부의 지원은 순식간에 취소될 수 있다.

중국의 산업 인프라 건설

중국은 어마어마하게 큰 인프라 산업 건설로 유명하다. 만리장성은 도랑이나 강, 언덕 등 다른 자연 방어물을 빼고도 길이가 4,000마일(6,500km)에 이른다. 베이징 부근에서 항저우까지 통하는 1,085마일(1,700km)에 달하는 대운하 건설도 있었다. 그리고 오늘날 중국의 인프라 산업은 도로, 철도, 전력 공급망, 발전소 등이 주를 이룬다.

• 교통 인프라

중국은 2005년부터 2020년까지 3만 마일(4만 8,000km)의 고속도로 건설을 계획하고 있다. 앞으로 생산될 많은 자동차를 지원하려면 도로가 필요하기 때문이다.

교통과 통신 인프라 개선에 중점을 둔 5,850억 달러의 지원 프로젝트에도 착수했다. 이 부양책에는 이주 근로자에게 단기 고용을 제공하는 내용도 들어 있다.

해안 지역과 내륙에도 승객 및 화물을 위한 고속철도 시스템을 건설 중으로, 2009년 12월에는 우한-광저우 구간 고속열차가 개통되었다. 베이징-상하이 구간 고속열차 건설도 탁월한 예다. 여기엔 11만 명을 고용하고 있다. 이 새로운 철도는 미래 중국의 주된 교통수단이다. 마치 미국에서 식민지 시대부터 남북전쟁 때까지 선박이 지나갈 수 있는 강이 상업 발달을 이끌었던 것과 마찬가지다.

상하이와 베이징에는 지하철 확장 공사를 벌이고 있다. 시안 등 여러 도시에서는 새롭게 지하철을 건설 중이다. 중국의 자동차 생산량 및 판매량이 크게 증가하는 것을 수용하기 위해서 도로 건설 및 개선 사업도 한창이다. 또한 연료 효율성 증대 사업 계획 장려와 함께 정유 시설도 확장하고 있다. 이 모든 인프라 덕분에 앞으로 중국의 이주 근로자들은 도시의 고용 지역으로 이동하기가 더욱 쉬워질 것이다.

중국은 인프라 및 교통 면에서 미국 등 다른 선진국에 여전히 뒤처져 있긴 하지만, 현재 빠른 속도로 따라잡고 있다. 어쩌면 앞으로 10~20년 후에 중국은 미국이 50년 동안 이룬 것만큼의 발전을 이루어낼 것이다.

토지가 정부 소유이기 때문에 필요한 부지 확보도 비교적 쉽다. 실제로 인프라 건설을 위해 건물을 헐어내고 주민들을 이주시킨 경우도 많다. 정부는 국가 전체의 경제 발전을 개인 재산 소유자의 권리보다 우위에 놓는다. 관습적으로 개인의 선취권이나 이익을 주장할 권리는 국가의 그것보다 가치가 낮다(예외도 있는데, 상하이의 푸동공항–항저우 고속열차 구간은 항의 때문에 변경된 바 있다).

최근 베이징과 상하이는 공항 확장 공사를 했다. 또한 2010년까지 97개의 공항을 추가로 건설할 계획이다. 하지만 중국의 대부분 지역에서는 철도여행이 항공여행보다 더 우선이다. 약 1,500킬로미터 거리의 베이징–상하이 간 고속열차가 2011년에 개통되면, 두 도시 간의 이동은 기차를 이용하는 비중이 높아질 것이다.

• 전력 공급

전력 공급 개선은 중국의 인프라 계획에서 최우선 과제 중 하나였다. 발전 용량은 계속 증가하고 있고, 고압 송전망도 꾸준히 개선되고 있다.

석탄은 중국의 주요 발전 연료인데, 석탄 사용에서 떼려야 뗄 수 없는 문제는 주요 탄광인 산서(Shanxi)와 산시(Shaanxi)가 인구 밀집 지역에서 멀리 떨어져 있다는 점이다. 그래서 효율성을 높이기 위해 석탄 같이 무거운 화물 운송을 위한 철도를 새로 건설 중이다.

중국은 또한 원자력 발전 용량을 늘리고 있는데, 안전에 대한 시민들의 강력한 항의도 없다. 원자력 발전소 선진국 중 하나인 프랑스는 중국의 티벳 점령 문제 등 정치적 견해차 때문에 중국에서 대규모 계약을 따내지 못했다(최근에 다시 프랑스는 중국과의 관계 개선을 위해 노력하여, 원자력 발전 설비 계약을 몇 건 수주할 전망이다). 프랑스의 경우에서 보듯, 중국과 정치적 갈등을 일으켰다가는 자칫 비즈니스에서 불이익을 얻을 수도 있다.

환경오염에 대한 염려가 있긴 하지만 이는 국가의 산업 성장보다 우선순위가 낮다. 혹시 오염이 산업 생산성 혹은 수출품의 경쟁력을 떨어뜨린다고 하면 즉시 오염을 줄이기 위한 조치가 취해질 것이다.

• 물 부족 문제

중국의 물 공급 상태는 지금 심각한 문제다. 강과 호수의 오염으로 인해 중국의 물 공급에 문제가 생긴 것이다. 베이징 등 대도시에서는 수로 공사로 물 공급량을 늘렸지만, 앞으로 중국에서 부분적인 물 부족 사태는 피할 수 없을 듯하다.

이미 북부 지역, 특히 북서부 지역에서는 물이 부족하다. 시안(Xi'an)이 대표적이다. 중국이 세계에서 가장 강한 나라였던 시기인 당나라(AD 618~907년) 때 시안은 중국의 수도로 8개의 강이 흐르고 있었다. 하지만 오늘날 시안은 두 개의 강밖에 없으며 이마저 물이 거의 말라버렸다.

강수량이 중국 전체적으로 고르지 않으므로, 중국은 물 공급을 더욱 잘 관리할 필요가 있다. 물 부족 문제가 더욱 심각한 이유는 베이징 등 인구가 낳은 대도시에 상수량이 석기 때문이다.

충분한 물을 공급하는 것은 중국이 당면한 도전 과제 중 하나다. 산업 기반과 중산층이 성장함에 따라 양쪽 모두 더 많은 물을 필요로 한다. 하지만 강수량이 전국에 고르게 분포하지 않으므로, 물을 옮기거나 아니면 사람을 옮겨야만 한다. 물을 옮기는 것이 비용이 덜 들긴 하지만, 때로는 사람을 옮기는 경우도 생길 것이다.

• 노동자원의 이동과 재배치

사람들을 일터에 배치하기 위해 매일 이동을 시키는 것은 중국의 또 다른 절박한 이슈다. 베이징, 상하이, 광저우, 쉔젠 같은 대도시가 지난 5~10년 동안 발전했던 것처럼 앞으로도 빠른 성장을 계속할 수 있을 것으로 기대하기는 어렵다. 지하철 건설에도 불구하고, 이들 도시 내 교통망은 이미 과부하 상태다.

대도시의 주택 가치는 크게 상승해서 주민들의 생활비용 부담은 늘어나고 근로자들은 더 많은 급여를 간절히 원한다. 이런 상황 때문에 대도시는 더욱 고급 기술에 중점을 두게 되고, 반면 인구가 적은 내륙 도시는 대규모 노동집약적 공장에 직원을 제공하는 데 중점을 두고 있다.

중국의 사회 계획자들은 현재 내륙의 작은 도시 혹은 그 인근에 공장을 세우는 기업에게 인센티브를 주고 있다. 이러한 재배치 덕분에 직원들은 자기 고향, 혹은 고향 인근에 살 수 있게 되며, 그렇게 되면 더욱 안정적인 사회 환경을 조성할 수 있다. 내륙 도시의 임금 규모는 광저우, 상하이 등 해안 지역보다 훨씬 더 낮지만, 직원의 이직률은 오히려 더 낮다.

내륙 지방에서 더 많은 산업 고용이 일어난다면 춘절기간 동안 큰 도시로 들어가고 나가는, 그리고 큰 도시 내에서 대중교통 능력을 마비시켜버리는 이주 근로자의 수도 줄어들 것이다. 그러므로 중앙정부는 노동자원을 최대한 합리적으로 배분하고 재배치하는 데 힘을 쏟는다. 이는 효율성을 높이고 비용을 줄여줄 뿐만 아니라, 이주 근로자였던 부모들이 자녀들과 더욱 가까이 살 수 있게 되는 부대 효과도 기대할 수 있다.

성장할
수밖에 없는
중국의
경제 환경

10

중국에는 10억 명 이상의 소비자가 있어 언뜻 보기에는 차고 넘치는 소비자가 있는 것처럼 보이지만, 중국 기업 간의 경쟁은 무척 치열하다. 망하는 기업이 생기면 그들은 과거의 실패를 통해 교훈을 얻은 기업가들이 새로 창업을 한다. 그 결과 중국에는 전문 기술이 꾸준히 쌓여가며, 새 기업의 파도는 언제나 이전 것보다 강하다.

수백 년간 착취와 외세의 지배를 겪었고, 제2차 세계대전 때 일본의 침략과 잔인한 점령까지 겪었던 탓에 중국인들은 독립을 유지하고 자신들의 힘과 경쟁 우위를 기르는 것에 매우 예민하다. 그래서 그들의 주된 목표는 외세의 지배로부터 자유로워지는 것이다.

외세에 지배당했던 경험을 중국은 불쾌하고 치욕스러운 것으로 여긴다. 그래서 다시는 절대로 외세의 지배를 받지 않을 것을 보장한다고 끊임없이 반복해서 말한다. 정부는 중국의 생산적 자산을 보호하고, 외국인들에게 다시는 착취당하지 않도록 보장하기 위해 노력한다. 그런 목표 때문에 중앙정부는 모든 토지를 소유하며 토지 임대를 통제한다. 그 결과, 정부는 토지의 용도를 결정하고 감독할 수 있다. 또한 새로운 도로, 새로운 철로, 새로운 공항에 재빨리 부지를 공급할 수 있다.

이 같은 자산 보호는 기업에까지 확대된다. 그리고 이러한 보호주의는 현재 중국의 기업이 아직은 취약하기 때문에 강화할 필요가 있다는 주장으로 정당화된다.

중국은 많은 산업에서 기업의 외국인 소유에 제한이 있다. 자동차 등의 생산 면허는 중국인 파트너가 사업 전체 또는 합작회사의 50% 이상 지분을 갖고 있어야만 정부의 허가를 받을 수 있다.

중국인은 시장도 자산으로 본다. 중국 기업이 강해지는 순간이 되면, 중국은 자국 시장을 보호하기 위해 나설 것이다. 이를 위해 정부가 허가하는 생산 면허를 받으라고 요구하는 등의 직접적인 보호 방법도 있고, 수입품의 흠집을 찾아내서 소문을 퍼뜨리거나 아니면 관세를 부과하는 등의 간접적인 방법이 있을 것이다.

5천년이 넘는 전쟁과 분쟁의 역사를 가진 중국은 장기 전략을 생각하며 경쟁 우위를 개발할 줄 안다. 원래 중국의 전략은 적군에 대비해 개발되었지만, 지금은 많은 전략이 기업과 내수시장에 적용되고 있다.

현재 미국이 두 번째로 큰 수출시장이기 때문에 중국은 적어도 앞으로 2~3년 동안은 미국 수요가 감소하지 않도록 보장할 것이다. 중국은 강한 적을 공격하는 일은 삼가고, 적이 약해질 때까지 기다리는 편을 택한다. 중국은 미국을 세계 초강대국이 되는 데 주된 경쟁자로 보기 때문에, 미국이 더 약해지길 기다렸다가 더 강한 행동에 나설 것이다. 그렇기 때문에 지금은 자국의 산업 체질을 튼튼히 만들고, 중국 시장 내에서 외국 기업이 중국 기업보다 우위에 설 수 없도록 하는 데 주력하고 있다. 그리고 다음 단계의 목표는 중국 기업이 해외 시장에서 높은 시장점유율을 획득하는 것이다.

세계 무선통신 인프라 시장에서 화웨이 테크놀러지(Huawei Technologies)의 성공은 중국 기업이 강한 기술 기반을 건설하여 해외 첨단기술 시장에서 높은 시장점유율을 획득할 수 있다는 가능성을 보여준다. 1988년 설립된 화웨이는 통신 장비의 개발, 생산, 판매 전문 회사다. 화웨이는 기업용 데이터와 음성 통신 장비 분야에서 손꼽히는 글로벌 기업으로 2008년에 180억 달러 이상의 매출을 기록했다.

중국 지도자들은 화웨이의 성장을 통해 국가가 기업을 보호하는 거대한 인큐베이터 역할을 하고 있다는 사실을 입증하고 있다. 실제로 다른 중국 기업은 내수시장을 개발한 후에 첨단기술 제품을 갖고 해외 시장을 공략하는 화웨이의 전술을 모방하려 한다.

이런 보호주의 사고방식은 자본 시장에도 확장된다. 예를 들어, 외국인의 주식 소유 제한이 있다. 중국은 외부인의 투자를 통제하고, 외국인 주주가 여러 산업 분야에서 정부가 계획해 놓은 전략에 간섭하지 못하도록 한다. 이는 중국 내에서 생성된 돈의 사용을 컨트롤하는 데 많은 이익이 있다.

발 빠른 원자재 확보

중국이 GDP를 늘리고 산업 고용을 계속 강화하려면 원유, 구리, 철광석 등 방대한 양의 원자재를 수입해야 한다. 가까운 미래에는 당장 사용할 수 있는 저비용 원자재 확보에 중점을 두겠지만, 정부는 20~50년 후에 필요할 자원 확보의 주도권 싸움도 하고 있다. 중국, 인도, 인도네시아, 브라질 등의 중산층 및 전체 인구의 생활수준이 높아짐에 따라 세계적으로 원자재 수요는 계속 늘어날 것이기 때문이다.

2006년에도 중국의 원자재 소비는 세계 전체 수요의 상당한 비중을 차지했다. 중국은 시멘트 45%, 철강, 철, 석탄은 각각 30%, 구리 20%, 알루미늄 20%를 소비했다.

2007년 중국의 석유 소비는 연간 세계 석유 생산량의 10% 정도로, 당분간은 높지 않을 것이다. 하지만 2020년 중국의 한 해 자동차 생산량이 2,000만 대에 이를 것으로 전망되고, 인도는 2,500달러짜리 자동차를 개발 중이다. 따라서 에너지 효율성이 높은 자동차 개발에도 불구하고 인도와 중국 때문에 세계 석유 수요는 앞으로 엄청나게 늘어날 것이다.

중국은 수출 때문에 원자재를 대량 소비한다. 또 중국 기업이 강해지고 중산층 규모가 커질수록 최종 제품의 국내 소비는 눈에 띄게 늘어날 것이며, 그런 상품에 들어가는 원자재 소비도 함께 늘어날 전망이다.

세계 어느 나라도 산업화 과정에서 중국과 같은 현상을 경험하지 못했다. 중국은 성장 속도가 빠르고, 10억 인구가 숨 가쁘게 중산층이 되려고 애쓴다. 이미 2007~2008년 초에 구리, 철강 등 다른 필수 자원의 부족 현상이 일어났는데, 규모와 성장률 때문에 2012~2015년 중국의 천연자원 수요는 그때보다 훨씬 높아질 것이다.

중국은 천연자원 확보의 필요성을 명확히 잘 이해하고, 천연자원을 가진 기업 인수나 지분 소유에 적극적으로 나서고 있다. 이것은 중국 내의 유형 자산 배치에도 똑같다. 중국은 제품 생산 공장의 가치를 높이 사며, 반대로 유형 자산을 갖고 있지 않거나 사용하지 않는 산업은 믿지 않는다.

천연자원 확보 경쟁은 여러 가지 전략이 필요하다. 특히 돈을 지불하거나 자원 공급업체를 인수할 수 있는 대규모 재정 자원은 필수다. 이런 상황에서 중국이 보유한 많은 달러와 어마어마한 무역수지 흑자 덕분에 중국의 재정 자원은 막강하며 계속해서 강해질 것이다. 반면 미국의 재정 자원은 계속해서 약해질 것이다.

천연자원을 살 자금력 외에도 공급량을 조절하는 외국 정부와 우호적인 조건으로 협상할 수 있는 정치적 영향력도 필요하다. 특히 자원 부족이 발생했을 때 그런 영향력은 적절한 공급 확보에 절대적이다. 그리고 이미 중국은 채굴권을 가진 기업을 사들임으로써 일찌감치 미래 공급 기지를 확보하고 있다.

계획적인 산업 구성

중국의 강력한 무기 중 하나는 경제 발전을 위한 세금 정책이다. 중국의 세금 체계는 산업 성장을 유도하는 방향으로 개정·보완되어 왔다. 그리고 세금 수입의 높은 비중이 고용 확충에 쓰인다. 예를 들어, 중국의 담배세는 소매가의 65% 정도로 높다. 담배세는 건설, 교육, 소비 및 사회적으로 유용한 목적 지원에 쓰인다. 담배에서 나오는 총세금 수입은 연간 2,930억 달러이다(중국에는 약 3억 5,000만 명의 흡연자가 있다).

중국 경제의 위협적인 경쟁력은 단지 몇 개의 세계 수준급 기업에서 나오는 게 아니다. 그보다는 기업(일부 기업은 정부의 지원을 받거나 정부가 지분을 갖고 있다)과 정부기관, 지방정부 모두가 힘을 합쳐 중국 기업의 역량을 강화하고 수출시장뿐만 아니라 내수시장에서도 시장점유율을 높인다. 심지어 각 지방정부 간에도 자기 지방 내의 작업자 및 신규 졸업자에게 일자리를 제공해야 하기 때문에 자기 지역 산업을 지원하도록 경쟁을 벌인다. 이 같은 내부 경쟁으로 최고만이 살아남아서 수출시장에 나가게 된다.

거대한 인구에서 발생하는 수요, 정부의 통제와 지도, 많은 해외 경쟁으로부터의 보호정책 등은 지방정부의 지원으로 확장되고 국내 경쟁을 통한 도전을 거치게 된다. 이 모든 요소가 합쳐져서 결과적으로 중국 기업의 계획적·선택적 육성 프로그램을 구성한다. 그 육성 프로그램은 저비용 노동 위주의 기업에서 중국 시장 전체에 성공 가능성이 있는 생산 기업으로 변화를 거치며 진화해 왔다. 이런 변형은 대개 지난 5년 사이에 일어났다. 그리고 이제 남은 다음 단계는 세계적으로 경쟁력 있는 기업을 건설하는 것이다.

지정학적 이점도 중국 경제의 야망에 도움이 된다. 중국의 목적 중 하나는 정적(政敵)을 만들지 않는 것이다. 이것은 조지 W. 부시 대통령 재임 시절 많은 적을 만들었던 미국과 대조된다.

외국과의 갈등 회피는 전략적 사고를 하는 중국의 역사와도 부합한다. 한 나라가 적을 만들면, 그 적들은 연합을 형성하여 자원을 결합할 수 있다. 그러면 강력한 적이 생긴다. 석 또는 성생사가 분열되면 좋겠지만, 애당초 적을 만들지 않는 것이 그들을 이기기에 더 쉽다.

섬유산업에서 나타난 중국의 산업화 과정

중국의 산업화는 1976년에 시작되었지만, 고도 성장은 1986년부터 일어났다. 지난 20년간 중국은 철강, 건설 장비, 공장 기계, 조선, 탄광업 등의 대규모 중공업 기반을 설립했다.

다양한 중공업 개발 외에 필요한 인프라도 건설했다. 동시에 중국은 노동집약적인 산업, 특히 섬유, 의류, 가구산업을 세웠다. 현재 베트남 등 다른 저임금 국가들도 이 분야의 경쟁에 뛰어들고 있지만, 다른 나라는 중국만큼 많은 근로자와 재정 자원을 갖고 있지 못하다.

중국의 섬유산업은 계속해서 많은 수의 근로자를 고용한다. 뛰어난 솜씨를 가졌지만 교육받지 못하고 전문 기술이 없는 많은 젊은 여성들에게 섬유산업은 취업의 기회를 제공하고 있다.

중국 섬유산업의 초기 생산 단계는 미국, 일본 유럽에서 수입된 장비를 사용해 대규모 생산시설을 세우는 것이었다. 당시에는 저임금 노동력과 저비용 관리가 주된 경쟁 우위였다. 하지만 1990년대 후반부터 중국은 생산설비를 직접 만들었다. 중국이 섬유 생산 장비를 만들기 시작하면서 다른 나라들의 기업은 문을 닫았다. 중국이 산업에 대한 통제 능력을 갖게 되면서는 보다 더 결정적인 일들이 벌어졌다. 이제 다른 나라가 섬유산업에 진입하려면 중국산 장비를 사야 하는 것이다.

미국, 유럽, 일본에서 개발되었던 섬유 장비 디자인 및 공급 기술은 이제 중국으로 넘어갔다. 그 전문기술을 되찾아오기는 어렵다. 갈수록 복잡해지는 장비를 가장 잘 알고 있는 나라가 바로 중국이기 때문이다.

중국은 갭(Gap), 랜즈 엔드(Lands' End), 월마트(Walmart), 코스트코(Costco) 등의 미국 및 일본, 유럽, 그 밖의 소매업체에 의류를 납품한다. 미국, 유럽, 일본의 소매업체와 대량의 의류 공급 계약을 맺기 때문에 중국 공급업체는 특별히 마케팅 기술이 필요 없다. 물론 특정 상품의 수요는 변덕이 심하다. 특정 소비자의 충성도도 낮다. 하지만 중국은 그 모두를 잘 이해할 줄 안다. 일본 소비자는 품질에 대해 몹시 깐깐하지만, 미국 소비자는 품질이 낮아도 가격이 낮은 것을 더 선호한다.

중국은 섬유 및 의류공장을 상대적으로 고임금인 상하이 등의 해안 도시에서 임금이 더 낮은 내륙지역으로 옮길 필요가 생겼다. 교육 시스템의 발전에도 불구하고, 중국에는 교육받지 못한 여성 인구가 많으며, 그들을 위한 고용 기회 제공이 중요하기 때문이다.

중국은 섬유산업 초기에는 수출시장에 주력했지만, 이제 중국 사람들이 부유해지고 안목이 높아지면서 중국 내에서도 다양한 최신 스타일의 의류에 대한 수요가 많아졌다. 많은 명품 의류 브랜드가 중국에 들어와 있지만, 중국 소비의 80% 이상을 차지하는 것은 여전히 중국 브랜드이다.

중국 브랜드는 해외 유명 상표와 이름이 비슷하다. 예를 들어 '구찌(Gucci)' 대신 '구치(Guchi)'라고 한다. 중국의 마케팅 개념은 원시적이지만, 어쨌든 그들은 꾸준히 자기들의 전문 기술을 개발했다. 그 결과 이제는 외국 의류업체를 복제하는 방식이 아닌, 새로운 접근 방식을 시도하고 있다.

중국의 젊은이들은 최신 디자이너의 패션을 입고 싶어 하고, 이로 인해 의류 수요가 늘어난다. 도시 지역 젊은이들은 자기 수입을 대부분 소비에 쓰는 경향이 있다. 이들은 검소하고 많은 비중을 계속 저축하는 나이 든 세대와는 많이 다르다.

섬유산업의 소매 환경이 변하자 중국에는 엄청난 규모의 아울렛이 생겨났다. 중국에 새로 생긴 쇼핑센터는 선진국의 쇼핑센터와 비슷한 제품을 비슷한 가격에 판매한다. 소 사업주가 점포 내의 공간을 임대해서 자기 매장의 물품 관리를 책임지고 수입의 일정 비율을 건물주에게 내는 방식이 많다. 이렇게 하면 상점 수가 급격히 늘어나며, 하나의 작은 소매상 단위가 모여 여러 다른 종류의 제품을 제공할 수 있다. 상점 내 상점이라는 현대판 노점상은 중국인들의 기업가적 특징을 보여준다. 곰(GOME) 사는 전자산업에서 이런 접근 방식을 사용했던 예다.

중국 섬유산업이 매우 막강해지자 미국과 유럽연합은 수입 쿼터를 설정했다. 이런 제한 때문에 인도, 인도네시아, 파키스탄, 말레이시아, 베트남은 섬유산업에서 유리한 기회를 얻을 수 있었다. 하지만 미국, 일본, 이탈리아를 포함한 유럽 대부분 지역에서 섬유산업은 중국의 수출로 저가 상품 시장에서 심각한 타격을 입었다.

섬유산업이 대규모 고용을 창출하고 수출 증대에 일조한다고 해도 미국과 유럽, 일본 등에서 이 산업을 재건하는 정책이 실시될 가능성은 낮다. 신발과 가구산업도 상황이 비슷해서 미국, 유럽, 혹은 일본은 하이엔드(최고급) 틈새 부문 이외에는 이런 유형의 산업을 회복시키기 위한 재정적 지원을 제공하지 않을 것이다.

이제 중국의 섬유 및 의류산업은 크고 막강해졌다. 다만 섬유 및 의류산업이 많은 사람들에게 고용 기회를 제공하지만, 많은 엔지니어와 테크니션을 위한 높은 수준의 일자리를 제공하지는 않는다.

보상에 대한 정부 관여

많은 근로자를 고용하고 있는 산업과 외국 기업 소유의 공장에 대해 중국 정부는 보상 및 고용 조건 결정에 매우 적극적이다. 그 결과 외국 기업의 노동비용은 증가하고 있다.

중국에서 근로계약을 체결하면 외국의 생산업자에게는 추가 비용이 발생하지만, 중국의 생산업자에게는 경쟁 이익이 발생한다. 즉, 근로계약은 정부 관리가 제품 생산업체와 외국 기업에까지 통제력을 뻗치고 싶어 한다는 뜻이다.

중국에서 강력한 노동조합이 설립될 가능성은 낮다. 노동조합은 중앙정부의 권위에 도전할 가능성이 예상되기 때문이다. 중화전국총공회(ACFTU)라고 하는 공인 노조가 있으나 이마저도 정부의 통제를 받는다.

경쟁 상황에서 중국이 사용하는 전략은 약한 적을 고르거나 적을 약하게 만드는 방법을 쓰는 것으로 유명하다. 이런 접근 방식은 이해관계를 깃는 직끼리 연합 형성하는 것을 믹는 효과가 있다. 《36계》는 왕징즈(Wang Jingze) 장군이 고대의 전술적 격언을 모아 놓은 것인데, 적을 분열시키고 그들이 서로 힘을 결합하지 못하도록 하는 방법을 강조한다. 이런 접근 방식은 중국에서 노조가 힘을 키우는 것을 막는데도 사용될 것이다.

중국 정부는 임금과 복지 혜택이 늘어나는 것을 용인하지만, 중국 정부의 보다 근본적인 목적은 고용 창출과 수출 증대다. 또한 중국 정책 입안자들은 국내 공장이 내수 및 수출 양쪽에 충분한 제품을 생산할 수 있는 지점까지 산업이 성장하기 전에는 임금 인상을 꺼린다.

중국의 산업 기반은 노동 및 자본집약적인 영역에서 계속 성장할 것이다. 그리고 다음 단계는 두뇌집약적인 산업 육성이다.

지칠 줄 모르는 외주 생산 활동

1990년대 중국은 저비용 노동력 때문에 전자산업의 외주 생산업체가 들어서기 좋은 입지였다. 외주 생산업체는 휴렛팩커드, IBM, 소니, 필립스, 시스코와 같은 회사의 제품을 조립해 준다.

미국의 가정과 사무실에서 볼 수 있는 잉크젯 프린터나 랩탑 컴퓨터는 솔렉트론, 플렉스트로닉스 같은 외주 생산업체에서 조립한 것이다. 전자제품 공급업체는 중국이 생산설비 건설비용이 낮아 매력적이라는 것을 알기 때문이다.

이런 생산시설을 통해 얻을 수 있는 사회적 이익은 조립 근로자(훈련이나 교육받지 않은 젊은 근로자)를 고용한다는 점이었지만, 그 운영을 통해 궁극적으로는 중국의 생산 기술이 향상되었다. 중국은 교육받지 못한 근로자의 대량 고용을 유지해야 할 필요 때문에 앞으로도 대규모 외주 생산산업은 계속할 것이다.

특히 최근에는 대만 소유의 중국 외주 생산시설이 급증하고 있다. 눈에 띄는 예가 혼하이('폭스콘'이 대표 자회사이다)로, 2008~2009년 경기 침체 후에도 50만 명이 넘는 직원을 고용하고 있다. 또한 혼하이 이외에 다른 대만 기업들도 중국에 대규모 생산시설을 지었다.

중국이 풍부한 노동력을 제공하지만, 생산설비 건설에는 외국 투자의 비중이 높다. 기술과 훈련도 외부로부터 온다. 중국은 외부인에 대한 의심이 많으면서도 경제 발전을 위해 유용하다면 무엇이든 가리지 않으며 기꺼이 외국 투자를 받아들였다. 그 결과, 관리자와 조립 근로자들에게 직업을 제공해 주는 대규모 고용 기반을 구축하면서 외국의 전문 기술을 낮은 비용에 확보했다.

중국 기업이 성숙해지고 제품의 가치가 높아짐에 따라 많은 수의 관리자, 감독관, 엔지니어, 테크니션 등은 보다 더 높은 수준을 축적하게 되었다. 이렇게 숙련된 인력이 많아지자 신사업이 가능해졌고 생산은 더 증가했다.

또한 많은 합작투자회사들이 생겨나면서 외국 회사의 기술, 제품, 경영 기술 등을 획득할 수 있었다. 하지만 중국인이 기술을 개발하고 경영 기술을 배우게 되자, 그들에게 합작투자회사가 갖는 의미는 점차 감소했다. 그들은 일단 지식을 흡수하고 나면, 파트너를 버리는 경향이 있기 때문이다.

저비용 노동 외에도 외국 기업이 중국에 시설을 세우는 또 다른 동기는 어마어마한 중국 시장에 제품을 팔 수 있는 기회 때문이다. 그러기 위해서 대부분의 다국적기업은 중국 중심의 시장 전략을 갖고 있어야 했다.

　많은 외국 기업들이 중국인 파트너 없이는 중국 시장을 뚫기가 어렵다는 것을 경험했다. 외국 기업이 중국인 파트너를 구했다 하더라도 합작투자는 외국 기업에게 혼합된 결과를 가져왔다. 예를 들어, 합작투자회사가 중국에 기반을 두고도 판매가 좋지 않았다면, 이는 중국인 파트너의 의사결정 과정을 잘 이해하지 못했기 때문인 경우가 많다. 따라서 외국 기업은 중국인 파트너의 전략과 목적을 잘 이해할 필요가 있다. 중국에서 생각하는 윈-윈 상황은 미국에서 생각하는 그것과 매우 다르다.

　중국 기업이 좋아하는 비즈니스 모델은 매우 유연한데, 이 유연성은 중국의 핵심 경쟁력이다. 이는 사업이 기대만큼 빨리 성장하지 않을 때 중국인 파트너가 빨리 변한다는 것을 의미하기도 한다. 그들이 추구하는 비즈니스 모델은 매우 현실적이며, 중국인 관리자가 보여주는 사고와 전략의 유연성은 이해하기 어려울 때가 있다. 따라서 중국인 파트너 혹은 경쟁자의 목적, 강점과 약점에 대한 심층적인 이해가 중요하다.

　중국인 사업가와 정부 기획자들이 생각하는 '장기적인 기간(long term)'은 서양에서 생각하는 것보다 훨씬 더 길다. 중국의 기획자들은 중국이 선진국의 복잡한 시장에서 경쟁할 수 있게 되려면 앞으로 10~20년은 더 걸릴 거라고 생각한다. 그래서 그들은 아주 느린 발전에 대비한다.

　공자는 '멈추지만 않는다면, 얼마나 느리게 가느냐는 중요하지 않다'고 말했다. 중국의 역사는 적 혹은 경쟁자를 지배할 힘을 기르기 위해 오랜 세월 지칠 줄 모르고 노력하는 의지를 보여준다. 따라서 중국이 힘을 기르는 집요한 방식을 우리는 과소평가해선 안 된다. 중국은 아주 차근차근 힘을 기르고 있으며, 무서운 경쟁력을 갖추게 될 때까지 멈추지 않을 것이다.

중국의 국유기업

산업단지 외에도 중국에는 전략적 산업(석유, 철강, 통신, 자동차 등)의 발전을 지원하기 위해 많은 국유기업(SOE)이 설립되었다. 국유기업을 통해, 중국은 이익을 내기까지 시간이 오래 걸리는 산업 분야에서 기술 발전과 전문적 경영 지식을 축적하는 데 장기적으로 매달릴 수 있었다. 국유기업에는 여러 유형이 있지만, 공통되는 특징은 정부가 상당 부분의 통제력을 갖는다는 점이다.

국유기업들은 정부 부처에 의해 하향식 통제를 받는다. 차이나모바일은 상장기업인데도 CEO는 정부가 고른다. 또한 기업이 이용하는 통신 프로토콜 선택도 정부가 한다. 차이나모바일이 보편적으로 사용되는 기준을 놔두고 자체의 통신 프로토콜을 이용하는 이유도 이 때문이다.

데이터 통신 장비 제조업체 화웨이는 국유기업이었다가 민영화하여 크게 성공한 예다. 화웨이는 2004년부터 2008년까지 연평균 싱장률이 거의 50%에 달했다. 화웨이는 1998년 출범하여 중국군과 밀접한 유대 관계가 있었다. 민영기업 화웨이에 대해 아직도 일정 수준의

표 10.1 중국 주요 기업의 정부 소유권

기업명	2004년 매출 (10억 위안)	2008년 매출 (10억 위안)	사업 분야	2004년 정부 지분 (%)	2008년 정부 지분 (%)
바오산철강	162	245	철강	85.00	73.97
창훙전기	12	28	가전	53.63	30.64
차이나생명	77	341	보험	48.91	31.15
중국 상업은행	15	55	은행	48.91	31.15
차이나민메탈스	123	156	금속, 철강무역	100.00	100.00
차이나모바일	192	412	휴대전화 사업자	75.50	74.24
차이나텔레콤	153	187	유무선 전화 사업자	77.78	70.89
차이나유니콤	70	152	이동통신 사업자	69.32	61.05
제일자동차(FAW)	136	218	자동차	100.00	100.00
하이얼	15	30	가전	43.60	43.54
콘카	13	12	가전	29.06	16.58
레노보	23	102	컴퓨터	46.00	65.00
페트로차이나	398	1,071	석유 생산 · 유통	90.00	86.42
상하이자동차(SAIC)	120	171	자동차	100.00	100.00
시노켐	169	300	석유화학, 농업, 화학제품	100.00	100.00
시노펙	591	1,452	석유와 가스 생산 · 유통	77.42	75.84
스테이트 그리드	590	1,155	전력망	100.00	100.00
TCL	40	38	가전	25.22	12.70
ZTE	23	44	전화 네트워크 장비, 단말기	44.10	35.52

자료 : 상하이와 쉔젠 주식시장 및 각 기업의 웹사이트에서 수집

정부 통제나 감시가 남아 있는 듯 하지만, 중국 정부는 화웨이가 100% 직원 소유 기업이라고 주장한다.

에너지, 통신, 자동차, 은행은 중국 정부가 강조하는 분야다. 정부는 이 영역의 고속 성장을 돕기 위해 국내 시장을 보호하고 보조금을 지

급한다. 그러면서 많은 국유기업이 대기업이 되었다. 예를 들어, 국유 석유회사인 시노펙(Sinopec)은 2009년 1,970억 달러의 수익을 올렸다.

많은 국유기업 관리들은 사업이 전반적인 목표를 달성하고 인가서에 부합하게 운영되는 한 정부의 관여 수준은 낮다고 말한다. 하지만 만약 기업이 기대 전략에서 벗어나면 정부 관여가 늘어난다.

이처럼 중국의 정부기관은 국유기업의 전략적 방향 제시에 폭넓은 결정권을 갖는다. 따라서 국유기업의 고위경영자는 정부를 만족시켜야 할 책임과 경쟁적 산업 내에서 기업을 경영할 책임이라는 이중 부담을 갖는다.

국유기업은 중국 경제 발전을 위해 활약하는 중요한 선수다. 국유기업은 정부가 내수시장 부문에 영향력을 행사하는 또 하나의 증거가 된다. 특히 통제와 장기 계획은 중국 경제의 두드러진 특징이다. 물론 정부 공무원이 기업에 막대한 파워를 갖는 것은 이점도 있지만 위험도 있다. 정부 권력자가 은행 경영자에게 부적절한 대출을 승인하도록 압력을 행사할 수 있고, 은밀한 뇌물수수도 있을 수 있기 때문이다.

중국만의 독특한 시장 특징

중국 산업의 여러 특징들 중 하나는 중국에만 있는 것들이 많다는 점이다. 중국은 25년도 안 되어 오늘날의 발전을 이루었고, 많은 모멘텀이 지난 5년 사이에 일어났다.

중국 경제가 이처럼 급속히 변화하는 주된 이유는 25~40세 연령대의 경영자가 많기 때문이다. 소비자도 25~40세가 많다.

• 인내와 36계 전략

중국은 해외시장 진출을 위해 끊임없이 인내하고 시도한다. 새로운 시도는 실패했던 앞선 시도의 교훈 위에서 만들어진다. 경쟁력 강화를 위한 중국 기업의 이 같은 인내심은 장기적인 성공의 핵심 요소이다.

중국은 개인의 인내심도 매우 높은 수준이다. 이런 중국인 고유의 특징은 목표 달성에 실패하면 죽을 수도 있었던 중국의 역사와도 연관이 있다.

문화혁명 당시에도 그들에게는 생존을 위한 특별한 기술이 필요했다. 지금은 생존의 문제는 아니지만, 경제, 혹은 기업의 성공이 많은 중국 국민들에게 피할 수 없는 강한 동기가 되고 있다. 따라서 그들은 목표 달성을 위해 과도하게 헌신할 준비가 되어 있다.

중국 기업들은 세계적으로 많은 시장에서 경쟁을 벌이고 있지만, 중국의 기업 문화는 여전히 독특하다. 중국 기업의 파트너가 된 외국 기업은 협력 관계를 오래 지속하기 위해서 중국인의 독특한 의사결정 과정과 문화를 잘 이해해야 한다.

중국의 많은 고위경영자들은 협상을 할 때 《36계》에서 나온 개념을 사용한다. 그중 하나의 전략이 성동격서(星東擊西, 잘못된 방향으로 속임수를 써서 적을 공격하는 일)이다. 즉 실제 목표는 B인데 A가 목표인 척 행동하는 것이다. 이는 중국인들이 전쟁에서 쓰이는 전략을 오늘날 기업 전투에서 어떻게 사용하고 있는지 보여준다.

중국인의 또 다른 특징은 기회를 잡을 때까지 기꺼이 기다리는 것이다. 이것은 또 다른 《36계》전략으로, 적이 약해질 때를 기다리는 것이다. 실제로 중국 경영자와 사업가들은 지나치게 공격적이거나 강하게 공격해 오는 사람들에게 쉽게 휘둘리지 않는다.

• 재정적 독립

전략 산업에 대한 정부 지원이 있지만, 대부분의 경우 중국 기업은 자립을 위해서 좋은 재정 수익을 올려야 한다.

정부가 관여하지 않았을 때 중국 경제는 홈런과 실패를 오고 갔다. 많은 신생 기업이 첫 번째 상품으로 크게 수익이 늘었다가 다음 두 번째 상품에서 판매 부진으로 수익이 뚝 떨어지곤 했다. 이런 패턴이 나타나는 이유는 많은 기업이 후속 제품의 성공 흐름을 계속 이어가기 위해 필요한 투자를 안 했거나 아니면 못했기 때문이다. 또는 첫 번째 상품에서 큰돈을 번 창업자가 번 돈을 재투자하지 않고 부를 즐기고 싶어 해서 그런 경우도 있다.

중국의 전자업체는 유망하지 않은 회사가 주식 상장을 통해 자금을 모집하는 경우가 많아서 실패율이 높다. 너무 많은 자본 투자가 너무 적은 수의 기술 신생 기업을 좇기 때문에 생기는 일이다. 또 상하이와 쉔젠 주식시장에 상장된 첨단기술 기업 수가 너무 적기 때문에 겉으로 보기엔 괜찮은 첨단기술 기업처럼 보이는 경우가 많다. 하지만 이 부실 신생 기업들은 조달 자금을 나 써버리고 나면 파산한다.

정부기관은 자립하려 애쓰는 기업을 도와주고 있긴 하지만, 정부가 도와줄 수 있는 기업의 수는 한정되어 있다. 그리고 정부의 우선순위는 자동차, 에너지 생산 및 제약산업 기업이다.

• 제품 포지셔닝과 시장 통제

중국은 다양한 가격대에 새로운 서비스를 만들어내는 데 이미 통달했다. 하지만 제품이 장기적으로 성공하기 위해서 중국 생산업체는 해외 시장만큼 국내 수요를 일으켜야 한다.

• 내수시장

인구가 많긴 하지만 중국의 최고급 상품 구매력은 여전히 낮다. 중산층이 많아지면서 값비싼 상품의 성장 가능성이 있기는 하지만, 초점은 의류, 이동통신, 소형자동차 등 저가 상품의 대규모 내수시장이다.

따라서 생산업체는 부유하지 않은 중국 소비자에게 가격대를 맞춰야 한다. 예를 들어, 차이나모바일의 이동전화 서비스 요금은 한 달에 5~12달러이다. 2008년 중국의 도시 거주자 한 달 가처분소득은 193달러였다. 한 달 이동전화 서비스 요금 12달러는 월 가처분소득의 6.2%이다.

이것은 미국의 휴대전화 서비스 평균 요금이 한 달에 50~60달러인 것과 비교된다. 2008년 미국의 개인 월평균 소득은 3,313달러였으니, 한 달 휴대폰 서비스 요금 60달러는 개인 월 소득의 2%가 채 안 된다.

물론 미국에 비해 중국의 차이나모바일은 5억 명의 가입자를 갖고 있다.

• 새로운 서비스의 추가 수요

새로운 서비스가 제공되면 추가 수요가 발생한다. 중국에는 이미 조성된 7억 대의 무선 단말기 기반과 함께 무선 단말기를 이용해서 접속할 수 있는 광범위한 콘텐츠 수요가 있을 수 있다. 특히 무선 단말기를 통한 모바일 TV는 중국에서 수요가 높은 서비스이다.

이처럼 중국의 콘텐츠 시장은 성장 잠재력이 높다. 하지만 콘텐츠는 무료여야 해서 광고 지원이 필요하다. 아니면 낮은 이용 요금으로 뒷받침되어야 한다.

• 수출 역량

중국의 수출은 제품의 특징과 가격 면에서 세계적으로 경쟁력이 있다. 중국은 특히 중국에 상품을 수출하는 나라 – 중동(원유), 아프리카(원자재), 브라질(식품) – 의 요구에 맞는 제품을 생산한다. 예를 들어 중국은 브라질이 선호하는 특징을 제공하는 휴대폰 단말기를 만들어서 브라질에게 중국 제품을 사라고 압력을 행사할 수 있다.

제품의 수준이 높아지면서 중국 기업은 미국, 유럽 등 선진국을 타깃으로 삼게 된다. TCL 등의 중국 회사가 생산한 텔레비전은 이미 미국과 유럽에서 판매되고 있다. ZTE와 화웨이는 버라이즌(ZTE), T-모바일(화웨이)과 같은 서양의 대형 통신업체에 독자적인 브랜드로 공급을 계획 중이거나 이미 공급하고 있다.

수요 창출은 브랜드 인지도 구축으로 높아질 수 있다. 중국 브랜드는 레노보(IBM의 PC 사업 인수), 하이얼, 하이센스 등에 의해서 만들어지고 있다. 중국은 또 자국 생산 자동차의 브랜드 인지도를 발전시키기 시작했다.

중국 산업에서 중요한 다음 단계는 제품의 품질 향상이다. 중국산 제품은 품질이 낮다는 이미지가 있다. 엉성한 조립, 값싼 재료, 부적당한 품질 관리, 급속한 산업화의 여러 징후 및 비용 관리를 강조했던 것이 중국산 제품의 품질이 낮다는 인식을 형성했다.

하지만 예전에 낮은 품질, 대량 생산, 낮은 제품 가격으로 승부했던 다른 아시아 국가들이 이미지 변신에 성공했다는 것에 주목할 필요가 있다. 1980년대 일본, 그리고 1990년대 한국의 전자 및 자동차 제품이 훌륭한 예이다.

당분간 중국은 단기적으로 내수시장을 보호할 수 있는 역량을 키우는 것을 강조한다. 중국은 외부인들에게 거대한 시장이 될 수도 있지만, 당분간은 무역 장벽 때문에 중국 시장의 많은 부분을 중국 기업이 차지할 것이다. 중국 기업이 강해지면 브랜드 활동도 늘어나고 중국 소비자들에게도 친숙해질 것이다. 그 시점이 되면 중국에서 생상된 '헤드&숄더 샴푸' 같은 외국 브랜드 상품들은 위기를 맞게 될 것이다.

일본, 한국, 대만의 산업 기반 건설은 주로 수출에 기초한 것이었다. 중국의 산업 건설은 외국 회사가 중국에서 생산한 제품의 수출, 그리고 중국 시장의 수요 충족을 위해 만들어진 제품, 이 두 가지의 조합에 기초했다. 중국의 내수시장 기회는 기술과 경영 스킬을 외부에서 들여오는 데 미끼로 사용되고 있다. 그래서 중국 정부기관은 중국 기업이 내수시장을 장악하는 일이 전략적으로 중요하다고 생각한다. 이는 외국 기업이 중국인 사업 파트너 없이는 중국 시장에서 강력한 위치를 건설하기 힘들다는 의미다.

중국 정부가 중국 기업이 내수시장을 장악하게 하려 한다는 것은 외국 기업들의 중국 시장 접근 노력에 여러 가지 많은 의미를 갖는다. 중국은 내수시장에서 중국 기업이 복제할 수 없는 몇몇 독특한 제품을 외국 기업들이 판매하도록 지원할 수밖에 없다. 그 결과 외국 기업은 브랜드 활동과 높은 품질로 중국 시장에 효과적으로 참여할 수 있다. 따라서 중국 정부는 수입 장벽이 외국 기업의 경쟁력 제한에 그다지 효과가 없다는 것을, 그렇지 않으면 중국이 원하고 필요로 하는 기술과 정보를 제공받지 못할 것임을 알고 있다.

중국 기업이 내수시장에서 큰 수익을 올리게 되면서 그들은 해외 시장에서 경쟁하는 데 필요한 재정 자원을 확보하게 될 것이다. 삼성, 도요타, 캐논 등 다른 아시아의 강자들이 이미 그렇게 해서 성공을 거둔 바 있다.

중국의 성장에서 전자산업의 역할

전자산업은 높은 고용을 유발하고 수출을 생성하며, 내수시장을 충족시켜 수입을 감소시키기 때문에 중국의 전략 산업이다.

전자산업은 중국 시장이 크기 때문에 중국 기업이 외국의 투자자를 끌어오기가 쉬웠다. 제품 개발부터 전자제품으로 높은 수익을 얻는 데까지 걸리는 시간이 몇 개월이어서 신사업을 시작하는 투자자에게 빠르게 수익을 돌려줄 수 있었다. 특히 전자제품의 수명이 점점 짧아지면서 투자금 회수는 더욱 빨라졌다.

중국 정부기관은 폭넓은 보조금을 통해 전자산업 활성화에 적극적이다. 그들의 목적은 내수시장을 보호하고 충족시키며, 수출시장에 참여해 힘을 확장시키는 것이다. 중국에서 정부의 전자산업 육성은 미국의 그것과 확연히 대조된다. 미국 기업은 세계적으로 자기 브랜드를 만들고 시장을 만족시키는 게 온전히 기업의 몫이라는 점이다.

중국 전자산업의 주요 제품은 텔레비전, 무선 단말기, 컴퓨터, MP3 플레이어다. 오랫동안 텔레비전이 콘텐츠를 전달해 주었지만, 이제는 컴퓨터나 무선 단말기로 접속할 수 있는 바이두(www.baidu.com) 등 다른 웹사이트에서 콘텐츠를 접한다.

• 텔레비전 산업

텔레비전이 중국에 중요한 이유는 여러 가지가 있다.

첫째, 텔레비전은 단위 생산량이 높아 수익이 높다.

중국은 인구가 많고, 가구당 여러 대의 텔레비전 보유 가능성이 있어서 TV 설치 기반은 2015년에서 2020년 쯤에 10억 대를 넘을 수 있다. 정부는 독점 방송 프로토콜을 지정함으로써 어느 회사가 텔레비전 생산기술과 방송 지원 인프라 기술을 제공할지 통제할 수 있다.

물론 소비자들이 원하는 저가 TV를 만드는 것도 중요하지만, 중국으로서는 소비자가 요구하는 TV 생산을 위한 산업 기반을 발전시키는 것도 중요하다.

현재 하이센스, TCL, 스카이워스(Skyworth), 콘카, 창홍, 하이얼 등의 중국 브랜드는 중국 TV시장 부문을 지배한다. 삼성, 소니, 파나소닉,

LG전자 등의 글로벌 TV 제조업체는, 만약 TV용 LCD 디스플레이의 중국 생산설비를 짓지 않는다면 중국에서 틈새시장을 차지하는 정도에 그칠 것이다.

둘째, 텔레비전은 인민들과의 소통을 가능하게 해준다.

텔레비전은 가정의 소비자에게 콘텐츠를 전달하는 가장 중요한 방법이다. 중국을 포함한 많은 나라에서 콘텐츠와 그 콘텐츠를 소비자에게 전달하는 방식은 정치적 파워와 중대한 연관이 있다. 과거에 텔레비전은 말없는 네모상자로 여겨졌지만, 중국 정부는 텔레비전이 전달하는 콘텐츠가 인민들이 사건을 보는 시각에 중요한 영향을 미칠 수 있음을 알게 되었다. 예를 들어 쓰촨성 대지진 희생자를 구조하려는 정부의 노력을 보여주는 프로그램은 중국 인민에게 매우 강력하고 긍정적인 영향력을 주었다.

셋째, 텔레비전은 핵심 기술의 전문성 증대를 촉진시킨다.

TV용 디스플레이 생산은 텔레비전 생산에서 가장 어렵고 값 비싼 부분이다. 하지만 중국은 디스플레이 생산을 급속히 늘리고 있다. 베이징 정부는 새 LCD 시설에 40억 달러를 배정했고, 운영은 BOE 테크놀러지가 맡게 된다.

삼성, 샤프, LG전자 등도 중국에 LCD 시설을 짓고 있다. 2~3년 후면 중국은 LCD 디스플레이 순 수출국이 될 것이다. 또한 잠정 조치로, 중국 정부는 20억 달러를 들여 대만 기업으로부터 LCD 플랫 패널을 매입해시 중국 생산업자의 TV공급 기빈 건설을 도왔다.

중국의 또 다른 접근 방법은 모바일 TV 채택을 장려하는 것이다. 중국에서는 7억 명의 무선 단말기 소유자가 모바일 서비스에 접속할 수 있다. 중국은 CMMB라는 모바일 TV용 프로토콜을 채택했는데, 독자적인 프로토콜을 가짐으로써 기술을 통제한다. 모바일 TV의 높은 성장은 아직까지 아날로그 기술로, 비용이 저렴하고 효과적으로 운영된다.

중국의 TV 생산이 결정적인 양에 도달하고 TV 가격이 떨어지는 시기가 될 때까지 모바일 TV는 휴대가 간편한 수단이다. TCL, 하이얼, 창홍, 콘카, 스카이워스, 하이센스와 같은 중국 브랜드는 내수시장에서 수익이 점점 늘어가고 있으며, TV 수출도 늘고 있다. 이들 브랜드의 최대 판매 강점은 낮은 가격이다.

TCL의 기술은 상당 부분 미국(RCA)과 유럽(Thomson)에서 왔는데, 중국은 톰슨 멀티미디어와 합작투자회사를 설립하여 텔레비전 기술을 획득했다(톰슨 멀티미디어는 RCA 텔레비전 사업을 인수했다). 합작투자회사를 통해 TCL이 획득한 기술 수준은 매우 높다. TCL은 합작투자회사를 통제하고 중국의 시장점유율을 높였으며, 수출도 증가했다.

가전제품 분야에서 높은 시장점유율을 얻는 데는 수십 년이 걸린다. 하지만 중국은 전략적 인수와 합작투자 형태로 진입함으로써 그 시간을 단축하고 있다. 올레비아(Olevia)와 비지오 브랜드는 디자인은 대만에서 하고, 생산은 중국에서 한다. 이들 TV는 대규모 할인 소매상을 통해 판매한다. 이런 방식을 통해 중국은 텔레비전 공급업체의 선두그룹에 들었다.

반도체를 포함해서 중국의 텔레비전에 사용되는 부품 디자인은 보통 외국 기업이 한다. 그중 가장 중요한 공급업체 몇 군데는 대만 회사이다. 많은 중국 업체들이 텔레비전용 반도체를 개발하고 있지만,

기술은 대만 업체에 몇 년 뒤져 있다. 생산업체와 정부는 5~10년 안에 중국 시장에서 팔리는 텔레비전에 들어가는 부품의 상당 부분을 중국 반도체 회사가 공급하게 되기를 희망한다.

중국 텔레비전 회사의 다음 전략은 수출 증대로, 이는 대만 및 다른 지역에서 수입하는 구성 요소부터 시작될 것이다. 그런 다음, 중국 기업에서 생산한 텔레비전의 수출을 늘리는 것이다.

중국 정부의 단기 목표는 중국에서 판매되는 텔레비전 중 중국 기업에서 생산한 제품이 높은 비중을 차지하도록 하는 것이다. 그리고 장기 목표는 중국 기업이 세계 시장에서 높은 시장점유율을 차지하는 것이다.

• 개인용 컴퓨터

중국의 개인용 컴퓨터 규모는 빠르게 증가하고 있다. 2009년 12월 보고에 따르면, 중국은 2009년 3분기에 데스크탑 PC 판매량이 720만 대로, 미국 판매량의 10%를 약간 넘는다. 윈도우즈 운영체제는 세계 시장을 지배하지만, 중국에서는 마이크로소프트에 높은 소프트웨어 비용을 지불하는 데 대한 저항이 있었다. 결국 높은 시장점유율을 유지하기 위해서 마이크로소프트는 중국 시장에서 라이선스 비용을 낮게 책정했다.

중국에서는 리눅스(Linux)를 강하게 지지한다. 새 넷북은 리눅스를 많이 사용한다. 또한 구글의 안드로이드 플랫폼은 차이나모바일의 오폰(OPhone) 플랫폼에 채택되었다.

인텔의 아톰 프로세서와 퀄컴, 마벨 등의 ARM 프로세서를 장착한 새롭고 저비용인 인터넷 중심 넷북 플랫폼은 향후 5년 이내에 중국 PC시장에서 폭발적으로 성장할 것으로 보인다. 게다가 중국에서 2009년에 광대역 무선 연결을 사용할 수 있게 된 것도 이러한 모바일 중심 플랫폼이 높은 성장을 기록하는 데 촉매가 될 것이다.

많은 중국 기업들은 중국 넷북 시장에 진출을 서두르고 있다. 레노보는 이 시장의 인터넷 접속을 타깃으로 휴대폰 서비스 공급업체인 차이나모바일, 차이나텔레콤, 차이나유니콤과의 관계를 강화하고 있다.

물론 150달러가 채 안 드는 인터넷 접속과 넷북 플랫폼 필요성을 강조하기 때문에 중국의 소비자용 PC는 미국이나 다른 서양 국가들의 주류 모델과는 다른 사양을 갖게 될 것 같다. 하지만 기업과 고급 소비자들은 선진국 모델과 비슷한 PC를 사용할 것이다. 레노보, 에이서, 델, HP는 이 시장을 타깃으로 한다.

PC 시장의 주류에 접근하기 위해 레노보는 IBM의 PC 부문을 인수했다. 이 인수로 레노보는 컴퓨터 사업의 다양한 경영 스킬을 얻었고, 글로벌 경쟁력을 갖추게 되었다. 또한 노트북 컴퓨터의 역량을 포함해 복잡한 컴퓨터 디자인 능력도 확보했다.

이제 레노보는 PC 시장에서 글로벌 회사라는 이미지를 구축했다. 하지만 중국의 많은 중소업체가 저가의 제품을 공급함으로써 그들 브랜드에 도전하고 있다. 레노보에게 당면한 도전 과제는 기술 경쟁력을 유지하면서 낮은 가격에 컴퓨터를 공급하는 것이다. 이것은 IBM이라면 할 수 없었던 일이다.

IBM의 PC 부문을 인수했기 때문에 레노보의 성과가 좋지만은 않았다. 좋은 점은 레노보가 인수를 통해서 더 강해졌다는 것이다. 인수에 성공하지 못했다면 해외 판매를 할 수 없었을 것이고, 제품 개발 기술도 이전 수준에 머물러 있었을 것이다.

하지만 레노보는 세계 컴퓨터 시장의 약화와 에이서와 아수스 등 대만 업체와의 치열한 경쟁 때문에 재정적 문제를 겪고 있다(2009년 4분기에 수익이 15.7% 감소했다). 그래서 레노보는 수출 시장보다 중국 시장에서 점유율을 높이는 데 주력했다. 외국 시장에 나가 공격하기 전에 내수 시장에서 힘을 키우는, 전형적인 중국의 방식으로 돌아간 것이다.

PC에서 가장 중요한 부품은 마이크로프로세서다. 그리고 마이크로프로세서의 최대 판매회사는 인텔이다. 중국은 자체 마이크로프로세서 개발을 시도했지만, 인텔의 폭넓은 제품 라인에 맞서 경쟁할 만한 칩 개발에는 실패했다. 중국은 인텔, AMD, ARM과 경쟁할 만한 프로세서를 생산하는 데도 성공하지 못할 것으로 보이기 때문에, 중국의 최선책은 인텔 및 다른 생산업체들로 하여금 중국에서 생산을 하도록 하는 것이다. 인텔은 중국에 조립과 테스트 시설을 갖고 있고, 칩 생산 공장을 2010년부터 가동할 예정으로 건설 중에 있다.

어쨌든 중국의 야망은 전 세계에서 판매되는 PC의 중국 생산 비율을 높이는 것이다. 그런데 PC 내부의 가장 큰 부분인 머더보드 디자인은 대만 회사가 했다는 점을 기억해둘 필요가 있다.

▪ 무선 단말기

중국에서 단말기를 소유한 사람은 약 7억 명으로, 이 중 5억 명이 차이나모바일 고객이다. 차이나텔레콤과 차이나유니콤도 중국 시장에서 경쟁하고 있다. 이 세 회사가 모두 중국 기업이다.

음성 통신이 단말기의 일차 용도지만, 음악, 비디오, 사용자 제작 콘텐츠를 위한 인터넷 접속 제공을 요구하는 트렌드는 점차 커지고 있다. 그래서 중국은 인터넷 콘텐츠 접속을 원활하게 하기 위해 첨단의 광대역 무선 인프라 확장에 박차를 가하고 있다. 중국에 있는 약 3억 명의 인터넷 사용자와 광범위한 콘텐츠는 그들에게 말할 수 없이 소중하다.

인터넷 사용의 성장을 지원하기 위해서 중국은 광대역 무선 연결에 590억 달러를 지출하고, 다음 세 가지의 무선 기준을 채택하고 있다.

1. 글로벌 표준 중 하나를 변형

차이나모바일이 이 기준을 채택했다. 중국에서 이 기준을 설치하는 데 드는 비용은 400억 달러로 예상되는데, 이것은 미국의 군수 프로그램에 상응하는 액수다.

2. 미국의 AT&T에서 사용하는 유럽 표준

차이나유니콤은 유럽 기준을 채택했다.

3. 퀄컴이 개발한 미국 표준

이 기준은 미국 버라이즌이 사용한다. 또한 한국의 주요 표준이기도 하다. 차이나텔레콤은 퀄컴 기술을 채택했다.

중국 통신장비회사 화웨이, ZTE, 그리고 잠재적으로 다탕은 중국에 무선 인프라 건설의 주요 공급업체가 될 것이다. 에릭슨, 알카텔-루슨트, 노키아-지멘스, 모토로라도 참여할 것이다.

중국의 목표는 늦어도 2012년까지 세계 수준의 무선통신 환경을 만드는 일이다. 그리고 중국 통신업체가 채택할 기술, 라이선스 부여 시기, 라이선스 부여 대상에 대한 결정은 모두 중국의 산업정보기술부가 내렸다.

중국의 모든 무선 스펙트럼은 정부 소유이고, 라이선스하에 사용이 승인되며, 라이선스를 받은 사람은 모두 중국인이다. 차이나모바일, 차이나유니콤, 차이나텔레콤은 일부 기업 공개가 되어 있지만, 기술 및 정책 결정은 어쨌든 정부가 한다.

무선 인프라 건설 외에도 중국 기업이 생산하는 무선 단말기의 숫자는 점차 늘고 있다. 2006~2009년에 중국 기업이 생산한 무선 단말기의 숫자는 거의 세 배가 늘어난 것으로 추정된다.

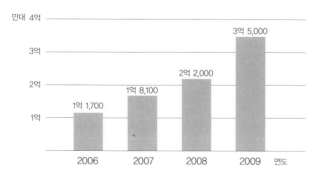

표 10.2 중국 기업의 무선 단말기 생산 추이

자료: International Business Strategies(IBS)

하지만 중국은 단말기 판매업체의 변동성이 높아서 어떤 한 회사가 강력한 브랜드와 소비자 충성도를 구축하지는 못했다. 중국의 단말기 판매업체는 강해지고 있지만, 노키아, 삼성, LG전자 등과 계속 강한 경쟁을 벌여야 한다.

중국 단말기 판매업체의 성장은 미디어텍(대만), TI(미국), 퀄컴(미국), 마벨(미국), 인피니온(유럽), ST 마이크로일렉트로닉스(유럽) 등 해외 업체로부터 반도체 부품을 구입함으로써 이루어졌다. 중국 외부에서 전체 기능을 갖춘 무선 단말기를 살 수 있었기 때문에, 중국의 단말기 판매업체는 전자제품에 케이스만 씌워서 몇 주 만에 새 단말기를 출시했다.

이제 소프트웨어 어플리케이션은 중국 시장에 맞게 특화되어 개발되고 있다. 그만큼 특화 소프트웨어 분야에서 중국 소비자의 요구를 잘 이해하는 중국 기업의 공급이 증가하고 있다.

단말기의 특징을 향상시키기 위해서 중국 소프트웨어 회사는 통신업체와 협력하고, 인터넷 중심 기업 텐센트, 바이두, 시나, 알리바바 등이 이 산업의 발전을 지원한다. 특히 바이두는 최근에 중국 내 검색 엔진 시장에서 구글을 앞질렀다. 이것은 중국의 기술 능력이 얼마나 빨리 강해지고 있는지를 보여준다.

모바일 단말기와 로우-엔드(저품질) 넷북 휴대용 컴퓨터의 컨버전스(융합)는 중국 기업의 성장 기회를 나타내지만, 가까운 미래에는 대만, 미국, 유럽, 일본, 한국 기업이 시장을 지배할 것으로 보인다. 국내 단말기 및 노트북 판매업체 기반 건설 촉진을 위해 중국이 취했던, 그리고 취할 조치는 결실을 맺겠지만, 아마도 시간이 걸릴 것이기 때문이다.

중국에서는 광범위한 스마트카드의 개발 활동도 활발하다. 스마트카드는 신용카드보다 약간 작은 크기로 마이크로프로세서가 내장되어 있다. 이 칩이 있어서 스마트카드는 마그네틱이 내장된 기존 신용카드나 직불카드보다 훨씬 많은 기능을 수행할 수 있다. 예를 들어 스마트카드에 사용자가 알레르기 반응을 보이는 약물 정보 등 전체 의료기록을 담고 다닐 수 있다. 스마트카드가 있으면 어떤 응급 의료기사 또는 의사라도 사용자의 신원을 파악하고 치료하기 위해 알아야 할 정보를 알 수 있다.

스마트카드는 보통 신용카드보다 훨씬 다목적으로 사용될 수 있다. 직불카드로 지불하려면 상인은 손님의 계좌에 충분한 잔고가 있는지 은행의 승인을 받아야 한다. 스마트카드가 있으면 그런 정보가 마이크로프로세서와 메모리 카드 안에 모두 내장되어 있다. 카드를 긁기만 하면 구매자의 잔고를 바로 확인해 주기 때문에 승인을 기다리느라 시간을 지체할 필요가 없다.

2009년 중국에서는 9억 장의 스마트카드가 판매된 것으로 추산된다. 중국은 이미 스마트카드 기술을 등록했고, 외부에 장벽을 설치하는 것도 어렵지 않다. 그렇게 중국 정부와 기업은 스마트카드 제품의 내수시장을 당분간 외부 경쟁자로부터 격리·보호할 수 있다.

앞으로 인터넷은 중국 인민들에게 바깥 세계를 활짝 열어 보여주는 막강한 능력을 보여줄 것이다. 하지만 중국 당국은 인민들에게 얼마나 많은 접속을 허용할 것인지 의문이다. 중국 당국에 의해 페이스북이 주기적으로 끊기는 것은 분명 정부가 컨텐츠 접근을 제한할 의지가 있음을 보여주는 사례다.

차세대 자동차 거인이 될 중국

중국은 자동차 생산 및 공급 기반을 건설 중이다. 유리, 전자, 유압식 기계를 포함해서 많은 기술을 발전시켜야 하지만, 자동차산업은 중국에게 많은 이익이 있다.

중국에게 가장 눈에 보이는 이익은 시장의 규모와 수출 가능성이다. 세계적으로 자동차산업은 한 해에 대당 평균 2만 달러짜리 자동

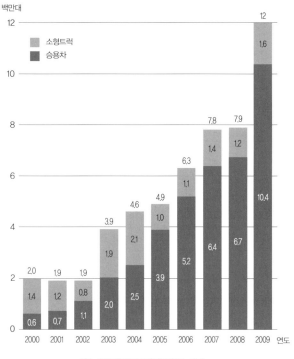

표 10.3 중국에서 생산된 자동차 생산량

자료: 국제자동차제조사연맹(OICA, 파리)

차를 7,000만 대 이상 생산하며, 자동차산업의 연간 수익은 1조 4천억 달러에 달한다.

1950년대 어설픈 출발 이후로, 중국의 자동차산업은 급속히 발전했다. 중국에서 생산되는 승용차와 소형 트럭의 단위 생산량이 [표 10.3]에 나타나 있다. 국제자동차제조사연맹에 따르면, 중국에서 생산된 승용차 및 소형 트럭의 숫자는 2000년에 200만 대였던 것이 2008년에는 790만 대로 늘어났다. 중장비 트럭과 버스를 합치면 2008년 중국에서 생산된 전체 차량 대수는 880만 대였다. 중국은 2009년에 승용차만 1,000만 대 이상 생산했고, 2010년에는 1,500만 대, 2020년에 2,000만 대 생산 계획을 갖고 있다.

2007년에는 중국 인구 1,000명 당 30.3대의 차량이 있었다. 당시 미국은 844.4대였다. 그러니 중국 중산층이 늘어남에 따라 자동차 판매는 더욱 늘어날 것이다.

자동차산업의 극적인 성장은 최고위층과 지방의 계획(많은 성과 도시가 자동차 공장을 원한다), 대규모 재정 자원, 그리고 합작투자회사의 광범위한 사용이라는 3가지 요소가 결합되어 이루어졌다.

중국에는 5개의 대형 자동차 회사가 있다. 제일자동차(First Automobile Works), 둥펑자동차(Dongfeng Motor Corporation), 창안모터스(Chang'an Motors), 치루이자동차(Chery Automobile), 상하이자동차주식회사(SAIC: Shanghai Automotive Industry Corporation)이다.

중국의 자동차산업은 제각기 작은 회사들로 나뉘어 있었지만 이를 정부가 적극적으로 나서서 통합했다(최근 SAIC는 난징자동차를 인수했다). 그리고 다음 단계는 미국, 유럽, 일본 회사와의 합작투자회사 설립과 함께 중국에서 자동차뿐만 아니라 엔진과 트랜스미션을 생산하는 것이다. 2009년 말 베이징자동차(BAIC: Beijing Automotive Industry Holding Company)가 GM의 사브(Saab) 기술 및 생산 장비 입찰에 참여한 것은 이 단계의 한 예다.

또한 외국 기업은 중국 시장에 대규모 투자를 했다. 특히 1984년에 진입한 폭스바겐 그룹은 89억 달러 이상을 투자했다. 중국과 합작투자를 한 회사는 GM, 포드, 도요타, 다임러 AG, 아우디(폭스바겐에서 독립), 혼다, 닛산, 볼보, 마쯔다, 푸조, BMW, 피아트, 미쯔비시, 그리고 현대다. 이 회사들은 대규모 중국 시장을 확보할 가능성 때문에 중국에 기꺼이 합작투자회사를 세웠다.

이로써 중국 기업들은 여러 전략 파트너를 가질 수 있게 되었다. 예를 들어 SAIC는 GM, 폭스바겐과 합작을 해서 여러 자동차 플랫폼을 개발할 수 있는 유연성을 얻게 되었다. 또한 GM, 폭스바겐, 아우디가 중국 시장에서 성공할 수 있었던 것은 중국과의 협력 관계와 브랜드의 강력한 판촉 효과 덕분이었다.

중국 자동차산업 건설을 위해 합작회사를 이용한 것은 비즈니스 모델에서 혁신의 수준이 높다는 것과 중국이 신사업 건설을 위해 기꺼이 여러 가지 접근 방법을 쓴다는 것을 보여준다.

중국 자동차산업 발달의 초기 단계는 정부의 후원을 통해서 이루어졌다. 이 단계에서 생산 면허는 국유기업에게만 발급되었다. 이 때문에 중국은 지리인터내셔널(Geely International Corporation), 치루이자동차, BYD오토(BYD Auto)라는 세 개의 개별 자동차 회사만 있었다. 치루이는 연간 45만 대의 생산 능력을 갖고 있고, 지리는 37만 대를 생산한다. 이제 두 회사는 전략을 바꿔서 고급승용차를 생산하여 수출시장 구축에 주력하고 있다. 초기 수출은 중동과 남미 지역을 대상으로 하는데, 소비자의 기호와 요구가 중국과 비슷하기 때문이다.

지리는 포드로부터 볼보를 인수함으로써 글로벌 경쟁력에 변화가 생겼다. 볼보 인수를 통해 북미와 서유럽에서 큰 기회를 얻었지만, 지리는 볼보의 재정적 회생을 위해 상당한 투자를 해야 한다. 그 성공 여부는 손실 보전 보조금으로 비용을 줄이는 것과 볼보자동차의 높은 품질을 유지하는 것에 달렸다.

정부는 어느 회사가 중국에서 자동차를 생산할지에 대한 통제를 계속한다. 그래서 치루이는 생산 면허를 얻기 위해 SAIC에게 20%의 지분을 넘겨주어야 했다.

중국의 자동차산업은 160만 명 이상의 인력을 고용한다. 공급업체의 기반 건설에 대한 계획도 있다. 계획자들은 공급업체의 고용이 자동차 조립업체 고용 인원의 3~4배는 될 것으로 희망한다.

자동차산업을 위해 중국은 판매인과 수리점 인프라도 구축해야 한다. 늘어난 자동차의 연료공급을 위해 추가 정유시설도 건설 중이다. 그만큼 중국의 자동차산업은 고용 면에서 매우 중요하다. 크고 성장하는 자동차산업을 소유함으로써 중국은 대규모 고용 기반을 건설하고 외국에서의 수입으로부터 내수시장을 지킬 수 있다.

중국은 소비자에게 금융 지원을 제공함으로써 새 자동차의 판매를 사극하고 있다. 그래서 경기 침체에도 불구하고, 중국에시는 한 달에 백만 대 이상의 자동차 판매가 이루어진다. 중산층이 확대되면서 중국의 자동차 수요는 꾸준히 오를 것이며, 앞으로 10~20년 후에는 기존 시장의 2~3배에 이를 것이다.

중국 브랜드는 현재 중국 자동차 시장에 약 30%를 공급하고, 합작 회사들이 50%를 공급한다. 전체 국내 생산이 약 80%에 달했지만 계속해서 생산을 자극하려면 강한 수요가 꾸준히 발생하는 게 중요하다. 물론 중국 자동차 구매의 약 20%는 외국 생산자의 수입차가 차지한다. 하지만 중국에서 판매되는 외국 차에는 많은 수입 관세가 있다.

미국, 유럽, 일본 시장으로 자동차, 트럭, 하위 부품의 수출이 이루어지고 수입이 통제되면서 중국은 자동차 무역수지 흑자를 기록하고 있다. 이처럼 자동차산업은 가치가 대단히 크고, 무역수지 흑자는 중국에게 중대한 성과다.

중국 자동차산업의 향후 추진 계획에는 다음 사항이 포함된다.

• 휘발유 및 디젤 자동차의 연료 효율성 향상

중국은 미래에 원유 공급의 부족 또는 원유 가격 급등에 대한 우려를 갖고 있다. 따라서 연료 효율성 향상에 대한 최첨단 기술 확보가 필요하다.

• 새로운 에너지원 개발

BYD는 전기자동차를 개발 중이고, 또 다른 회사에서는 하이브리드 자동차 사업이 추진되고 있다. 중국에는 많은 회사가 차세대 리튬-이온 배터리 기술을 개발 중인데, BYD는 이 분야에서 세계 선두다. 워렌 버핏(Warren Buffet)이 BYD에 투자했다는 사실은 주목할 만하다.

리튬-이온 배터리를 사용하는 자동차 판매가 늘어나면, 리튬은 세계 수요를 충족시킬 만큼 충분하지 않을 것이다. 하지만 다른 천연 자원과 함께, 중국은 충분한 리튬 공급 확보에 나설 것이다.

• 중국의 중상류층과 수출 시장에 적합한 고급 승용차 개발

고급승용차는 일본 및 유럽 수입차와 경쟁해야 한다. 경쟁에서 이기려면, 브랜드의 명성이 자자한 해외 시장에서 중국 자동차의 품질을 인정받아야 한다. 그래서 품질의 명성을 높이는 것은 중국 자동차산업이 장기적으로 경쟁력을 갖는 데 중요하다.

과거의 중국 소비자는 낮은 품질을 기꺼이 참아주었다. 하지만 중국 소비자의 수준이 높아지면서 그들은 수입 브랜드와 비교할 만한 품질을 요구할 것이다.

• 자동차 생산에 사용되는 부품 자급 능력 구축

중국은 자동차의 디자인, 생산, 유통을 맡고 있다. 현재 중국은 타이어, 윈드실드 등 비기술적인 부품만 생산한다. 하지만 완전한 자급 체제를 갖추려면 엔진제어시스템 등 복잡한 전자제품을 포함한 다른 부품도 생산해야 한다.

중앙정부와 지방정부는 그런 핵심 부품의 국내 생산 기술 및 생산 용량의 발전을 위해 다양한 지원을 제공한다. 자동차에 사용되는 반도체 제품 생산을 지원하기 위한 새로운 정부 지원 계획이 수립된 것이다. 그들에게는 2012~2015년까지 중국 자동차 시장에서 소비되는 반도체 공급에서 중국의 반도체 판매업체가 높은 비중을 차지해야 한다는 목표가 있다.

구성 요소와 하위 부품의 개발과 생산을 지원하기 위해 중국 기업에게는 보조금이 지급된다. 보조금은 꽤 크며, 이는 중국의 장기 계획 목표를 나타내는 것이다.

• 자동차 수출 확대

중국 정부의 계획은 2020년까지 전 세계에서 생산되는 전체 차량의 10%를 수출하는 것이다. 2,000만 대의 자동차가 생산될 예정이므로, 중국은 2백만 대의 자동차를 수출하여 대규모 무역수지 흑자를 기록하게 될 것이다.

중국의 질주는
멈추지 않는다

존 F. 케네디(John F. Kennedy)의 명언 "국가가 당신을 위해 무엇을 해 줄 수 있는지 묻지 말라. 당신이 국가를 위해 무엇을 할 수 있는지 물어라."는 미국에서 마치 남의 말처럼 들린다. 케네디의 명언은 오히려 중국에서 더 잘 울려 퍼진다. 그만큼 중국 인민은 조국의 부를 건설하기 위해 많은 희생을 감내하고 있다.

많은 중국의 기반시설 프로젝트와 재정 목표가 2020년까지 달성하는 것으로 계획되어 있다. 따라서 2020년은 중국에게 매우 중요한 이정표가 될 것이다.

2020년이면 현재의 최고위급 대부분이 권력에서 떠나 있을 것이다. 하지만 2020년까지의 기간은 많은 인민들에게 의미 있는 시간이 되기에 충분하다.

중앙정부와 협력기관들은 고용을 제공하고 중국의 성공적인 수출을 도와줄 산업 기반의 확장을 이끌고 있다. 그 방향은 명확하다. 중요 이슈는 목표를 달성하는 데 있어서 얼마나 효율적이며, 얼마나 공정하게 부가 잘 분배되느냐 하는 것이다.

만약 영리한 지도자와 사업가들이 적절한 기회를 제공받는다면, 그리고 그 결정들이 합리적이라면 중국은 목표를 성취할 것이다. 만약 그 시스템이 관료주의적이거나 혹은 정부 관료와 그들의 가족이 사회의 이익과 부를 창출하기보다 이기적으로 자기의 이익을 추구하려 한다면 그 시스템은 불안정해질 것이다. 즉, 세계에서 중국의 경쟁력은 쇠락할 것이다.

중앙정부는 중국의 상류층과 대중 사이에 크게 벌어진 부의 격차를 조절할 필요가 있다. 또한 중국 정부는 인터넷 기반의 지식을 알고 세계에서 무슨 일이 일어나고 있는지 파악할 수 있는 젊은이들에게 동기를 부여하는 것이 필요하다. 신·구세대 모두 국가가 그들을 공정하게 대우하고 있다고 느낄 수 있어야 한다. 예를 들어, 조부모가 손자를 돌봐 주어서 젊은 부모 양쪽 모두가 일할 수 있는 환경을 제공해 주는 것과 같이, 중국 정부는 고연령 인구가 젊은 노동인구에게 사회적 이익을 제공할 수 있도록 도와줄 필요가 있다. 또한 중국의 노령 인구는 정부 지출을 고갈시키는 부담스러운 존재가 아니라, 생산성 있는 자산으로 유지되어야 한다.

중국인들은 올림픽의 성공적인 개최에 대해 대단한 자부심을 느꼈다. 중국은 흥미진진한 세계적 행사를 효과적으로 개최하고 운영할 수 있는 능력이 있다는 것을 보여주었다. 중국 내부적으로 올림픽의 대대적인 중계방송은 중국이 100개의 메달을 획득한 것과 함께, 인민들이 국가를 위해 계속 열심히 일할 수 있게 하는 주요 동력이 되었다. 하지만 올림픽은 일회성 행사에 불과하다. 중국의 경제 성장을 위해서 앞으로도 많은 희생이 요구되기 때문에 중국인들에게는 적극적으로 동기를 부여할 필요가 있다.

중국이 마주하고 있는 도전은 광범위하지만, 중국은 그것을 처리하기 위해 최고 수준의 계획 및 통제 조치와 넓은 범위의 성장 계획을 사용하고 있다. 이를 위해 중국의 산업 기반 건설은 여러 분야에서 사회적으로 자금 지원을 받고 있다. 하지만 중국의 기본 철학은 일하는 사람이 보수를 받는다는 것이다. 어린이와 학생은 미래의 노동자가 될 것이기 때문에 그들의 교육비용은 지원된다. 하지만 일하지 않는 사람은 돈을 받지 못하는 것이다. 결국 직업이 없는 사람을 부양하는 책임은 가족이 떠맡게 된다. 그러므로 중국에서 소득보다 많은 소비는 있을 수 없는 일이다.

중국의 중앙집권적 계획과 분산된 실행의 결합은 지금까지 성공을 거두어왔다. 중국은 여러 산업 분야에서 잘 정의된 최고 수준의 목표를 가지고 있고, 고용은 여전히 성장하고 있다. 그 산업들이 세계 시장에서 경쟁을 시도하면서 도전은 더욱 거세지지만, 중국의 경영 기술 또한 함께 성장하고 있다.

중국 성장이 글로벌 시장에 미치는 영향

2006년 11월에 채택된 중국의 제11차 5개년 계획(2006년부터 2010년까지 운영된다)은 계속해서 전략적 산업 성장의 중요성을 강조한다. 이 같은 산업 성장에 따라 중국은 더 많은 양의 원자재 접근권이 필요할 것이다.

원자재는 사들일 재정 자원뿐만 아니라 공급처에 잘 접근하기 위한 정치력도 필요하다. 따라서 특정 원자재를 소유하고 있는 국가의 리더십이 불안정할 때, 중국은 그 나라의 지도자들과 좋은 관계를 유지할 필요가 있다.

중국은 국제 정치 환경에 더욱더 활발히 참여하고 있지만, 대부분의 상황에서 저자세를 유지하고 위협이 되지 않는 접근 방식을 쓰고 있다. 하지만 중국이 정치적 힘으로 위협을 시작하는 조짐은 있다. 예를 들어, 중국 정부는 코카콜라의 중국 과일음료회사 매입 입찰을 거부한 바 있다.

강한 군사력이 원자재 공급망 보호에 유리할 수 있지만, 가장 중요한 요인은 정치적·재정적 파워이다. 따라서 중국이 정치적 파워 기반을 다지고 있는 것은 분명하다.

미국과 중국은 원자재 최대 소비국이다. 따라서 미래의 미국과 중국 간 갈등은 원자재 시장의 접근과 시장점유율을 위한 경쟁에서 비롯될 것이다.

중국 기업들은 미국 기업들과 같은 수준으로 정교하게 공급망을 관리하지 못하기 때문에, 중국 정부는 필요한 자원에 접근권을 보장하기 위해 체계적이고 장기적인 접근 방식을 취한다. 그중 하나는 자원을 소유한 기업의 지분을 매입하는 것이다. 반면 미국 정부는 석유와 천연가스 이외에는 원자재 접근권을 위한 적극적인 노력을 하지 않는다.

석유와 천연가스를 비롯한 원자재의 효과적인 통제력을 획득한 러시아는 전략적 능력이 노련한 정부에 의해 어떻게 권력의 위치로 바뀔 수 있는지를 보여주는 전형적인 예다. 하지만 미국은 러시아보다 중국에 의존도가 훨씬 높다.

이제 중국의 경제적·정치적 측면을 강화시키는 장기 전략적 의미를 고려하고 이해하는 것이 어느 때보다도 중요한 상황이다. 중국은 거대한 제조업 기반이 있어서 더 많은 범위의 제품을 미국에 공급할 것이며, 미국은 중국의 제품 공급 규제를 더 많이 행사하게 될 것이다.

이 과정에서 중국의 제조업은 힘의 주된 원천이 될 것이다. 저임금 제조 능력이 없는 국가들이 중국 상품 수입을 선택할 수밖에 없을 것이기 때문이다.

미국과 다른 나라들은 여러 가지 사업 분야에서 중국의 장기간에 걸친 경쟁 위협을 과소평가하고 있다. 중국이 전자, 자동차 등 다양한 산업 분야에서 더욱 강해지고 시장점유율이 증가할 것은 불가피한 사실인데, 만약 중국이 원자재 공급까지 통제하게 된다면 이런 흐름은 더욱 중대한 의미를 갖게 될 것이다.

중국은 의류나 신발과 같은 수준이 낮은 기술의 산업 분야로 시작했다. 그런 다음 원자재를 처리하는 중공업 분야로 나아갔다. 철강 및 알루미늄산업에 어떤 일이 일어났는지 생각해 보라. 중국은 세계적으로 설비 과잉인데도 철강과 알루미늄 산업 건설을 계속했다. 철강 및 알루미늄 공장의 대량 생산 체제를 유지하기 위해 중국 정부는 보조금을 지원하여 낮은 가격에 수출할 수 있게 한다.

값싼 중국 수입품의 경쟁 때문에 미국, 일본, 독일의 국내 철강 및 알루미늄 회사는 타격이 심각해서 공장을 폐쇄하거나 아예 폐업하는 경우가 속출한다. 대응책으로, 중국 제품에 점점 높은 보호 관세를 부과하는데, 그러면 중국은 재빨리 이들 국가로부터 수입에 대해 관세를 도입히기니 높인다.

철강 및 알루미늄산업에서 보이는 이 같은 전략은 미래에도 중국의 많은 산업에서 이용될 조짐이다. 만약 이것이 산업마다 체계적으로

행해진다면 그 영향력은 10~20년에 걸쳐 커질 수 있다.

중국의 생산량이 세계 시장에서 차지하는 비중이 작았을 때는 중국의 수출 전략이 해외 기업들에게 적대감을 불러일으키지 않았다. 하지만 이제 중국의 생산량은 세계 생산량의 높은 비율을 차지하고 있다. 예를 들어, 2009년 7월 세계 철강 생산량의 약 48.83%를 중국이 차지했다.

중국의 전략이 다른 나라 경쟁자에게 미치는 영향력은 대단히 파괴적이다. 다른 나라의 경쟁자들이 중국의 가격 책정을 약탈로 보는 것은 당연하다. 하지만 좋든 싫든 간에, 중국 기업과 중국 정부의 노련한 지원 연합 덕분에 중국 수출품은 해외 시장에서 갈수록 더 경쟁력이 높아지고, 시장점유율도 높아지고 있다.

앞에서 살펴보았듯이, 중국은 최근 전자, 자동차, 항공산업 등 첨단기술 분야의 사업 계획을 갖고 있다. 첨단기술 사업에서 나타날 전략적 위협은 미국에게 낮은 수준의 상품 공급에서 나타났던 것보다 훨씬 더 걱정스럽다.

중국은 첨단기술 사회가 되어 세계 시장에서 무서운 경쟁자로 나타날 것이다. 거대한 국내 시장과 제조업이 경쟁력을 가짐으로써 중국 기업들은 전 세계적으로 높은 시장점유율을 갖게 될 것이다. 중국 내 시장을 지키기 위해 사용된 방법들은 다른 나라들과 더 많은 충돌을 일으킬 것이다.

중국의 지방 정부는 이미 일본 기업들을 타깃으로 삼아왔다. 몇 년 전에 저장(Zhejiang) 성은 소니 디지털카메라에 품질적 결함이 많다는 것을 알아내 사람들에게 알렸다. 소니는 미국을 포함한 해외에서 품질 문제로 비판받은 적이 없었지만, 그 결과 소니 카메라의 중국 판매량은 실망스러웠다.

앞으로 10년, 어쩌면 더 오랫동안 중국 정부의 지원이 필요한 초기 단계의 산업도 많이 있다. 하지만 중국의 산업이 강해지면서 정부의 직접 개입 및 지원은 감소되겠지만 최고수뇌부의 전략 지시는 계속될 것이다.

중국에서 대기업 계층의 성장은 중앙정부의 통제에 대한 갈등을 초래할 것이다. 중국 정부가 그 갈등을 얼마나 잘 조정하느냐 하는 것이 산업화의 성공을 결정짓는 핵심 요인이 될 것이다.

중국이 직면하고 있는 도전 중에는 세계 시장의 경쟁자들로부터 오는 압력과 산업 및 정부의 운영 문제(정부 효율성과 부패 등의 내부적 요인)가 있다. 그만큼 중국의 산업은 빠르게 강해지고 있다. 수출이 수익의 많은 부분을 차지하지만, 그 수출품들은 삼성, 도요타 그리고 HP 등 중국을 저비용 생산기지로 이용하는 외국 기업 제품이다. 수출시장 발달의 다음 단계 특징은 중국 기업이 생산뿐만 아니라 디자인과 개발까지 맡는 일이 될 것이다.

중국 시장에서는 대만 기업들의 성공이 예상된다. 공통 언어는 확실히 이점이 될 것이다. 중국 정부가 대만의 통합 유지에 사용하는 책략에 따라 대만 제품의 성과 및 그 제품들이 중국 부흥에 얼마나 많이 기여할 것인지가 달라질 것이라는 점도 주목해야 한다.

중국 수뇌부의 산업화 목표에서 고객의 기호는 부차적인 것이었지만, 이는 중산층이 성장하고 세계에 대한 시야가 더욱 넓어지고 소비할 돈을 갖게 되면서 점차 더 중요시 될 것이다.

중국의 장기적 경제 목표와 계획에 그다지 유용하지 않다고 여겨지면, 외국 기업은 일회성 소모품으로 간주될 것이다. 이런 관점은 여러 산업에 해당된다. 특히 자동차산업에 적용될 수 있다.

중국은 외국 정부도 소모품으로 여길지 모른다. 군사 역사를 보아도, 중국은 기꺼이 많은 수의 사상자들을 받아들였다. 1949년 화이허(Huai-Hai) 전투에서 국민당원 55만 5,000명, 공산당원 11만 명이 죽었다. 미국 남북전쟁의 참혹한 사망자 수를 왜소해 보이게 만들 정도로 많은 사망자 수를 기록한 것이다. 이렇게 많은 사망자가 발생한 것은 중국이 목적을 달성하기 위해서 기꺼이 국민을 희생시킨다는 것을 의미한다. 중국이 자기 국민을 희생할 생각이 있다고 하면, 외국 기업이나 정부를 소모품으로 보기는 더욱 쉬울 것이다.

미국은 중국 제품의 판매시장으로써 매우 중요하다. 특히 미국 시장은 아주 많은 제품이 대폭 개방되어 있기 때문에 그렇다. 그래서 중국의 정치인들은 시장으로써의 미국의 필요성과 원자재 및 다른 전략적 자원의 경쟁자로서 미국의 위협 사이에서 균형을 유지해야 한다.

또 중국의 지도자들은 자원 및 원자재의 사용에 있어서 수출용 대 국내 소비용의 균형을 잘 맞추어야 한다. 자원 및 원자재가 충분하기만 하면 균형을 이루기는 쉽다. 하지만 원자재 부족 현상이 일어난다면, 결정 과정이 더 어려워질 수 있다. 단기적으로는 수출을 위해 가격을 올릴 수 있지만, 장기적으로는 내수시장에 우선권을 주게 될 것이다.

중국이 환경오염을 일으킨다는 비난이 점점 커지면서, 중국 제품을 사는 국가들도 일부 책임이 있다고 비난받기 시작한 것은 중대한 의

미가 있다. 하지만 중국의 정치적·재정적인 힘이 증가하면서, 중국은 자기 행동에 대해 훨씬 더 독단적이고 자기 옹호적이 될 것이다. 중국의 지도자들은 수세기에 걸쳐 전해 내려온 전략적인 사고를 가지고 있다. 경쟁적 포지셔닝과 힘의 위치에서 오는 거래 방식은 중국 역사의 핵심이다.

중국 경제에 영향을 미칠 도전 과제들

• 고용과 교육

적절한 고용과 승진 기회, 그리고 필요한 기술 수준의 고용 자격을 갖춘 인민들과 함께 경제를 발전시키는 것은 중국의 대표적인 도전 과제다.

직원들의 기술은 향상되고 기업은 확장되고 있기 때문에, 보상과 승진 가능성은 높여야만 한다. 중국은 이런 이슈를 아직 해결하지 못했고, 최근에는 불황으로 인해 더 많은 어려움을 겪고 있다. 2009년에 6백만 명이 넘는 대학 졸업생이 있었지만, 이 중에서 2백만 명 이상이 졸업 후 1년, 혹은 그 이상 동안 자기 전문 분야에서 직업을 구하지 못한 것으로 예상된다. 따라서 많은 사람들은 최저 수준의 직업에 생계를 의지해야 할 것이다.

중국에서 실업이 증가한다면, 사회적인 불안 또한 유발될 것이다. 그 불안의 영향이 얼마나 클지는 중국 정부가 그들을 관리하는 기술에 전적으로 달려 있다. 글로벌 경기 침체는 중국에서 일자리의 숫자와 일자리 요구에 명백한 영향을 주고 있다.

중국은 몇몇 소수집단의 불만에 단호하게만 대처해 왔다. 그러나 이제 주민의 고용 기대를 달래기 위해 총리 주도의 웹 기반 포럼 등 계획을 수립해 왔다. 신규 졸업생들에게 고용을 제공하기 위한 다양한 사회적 프로그램이 시작되었고, 그들의 어려움에 대한 공감 표명이 이루어지고 있다.

다른 나라에서도 그렇지만, 인구의 노령화는 중국에게 큰 문제가 될 것이다. 중국에서 15세~64세 인구는 9억6,500명에 이른다. 2020년에는 9억9,600만 명에 이르러 최고조에 달할 것으로 추정되며, 2050년에는 8억7,000만 명으로 감소될 것이다. 현재 중국에는 10명의 노동인구가 1명의 노령인구를 부양하는데, 2030년에는 4명의 노동인구가 1명의 노령인구를 부양하고, 2050년에 노동인구는 3명으로 줄어들 것이다.

노령인구 지원을 위한 고용 기반을 건설하고 인프라를 설립하기에는 시간이 부족하다. 따라서 다른 나라처럼, 중국은 사회적 비용을 감당하기 위해 퇴직연령을 65세 이상으로 올릴 수도 있다.

최근 졸업생들의 고용 기회 부족에도 불구하고, 중국은 계속해서 교육 체계 확장 계획을 갖고 있다. 중국에는 47만개의 초등학교, 6만 8,000개의 중학교 그리고 3만 8,000개의 고등학교가 있다. 그 안에는 2억 3,000만~2억 5,000만 명의 초등학생과 고등학생이 있다. 정부는 현재 약 55%인 고등학교 진학률을 2012년에는 75%까지 올리는 것을 목표로 한다.

대학 졸업자 수를 늘리는 것도 중요하지만, 대학 교육의 질을 높이는 것 또한 중요하다. 상당수의 대학 졸업자는 지금 기업이 요구하는 충분한 기술과 지식을 갖추지 못하고 있다. 기업은 그들을 더 훈련시켜야 하는 것이 통례다. 따라서 중국은 직업 훈련 및 학교 교육의 수준을 높여서 기업이 세계에서 효과적으로 경쟁할 수 있도록 해야 한다.

최근 중국의 대학 졸업자들이 직업을 구하는 데 어려움을 겪고 있는 것은 교육 시스템에 근본적인 변화가 필요하다는 신호이다. 그리고 한편으로 그것은 중국의 고용 성장을 가속화시킬 필요가 있다는 증거가 될 수 있다. 경제는 매년 8% 이상의 성장을 하는데도 취업 기회가 부족한 것은 문제다.

• 제품의 품질

중국산 제품의 상당수는 품질이 낮다. 국가 역시 제품의 근로자 및 소비자의 건강에 무심하다. 오염 분유 파동은 중국의 이미지에 먹칠을 했다.

건강과 안전 문제를 다루는 시도들이 있었지만, 이런 문제 해결에 대한 정부의 의지가 얼마나 진정성이 있는지는 분명하지 않다. 중국의 지도자들은 선진국가의 이미지를 보이려는 의지가 있지만, 낮은 계층 사람들의 관심은 오직 이익과 저비용이다.

그동안 중국 소비자들은 높은 품질을 요구하지 않고, 낮은 품질의 제품을 공급하는 기업들에게 너그러웠다. 반면 미국, 일본 그리고 유럽의 소비자들은 높은 품질과 낮은 가격을 기대한다.

세계 시장에서 경쟁하기 위해서, 중국 기업은 높은 품질을 보장할 통제 구조를 설립할 필요가 있다. 낮은 품질의 상품은 소비자에게 소유 비용을 떠안긴다. 따라서 중국은 품질 향상을 위해서 소비자와 기업가, 관리자, 그리고 기술자들의 사고방식에 대한 변화가 필요하다.

일본은 각 생산 단계마다 엄격한 품질 관리를 보장하는 체계적인 집중 관리를 통해 세계 최고의 품질로 유명하다. 일본에서 효과를 거두고 있는 품질 제고의 개념은 W. 에드워즈 데밍(W. Edwards Deming)과 조셉 M. 주란(Joseph M. Juran) 같은 미국의 전문가로부터 전수된 것이 많다.

고품질 제품 생산이 문화의 일부분으로 자리잡기 전까지, 중국은 세계 시장에서 효과적으로 경쟁할 수 없을 것이다. 따라서 중국 기업은 제품에 고품질의 이미지를 심어줄 환경을 마련해야 한다. 또한 중국 제품이 소비자의 건강에 해롭지 않다는 것을 보장하는 것도 중요하다.

Conclusion

중국은 큰 적자 없이 경제 성장을 이루고 있으며, 약 2조 4,000억 달러를 보유하고 있다. 중국이 대규모 달러 보유고를 유지하는 이유는 단기적으로 미국이 강대국으로 남도록 하는 것이 중국에게 유리하기 때문이다. 고용 기반을 만들기 위해서 중국은 미국이 중국 제품을 사주는 거대한 시장으로 계속 남아 있기를 원한다.

미국이 쇠락하고 있긴 하지만, 여전히 많은 분야에서 중국보다는 더 강하다. 미국은 다시 지도적 위치를 획득할 수도 있다. 하지만 미국은 단기적 생존에 집중하고 있다. 미국은 정부의 추가적인 적자 지출을 통해 소비를 늘릴 방법에만 관심을 둔다. 즉, 부를 쌓는 것보다 써버릴 방법을 강조하고 있다. 미국의 높은 생활수준과 그것을 탐닉하는 미국의 성향은 미국 경제의 발목을 잡는 장애물이다.

사람들에게 복지 지원금을 제공해 주면 그들은 하루를 먹고 살 수 있다. 다리 건설은 고용을 창출하지만, 그건 겨우 1~2년 동안 뿐이다. 하지만 번영하는 기업을 건설하면 평생 고용이 유지될 수 있다. 또 다리는 수출을 창출하지 못하지만 기업은 수출을 창출하고 외부 경쟁으로부터 국내 시장을 보호해준다.

중국은 급속히 강해지고 있다. 전체적인 부가 늘어나고 있고 수많은 계획을 추진시키며 계속해서 고용 기반을 건설하고 무역수지 균형을 유지하고 있다. 중국은 많은 도전 과제를 안고 있지만, 부를 건설하기 위한 요소를 잘 이해하고 성공을 이루기 위해 매우 체계적인 접근을 하고 있다.

세계는 경쟁적이다. 한 나라의 부는 대개 다른 나라의 비용으로 건설된다. 두 나라가 서로 비슷한 힘의 위치에 있을 때는 협동이 필요하다. 중국의 경쟁적 위협과 중국이 제공하는 시장 기회를 모두 잘 이해하는 게 중요하다는 뜻이다.

중국에 관한 핵심 이슈는 중국이 성장할 것인지의 여부가 아니라, 얼마나 빠르게 성장할 것이냐 하는 점이다.

4부

중국과 미국의 미래

What Happens Next in China
and the United States

★

중국 경제 성장의 다음 단계는 지금도 진행 중인 대만과의 조심스런 교제로부터 나올 것이다. 중국은 홍콩과 마카오를 커다란 경제적·문화적 혼란 없이 흡수했다. 1990년대 후반 홍콩이 중화인민공화국에 흡수될 당시, 홍콩은 자산 가치에 대한 우려가 있었지만 현재의 자산 가치는 합병 당시와 비슷하거나 오히려 더 높다.

대만과의 재통합은 더욱 세심한 구애였다. 결국 대만과 중국 간 직항 항공편이 열렸고, 그 덕분에 대만과 중국 본토 사이의 관광이 활성화되었다. 또한 대만과 중국은 양국 기업 간의 더 친밀한 관계를 장려하고 있다.

중국의 입장에서는 전자산업 등의 분야에서 대만의 지속적인 성공을 보장하면서 재통합의 목표를 향해 전진할 필요가 있다. 적절한 재정적 지원이 제공된다면 대만 기업은 중국 기업에게 매우 강력한 협력자가 될 수 있다.

중국 정부는 대만 기업의 중국 내 생산시설 설립과 신규 사업을 장려하기 위해 190억 달러를 할당했다. 그 결과 랩탑 컴퓨터 제조사 에이서(Acer)와 반도체 제조업체 TSMC(Taiwan Semiconductor Manufacturing Company) 등 많은 대만 기업이 이미 중국에서 성공적으로 사업을 하고 있다. 대만의 기업은 글로벌 시장에서도 경쟁할 만한 역량을 갖고 있는데, 혼하이(Hon Hai) 등의 대만 계약생산업체들은 이미 중국에 대규모 생산시설을 세웠고, 혼하이에만 50만 명이 넘는 근로자를 고용하고 있다.

이와 같은 식의 교류를 통해 중국은 대만과의 경제적 결속 강화뿐만 아니라, 대만으로부터 전문적인 기술 및 경영을 배울 수 있다. 이와 동시에 중국의 전자산업 시장이 성장하면서 대만의 기업들도 이러한 성장 기회를 이용할 수 있는 좋은 자리를 선점할 것이다.

물론 이 과정에는 몇 가지 위험이 도사리고 있다. 만약 중국이 재통합에 진전을 이루지 못한다면 중국의 지도력은 매우 약하게 비쳐질 것이고 체면을 잃을 것이다. 또 한편으로 너무 성급하게 대만을 인수했다가는 전자산업에서 추진력을 잃을 수도 있다.

대만에는 중국과의 통합에 강하게 저항하는 사람들이 많이 있으며, 이런 저항이 완전히 진정되지는 않을 것 같다. 하지만 재통합이 무기한 연기된다면 중국은 체면 손상을 입을 것이다.

중국이 양국 관계의 진전을 원한다면 지나치게 공격적이어선 안 된다. 중국과 대만의 재통합이 순조롭고 매끄럽게 진행되기 위해서는 지능적인 재정 지원이 필요할 것이다.

12장에서 설명하는 바와 같이, 재통합은 중국 최고 지도자들의 외교적 기술을 시험하게 될 것이다. 하지만 중국의 대만 통합은 미국의 정치가와 비즈니스 리더들이 직면하고 있는 도전에 비하면 상대적으로 쉽다.

13장에서는 미국의 개혁 구조 계획을 얘기한다. 대부분의 사업 리스트럭처링과 마찬가지로, 개혁 조치를 실행에 옮기기란 쉽지 않다. 자리에 연연해하는 선출직 공무원에게는 정치적으로 수용하기 힘들다는 문제가 있다는 것을 알아야 하며, 필요한 조치가 무엇인지 조목조목 정해야 한다.

미국에서는 여러 해 동안 수많은 방안이 논의되었지만, 지금까지도 정치적 의지 및 지도력의 부족으로 실질적인 행동이 이루어지지 않았다. 미국의 경쟁력이 쇠락하는 사이에 일어난 중국 경제와 제조업 엔진의 성장을 볼 때, 미국은 개혁구조 논의를 최우선 의제로 올려야 할 것이다.

★

CHINAMERICA

중국 성장의
숨겨진 복병,
대만

12

대만의 많은 전자장비 판매업체들은 향후 5년간 중국에게 가장 큰 성장 기회를 제공할 것이다. 대만의 많은 사람들이 중국과의 재통합을 우려하지만, 양국은 이미 많은 사업 영역에서 긴밀한 관계로 성장했다. 기업 간 친밀도는 정치적 친밀도보다 훨씬 높다.

중국에게 대만은 마치 점화용 불씨 같은 존재다. 또한 대만은 중국과의 친밀한 협력을 통해 더욱 특별한 힘을 가질 수 있다.

대만은 약 2,300만 명의 인구와 부족한 자원을 가진 섬나라지만, 지금은 세계적인 경제발전소가 되었다. 대만은 약 20년에 걸쳐 강력한 산업 기반을 설립했다. 대만의 성공은 야심찬 기업가 정신으로 무장한 비즈니스 리더들과 고위급 정부 지도자들의 공동 노력의 산물이다.

대만의 GDP 성장은 [표 12.1]에 나타나 있다. 대만의 GDP는 2000년 4,500억 달러에서 2009년에는 6,980억 달러로, 10년도 안 되는 사이에 50% 이상 성장했다. 1인당 GDP는 1980년~2009년 사이에 거의 세 배로 늘었다.

2009년의 GDP는 2008년에 비해 감소했지만, 2010년에는 다시 성장할 것으로 예측된다. 대만은 무역수지 흑자 국가이며, 효율적인 주식시장이 있어서 기업들은 벤처사업을 위한 자금을 마련하기가 수월하다.

또한 대만은 수출 의존도가 높다. 그동안은 미국이 대만의 주요 수

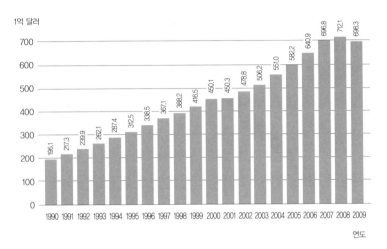

표 12.1 대만의 GDP 성장 추이

1억 달러

자료: 세계은행그룹(The World Bank Group)

출 대상국이었지만, 앞으로 몇 년간은 중국이 최대 수출 고객이 될 전망이다.

대만은 공장의 중국 이전을 통제한다. 최첨단 LCD와 반도체 웨이퍼 생산시설 등 핵심 산업은 중국으로 보내지 않는다. 물론 가까운 미래에 대만과 중국 간 개방 무역 확대와 협력 증대는 양국 기업 모두에게 이익이 될 것으로 기대된다. 대만은 앞선 첨단산업 기반을 가지고 있으며, 중국은 훨씬 큰 시장과 방대한 인력자원을 가지고 있다. 그들은 또한 같은 언어와 유산을 공유하고 있다. 그러니 시너지효과가 나올 수밖에 없다.

대만은 그동안 주목할 만한 경제 발전을 이룩했는데, 그들의 특징은 다음과 같다.

대만의 중심은 전자산업

대만의 산업화는 전자산업 분야가 중심이 되었다. 대만은 반도체를 비롯해 TV용 평판 디스플레이, 데스크톱 PC 모니터, 랩탑 컴퓨터 등에서 세계적인 수준의 생산자다. 그들은 해외에서 공급된 고부가가치 부품을 조립하는 국가에서, 이제는 자체 생산한 부품을 이용해 완제품을 만드는 국가로 진화했다.

가장 눈에 띄는 예는 세계 2위의 컴퓨터 판매회사 에이서이다. 미국과 대만의 합작회사인 비지오(VIZIO)는 2~3년 안에 세계 3위의 텔레비전 판매 회사로 자리 잡을 전망이다. 따라서 중국의 전자제품 수요 성장은 대만에게 큰 번영의 원동력이 될 수 있다.

대만은 인구가 많지 않아서 저임금 노동력을 꾸준히 공급할 수가 없다. 이에 대한 자연스러운 해결책은 기술 개발을 대만에서 하고 생산시설을 중국에 설립하는 것이다. 두 국가 간에는 문화적 장벽이 낮아서 대만의 관리자가 중국의 공장을 효율적으로 운영할 수 있다는 장점이 있다.

대만은 역사적으로 전자산업에 사용되는 많은 핵심 구성 요소들의 생산에 집중했다. 그리고 최근 들어서는 공급망 관리와 함께 완제품까지 생산하고 있다. 광범위한 외주 생산시설과 더불어, 완제품 생산과 결합된 핵심 구성 요소 공급 능력 덕분에 대만의 기업들은 애플, 델, 소니 등의 글로벌 브랜드를 가진 기업들에게 없어서는 안 될 공급업체가 될 수 있었다.

대만은 벤처 자본을 사용할 수 있어서 기존의 대기업 확장뿐만 아니라 신생 회사 창업에도 좋은 환경이다. 자본가들이 좋은 투자 수익을 얻었기에 창업자에게는 풍부한 유동성이 제공된다. 이렇게 자본 공급이 충분하니 직원들에게 스톡옵션 형태로 높은 보상을 제공함으로써 더욱 효과적인 경영 관리가 가능하다.

대만의 실적은 자발적인 신규 사업 설립에서 나온다. 많은 창업자들은 이미 큰 부자가 되었다. 대만의 신생 기업 지도자들은 회사의 성공을 위해 장시간 일하는 것을 마다하지 않는다. 또 많은 성장 기회가 전자산업에 있기 때문에, 대만의 대학들은 공학과 기술 관련 분야에 주력한다. 대만에서 전자산업은 부자가 되는 길을 열어주는 매력적인 산업이다.

대만 공업기술연구원(ITRI: Industrial Technology Research Institute)은 연구와 산업 환경 사이의 가교 역할을 하기 위해 설립되었다. 그 결과 많은 신생 기업들이 ITRI로부터 나왔다. 세계 최대의 반도체 제조사인 TSMC 역시 ITRI에 뿌리를 두고 있다.

대만의 대학들이 학문적인 우수성을 향상시키는 동안, 많은 우수 졸업생들은 해외(주로 미국)에서 석사와 박사학위를 획득했다. 과거에는 대만 졸업생들이 미국에 그대로 머무르는 비율이 높았지만, 미국의 외국인 취업비자 수 제한 때문에 고도로 훈련된 많은 엔지니어와 연구원들은 어쩔 수 없이 대만으로 돌아왔다. 결국 이들의 복귀는 대만에 고급 기술 인재들이 풍부해진다는 것을 의미한다.

대만 정부는 전 공정을 통해 완제품을 생산하거나, 아니면 완제품 생산에 필요한 중요 부품 수출이 가능한 전자회사 설립에 집중한다. 그리고 대규모의 자본 투자를 요하는 사업은 나라의 규모가 작아 자

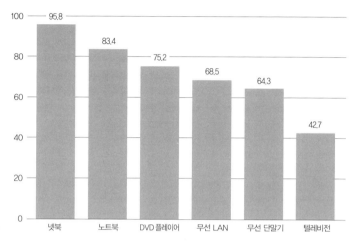

자료 : International Business Strategies(IBS)

체 소화할 수 없기 때문에 수출에 집중하고 있다.

대만은 높은 기술력과 사업 방식 그리고 비용 경쟁력 때문에 많은
중요 제품 영역에서 세계 시장점유율이 매우 높아졌다. 특히 중국에
저비용 고효율 생산시설을 설립함으로써 이익을 보았다. 물론 가치가
높은 디자인 작업은 대만 내에 둔다.

중국 기업들이 대만의 비즈니스 모델을 성공적으로 적용한다면 중
국 기업의 성장은 박차를 가할 것이다. 물론 자동차산업은 예외다. 중
국은 자동차산업에서 이미 자신들의 고유 전략을 가지고 있다. 그리
고 자동차 디자인과 조립은 대만 기업의 주력 사업이 아니다.

대만의 기업들은 중국 중산층의 성장으로부터 어마어마한 이익을

거둘 수도 있다. 하지만 중국의 전자제품 판매업체와 대만의 전자제품 판매업체들 사이의 경쟁은 심화될 것이다. 경쟁으로 얼마만큼의 불화가 생길지는 정치적인 요인과 사업 환경에 따라 결정될 것이다. 갈등이 생기면 두 국가 간의 시너지효과는 낮아질 것이다. 반대로 이들이 협동하면 이익은 커질 것이다.

무엇보다도 중국이 대만과의 동맹에서 얻을 수 있는 이익은 중국이 전자산업 분야에서 글로벌 세력이 되는 기간을 단축시킬 수 있다는 점이다. 따라서 세계 경제는 대만에서 개발된 능력과 이 능력이 중국 기업과 중국 경제에 갖는 가치를 이해하는 일이 중요하다.

글로벌 경기 침체는 TSMC, 마이택(MiTAC), 콴타(Quanta) 등 많은 대만 기업에게 심각한 일이었다. 기업들은 2008~2009년까지 상당한 수익 감소를 겪었다. 하지만 그 와중에도 대만의 기업들은 앞선 기술과 소비자 덕분에 다시 일어설 수 있었다. 세계 최대의 노트북 컴퓨터 조립업체인 콴타가 대표적인 예이다.

대만 정부는 고용 창출과 수출 확장에 집중적인 지원을 제공함으로써 대만 기업들을 많이 도와주었다. 정부가 연구기관 설립과 기술 환경을 도운 것은 말할 것도 없다. 자원이 제한된 섬나라지만, 풍부한 전력과 물 그리고 여러 자원의 공급 설비 또한 잘 갖추었다.

대만에서 부(富) 증가의 토대가 된 요소는 전자공학의 강력한 산업 기반 건설이었다. 자국의 기업가들에게 부를 위해 싸우도록 부추기면서, 한편으로 대만 정부는 몇 년간 중국의 침략으로부터 스스로를 방어할 필요를 느꼈을지 모른다. 그래서 대만의 경제 강화 동기는 무기를 살 돈(그리고 미국과의 동맹)을 갖기 위한 것이었을 수도 있다.

어쨌든 오늘날의 상황은 점차 우호적으로 변했고, 중국은 대만에게 점점 더 중요한 상업적 파트너가 되었다. 그러나 중국은 지금도 대만이 용납할 수 없는 조건으로 합병을 시도하는 위협을 제기한다. 이런 상황 때문에 대만은 미묘한 위치에 있다.

만약 중국이 대만을 합병하지 않는다면 중국의 최고 정치가들은 체면을 잃을 것이다. 하지만 중국이 재통합을 급하게 서두르거나 통합 추구 과정에서 대만인들에게 적대감을 불러일으키는 방법을 쓴다면 대만과 미국에게 미칠 영향은 매우 심각하다. 대만에서 전자부품의 생산 지원을 받지 못하게 되면, 미국의 전자산업은 공급 문제라는 재앙을 맞게 될 것이다.

중국의 대만 통합이 양국에 상호적이고 명백한 사업적 이익에 의존하는 방식이 된다면 이는 축복이 될 것이다. 보통 구애가 유괴보다 더 행복한 결말을 가져오지 않는가. 특히, 신부(대만)가 마음만 먹으면 중국에 많은 것을 제공해 줄 수 있는 이런 경우에는 더욱 행복한 결말이 된다.

대만의 세계 시장 경쟁력

대만은 자본집약적이고 디자인 집약적인 산업에서 세계적인 수준의 대규모 생산시설을 설립했다. 이것은 기업과 대만 금융기관 사이의 친밀한 협력 덕분이다.

예를 들어, 대만은 컴퓨터의 두뇌 역할을 하는 디스크인 반도체 웨이퍼, 휴대폰, 뮤직 플레이어, 그리고 기타 다른 장치들의 제조에서 세계적인 위치에 있다. 인텔, 삼성 같은 대기업은 웨이퍼를 직접 생산하지만, TI, 퀄컴(Qualcomm), 브로드컴(Broadcom) 같은 기업들은 다른 곳에서 생산된 웨이퍼를 산다.

파운드리(foundry) 혹은 팹(fab)이라고 부르는 생산공장을 가진 반도체 판매회사로부터 구입하는 웨이퍼는 대개 반도체 판매가격의 25~40%를 차지한다. 또 반도체의 가격은 그 반도체가 들어간 제품 판매가격의 10~30%이다. 그러니 만약 전자 장치의 제조업체가 파운드리로부터 반도체의 공급을 통제할 수 있거나, 반도체 판매회사와 매우 유리한 가격에 협상할 수 있다면 그 장치의 판매에서 나오는 이윤 폭은 크게 높아질 수 있다.

대만은 반도체의 세계 본부이다. 전 세계 시장의 80%를 공급한다. 이 중 최대의 반도체 파운드리 업체는 TSMC로 연간 수익이 약 100억 달러, 시가총액은 500억 달러에 달한다. 인텔 다음으로 높은 시가총액을 가진 반도체 판매회사이다. TSMC는 세계 웨이퍼 시장의 48%를 차지하고 있으며 첨단기술 시장점유율은 더 높다.

두 번째로 큰 반도체 파운드리 업체는 역시 대만 기업인 UMC(United Microelectronics Corporaion)이다. 또 다른 대만의 대형 파운드리는 뱅가드(Vanguard)로 TSMC가 37%의 지분을 갖고 있다. 한국의 삼성과 중국 기업인 SMIC도 유력한 웨이퍼 생산업체이다.

파운드리 공급업체가 대만 및 아시아에 집중되어 있는 이유 중 하나는 이 지역 기업들이 자본집약적 산업에 대규모 투자를 하려는 의지가 있기 때문이다. 또한 미국에서 훈련받고 취업했던 엔지니어와 관리자들이 대거 대만으로 돌아오게 된 것이 대만의 판매회사들에게는 행운이었다. 기술 전문 인력이 돌아온 덕분에 대만은 선진 기술에 접근할 수 있었던 것이다.

대만은 전자공학에서 뇌 역할을 하는 집적회로(IC)의 생산뿐만 아니라 머더보드의 80% 이상을 생산한다. 머더보드는 IC 등 PC의 중요 구성 요소가 부착된 인쇄회로 기판이다. 머더보드는 컴퓨터에서 핵심적인 부분이며, 대만은 머더보드 생산에서 핵심적인 나라다. 대만은 인쇄회로 기판의 생산과 디자인 분야에서 이미 세계적인 리더이다. 이런 전문지식을 이용해 그들은 컴퓨터 머더보드의 디자인과 생산뿐만 아니라 무선 단말기나 텔레비전용 보드까지도 생산한다.

대만 기업은 생산 분야에 대한 기술적 전문지식이 매우 높다. 따라서 전자부품 시장의 대량 생산이나 가격 부문에서 대만 기업들을 대체하기는 매우 어려울 것이다.

대만과 중국의 시너지효과에 대한 장기적인 비전은 대만이 머더보드 디자인을 맡고, 그 생산은 계약생산업체의 중국 내 생산시설에서 맡는 것이다. 이렇게 하면 대만이 기술집약적인 일을 맡고, 노동집약적인 일은 중국에서 하는 것이 가능하다.

대만과 중국의 연합이 가져오는 효과는 대만 기업에 의해 확립된 제조 관련 전문지식뿐만 아니라, 대만 기업이 생산한 중요한 구성 요소들의 공급망까지도 주선하고 감독할 수 있다는 점이다. 대만 기업은 일찌감치 생산 능력의 위계 체제를 건실했고, 이것은 미국을 포함한 다른 나라 기업들이 정복하기 어려운 요새와도 같다. 따라서 시급한 문제는 대만 기업과 중국 기업 사이의 관계가 동맹이 될까, 갈등이 될까 하는 점이다.

대만의 기업은 웨이퍼 파운드리와 인쇄회로 사업뿐만 아니라 대형 액정화면(LCD) 시장에서도 35%의 시장점유율을 갖고 있다. 이 디스플레이는 고화질 텔레비전(HD TV), 컴퓨터 모니터, 무선 단말기, 위성 위치확인 시스템(GPS) 플랫폼 등 여러 응용프로그램에 쓰인다.

LCD는 자본집약적 산업이다. 하나의 새로운 시설을 설립하기 위해 30억 달러 이상의 비용이 든다. 또한 평판 디스플레이 생산에는 고도의 기술이 필요하다.

LCD 시장에서 다른 선두 주자들은 한국의 삼성과 LG 디스플레이(LG Display)다. 이 두 회사는 세계 시장의 약 40%를 차지했다. LCD 시장의 나머지 25%는 샤프, 파나소닉 등 일본 판매회사들이 공급한다.

중국의 LCD 생산은 이제 막 진입 단계이다. 중국은 LCD에 있어서는 대만에 5년 정도 뒤지고 있다. 전자 제조업에서 5년은 큰 격차다. 하지만 중국은 막대한 투자로 그 격차를 줄일 것이다. 중국에서는 LCD 공장에 지금까지 약 120억 달러가 투입되었다. 대만 기업은 그들의 핵심 능력인 지적재산의 노출을 꺼리기 때문에 아직까지는 중국 LCD 시장에 참여하지 않았다.

미국이나 유럽에는 대형 LCD 패널 생산시설이 없다. 즉, 텔레비전 등 화면 표시 장치를 가진 구성 요소 및 완제품을 수입에 의존하고 있다는 뜻이다.

대만의 벤처 자본가들과 금융기관은 자국의 자본집약적 산업에 기꺼이 투자하기 때문에 대만 기업들은 새로운 세대의 LCD 공장을 건설할 수 있다. 이렇게 진취적인 기회주의 때문에 대만은 유기 발광 다이오드(OLEDs, organic light-emitting diodes)와 같은 새로운 디스플레이 기술의 개발에서도 앞서가고 있다.

OLED는 상용화가 활발하지는 않지만 LCD와 비교해 많은 장점들이 있다. OLED는 더 얇고(종이 한 장보다 더 얇아질 수 있다), 더 가볍고, 더 적은 전력을 소비한다. 또한 더 밝고, 색상 표현 범위가 더 크며 대비가 뚜렷하고, 조망 각도가 넓다. 휘어지는 매개물에 만들 수 있기 때문에 OLED는 섬유, 옷 혹은 종이에 삽입될 수도 있다. OLED 기술의 선두 개발자는 일본(소니)과 한국(삼성)이지만 대만은 이 유망한 기술의 양산 개발에 들어갔다. 대만의 가장 큰 자산은 어쩌면 미래의 기회를 바라보는 강한 낙관주의일지도 모른다.

대만의 반도체산업 전략

대만이 반도체산업을 강조하는 이유는 두 가지다.

첫째, 반도체 시장은 거대하다. KPMG(144개국에 회원사를 둔 세계적인 종합 자문그룹)의 보고에 따르면 2009년에 2,600억 달러가 넘는다.

둘째, 반도체는 전자시스템의 여러 구성 요소를 대표한다. 인텔 등 미국 반도체 회사들이 마이크로프로세서 제품 영역을 지배하지만, 컴퓨터, 휴대폰, 텔레비전, 비디오 게임 콘솔 및 기타 시스템 등 반도체가 쓰이는 제품 범위는 상당히 넓다.

대만 기업은 초기에는 반도체가 들어가는 인쇄회로 기판의 디자인 및 생산에 주력했다. 하지만 현재는 반도체 제품의 디자인 및 생산에 주력한다. 기술 확장에 성공하여 가치의 증가분에 대한 이익을 얻은 것이다.

비아(VIA)나 시스(SiS)와 같은 대만의 선구적 반도체 판매회사들은 개인용 컴퓨터의 집적회로 사업에 뛰어들어 인텔과도 경쟁하려고 했다. 하지만 대만의 판매회사들은 인텔 제품과 비교할 만한 선도적 제품을 개발하지 못해 큰 손실을 경험했다. 이 반도체 회사들은 살아남긴 했지만, 지난 10년간 세계 칩 공급자로서 그다지 성공을 거두지는 못했다.

대만 반도체 판매회사의 제2의 물결은 근접성과 문화적 유사성이 있는 대만과 중국의 고객들에게 집중했다는 점이다. 또 한국 고객들에 대한 집중도 있었다.

대만의 반도체 회사들은 컴퓨터 주변기기, 그리고 무선 단말기 시장에 초점을 맞추었다. 이 시장은 양산 체제이며 가격에 민감하다. 대만 정부는 장기 성장을 위한 최고 수준 전략에서 이 부문에 중점을 두었다. 결과는 어떨까? 대만의 상위 10개 반도체 회사들의 수익은 2000년 25억 달러에서 2009년 100억 달러로 4배 이상 성장했다. 이 기간 동안 집적회로 시장은 27%가 성장했는데, 그만큼 대만 회사들의 시장점유율도 늘어났다.

대만 최대의 집적회로 판매회사인 미디어텍(MediaTek)의 2009년 이익은 35억 달러에 달했다. 참고로 이 회사의 2000년 이익은 3억 9,900만 달러였다. 이 회사는 퀄컴과 브로드컴에 이어 세계에서 세 번째로 큰 무설비 IC 업체(공장이 없는 반도체 판매회사)가 되었다.

미디어텍은 디지털 텔레비전용 반도체 분야에서 세계 시장점유율

선두 기업이 되었다. 삼성과 소니, 샤프가 이 회사의 고객이다. 또한 중국 무선 단말기 시장을 위한 집적회로 제품의 70% 이상을 공급하며 중국 시장에서 높은 이익을 얻었다.

미디어텍은 모바일 단말기 시장용으로 완전한 응용 솔루션을 제공한다. 단말기 제작사는 소수의 엔지니어들만으로 미디어텍의 부품과 디자인을 사용해 3개월 혹은 더 짧은 시간 내에 새로운 단말기를 시장에 출시할 수 있다. 이런 방식은 강력한 엔지니어 팀이 없는 중국, 인도 등 여러 개발도상국 시장에서 매우 유용하다.

미디어텍이 글로벌 리더 기업에 맞서 중국의 무선 단말기 시장에서 높은 시장점유율을 획득할 수 있었던 것은 '디자인 및 모든 부품을 포함한 완전한 솔루션'을 원하는 고객의 진정한 수요를 잘 이해했기 때문이다. 중국 소비자와 같은 언어를 사용한다는 점도 경쟁 이점으로 작용했다.

세계 최대의 반도체 회사인 인텔은 개인용 컴퓨터 시장에 완전한 응용 솔루션을 마이크로소프트와 함께 제공한다는 목표를 만들었다. 그리고 미디어텍이 그런 접근 방식을 무선 단말기 사업과 같은 소비자 어플리케이션 제작자들에게 적용했다.

세간의 관심이 높고 경쟁이 치열한 무선 단말기 분야에서 세계적인 경쟁자들에 맞서 높은 시장점유율을 획득하는 능력은 대만 기업이 중국 시장에서도 통할 수 있는 가능성이 있다는 것을 증명한다. 정치적 장벽이 없다는 가정 하에, 중국 시장이 성장함에 따라 대만의 반도체 판매회사들에게 수익을 증대시키고 시장점유율을 높일 수 있는 기회들은 더 많을 것이다.

대만의 무설비 반도체 판매회사들은 대만에서 디스플레이 전자공학과 텔레비전 칩 세트(머더보드에 있는 지원 회로로, 다른 구성 요소들이 컴퓨터의 중앙처리장치와 어떻게 상호작용할지를 조절한다) 등의 분야에서 시장점유율을 높여가고 있다. 이런 무설비 반도체 업체들은 대만 시장뿐만 아니라, 극동지역에서도 시장점유율을 높이기 위해 애쓰고 있다.

과거에 일본은 반도체를 자급자족했지만, 투자가 부족한 탓에 이제는 글로벌 경쟁력이 약해지고 말았다. 하지만 대만, 중국 그리고 한국을 포함한 다른 아시아 국가들은 적어도 이 분야에서 자급자족할 수 있는 능력을 갖게 될 것이다. 세계 반도체 시장에서 중국 시장이 차지하는 비율은 2000년에 20%도 못 미쳤지만 2015년에는 약 50%에 육박할 것으로 추정된다.

대만에 설립된 수직적인 공급망(공장이 있는 반도체 생산회사, 무설비 반도체 판매회사, 디스플레이 판매회사, 그리고 인쇄회로 기판 디자인 및 조립회사들)은 다양한 제품의 지역 공급 발달을 촉진한다. 이 회사들의 근접성과 상호 간 약속은 대만에서 성공 기반을 창조하는 데 매우 중요했으며 앞으로도 중요할 것이다. 그리고 이런 시너지효과가 중국 시장 내에서 강력한 경쟁 우위를 만들 것이다.

대만의 반도체 제품 기반 강화는 매우 급속히 이루어졌다. 그것은 수익성 증대로 이어지는 다양한 혁신적 비즈니스 모델을 육성했기 때문이다. 최근에 대만의 회사들은 기능적인 하드웨어만 제공하던 것에서, 반도체 제품에 쓰이는 지원 소프트웨어 제공으로까지 영역을 확장했다. 소프트웨어는 대만 기업들에게 높은 성장 가능성이 있는 분야이긴 하지만, 앞선 기술을 가진 인도 기업들과도 협력할 것으로 보인다.

중국 반도체 판매회사들이 채택한 비즈니스 모델의 상당수는 대만 기업들이 사용했던 것에 기초해서 만들어질 것이다. 만약 그렇게 되면 중국과 대만에서 생산될 전자부품과 하부 시스템들은 가치가 늘어날 것이다. 여러 해에 걸쳐 대만과 중국의 파트너십은 가치사슬의 높은 단계로 올라가서 점점 더 완제품에 집중하게 될 것이다. 그러면 미국과 유럽의 커다란 시장을 잃지 않을 수 있다.

상대적으로 미국, 유럽 그리고 일본의 반도체 회사에게는 시장 기회가 감소할 것이다. 또한 애플, HP, 시스코 등 미국 회사가 생산하고 미국 소비자가 구매한 전자제품에 들어가는 물량을 대만과 중국에서 수입하는 경우가 많아질 것이다.

대만의 반도체 역량 기반은 지난 10년간 빠르게 성장해 왔다. 그 기간이 얼마나 짧았는지를 안다면, 중국이 같은 산업에서 얼마나 빠르게 대만의 경쟁자로 나설 수 있을지 알 수 있을 것이다.

또한 대만의 반도체 판매회사들의 수익은 주로 수출에서 나왔다. 중국 기업은 수출 시장뿐만 아니라 내수시장도 차지하게 될 것이다.

대만은 역동적인 기업가와 모험적인 금융업자, 고위급 정부의 지원에 힘입어 강한 반도체와 전자산업을 건설할 수 있었다. 대만 자체로는 미국에게 큰 위협이 아니지만, 대만과 중국의 결합은 전자산업 분야와 지원 반도체 공급망을 독점할 가능성이 크다.

대만의 외주 생산업체들은 어떻게 전자산업을 세웠을까?

외주 생산업체들은 시스코, 델, 모토로라 등의 브랜드가 있는 전자회사를 위해 장비를 조립한다. [표 12.3]은 대만의 대형 외주 생산업체('전자생산서비스(EMS) 회사'라고도 한다)들의 수익을 보여준다. 2009년에 상위 10위 내에 있는 외주 생산업체 회사들의 총수익은 1,110억 달러를 넘었다. 2004년부터 시작된 외주 생산업체의 큰 수익과 몇몇 업체의 급속한 성장은 이 회사들의 중요성을 보여준다.

한편 중국의 폭스콘은 560억 달러 이상의 수익을 올렸다. 애플, 노키아, HP 등은 폭스콘(Foxconn)과 같은 회사의 지원 없이는 제품을 그렇게 빨리 출시할 수도 없고, 폭넓은 제품을 제공할 수도 없다. 애플의 아이폰 역시 중국의 폭스콘이 생산했다.

대부분의 대만 외주 생산업체들은 자국 내 또는 대만과 유리한 연결 지역에 있으면서 생산시설은 중국에 두고 있다. 예를 들어 플렉스트로닉스(Flextronics)의 본사는 싱가포르에 있지만 대부분의 생산설비는 중국에 있다.

대만의 외주 생산업체 설비는 높은 시장점유율을 얻는 데 공헌해 왔다. 그들은 대만의 근로 윤리, 자금지원 능력, 대형 최첨단 제조 설비들을 위해 비용 지출을 마다하지 않는 국가의 지원을 받았다. 또한 대만은 외주 생산업체 회사들에게 중국에 있는 대량 생산공장을 대만에서 관리할 수 있도록 기반을 제공했다.

외주 생산업체는 처음엔 낮은 비용으로 복잡도가 낮은 부품을 조립했다. 그런데 몇 년이 지나면서 그들의 능력이 향상되었고, 브랜드 이

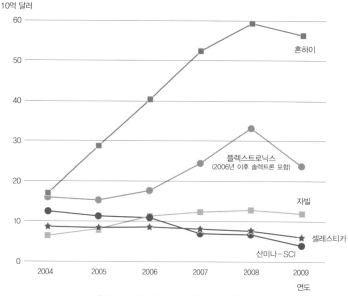

표 12.3　대만의 외주 생산업체 수익

10억 달러

혼하이

플렉스트로닉스
(2006년 이후 솔렉트론 포함)

자빌

셀레스티카

산미나-SCI

2004　2005　2006　2007　2008　2009

연도

자료: International Business Strategies(IBS)

름을 가진 제조회사들은 전자장비 디자인뿐만 아니라 고도로 복잡한 하위 부품 혹은 완제품 생산까지 맡길 정도로 외주 생산업체를 점점 더 의존했다.

랩탑 컴퓨터, GPS 장치, 아이폰 등 여러 정교한 전자기기들의 외주 생산을 통해 브랜드 소유주가 얻는 이익은 저비용 외에도 많다. 외주 생산을 함으로써 미국 전자회사는 제품 디자인, 마케팅, 유통, 즉 투자 대비 상대적으로 높은 수익이 돌아오는 핵심 역량에 집중할 수 있다. 또한 디자인, 마케팅 그리고 유통은 상대적으로 적은 수의 직원만 필요로 하므로 미국의 브랜드 회사들은 아웃소싱을 통해 대규모 인원 고용을 피할 수 있다. 결국 외주 생산은 회사들의 단기 현금 수요를 줄여준다.

공장이 점점 복잡해지면 신규 설비의 건설비용이 매우 높아진다. 대만 회사들의 생산 및 인프라에 대한 대규모 투자는 매우 효과적인데, 거대한 진입 장벽을 만들어 신규 진입자들이 시장에 참여하기가 매우 어려운 구조다. 그리고 대만은 이미 그들의 노동력을 훈련시켰고 품질 관리 프로세스도 확립했다.

제조자설계생산(ODM, original design manufacturing) 업체는 외주 생산업체의 서비스를 보완한 개념이다. ODM 업체는 제조뿐만 아니라 디자인 서비스까지도 제공한다. 외주 생산업체와 ODM 업체 사이의 차이점은 점점 불분명해지는 추세다.

폭스콘과 플렉스트로닉스는 2006년부터 디자인 역량을 강화시켜왔다. 상위 10대 ODM 업체의 본사는 대만에 있고, 생산설비는 중국이나 대만 또는 그 밖의 지역에 있다. 2009년에 상위 10대 ODM 업체의 전체 수익은 거의 1,060억 달러에 이른다. [표 12.4]는 2004년부터 2009년까지 상위 5대 ODM 업체의 수익을 보여준다. ODM 업체의 수익 성장이 다소 늦어진 이유는 글로벌 경기 침체와 외주 생산업체의 경쟁 증가 때문이었다.

ODM 업체의 목표는 장비 디자인에서 더 높은 비율을 차지하는 것, 그리고 고객시스템에 사용되는 부품을 결정할 때 더 큰 영향력을 갖는 것이다. ODM 업체는 대규모의 숙련도 높은 인력 자원을 조성하고 개발했다. 이것은 OEM(주문자 상표 부착 생산) 업체가 복제하기 어려운 경쟁 이점이다.

ODM 업체는 처음에는 델, 컴팩, HP 같은 회사의 노트북 컴퓨터를

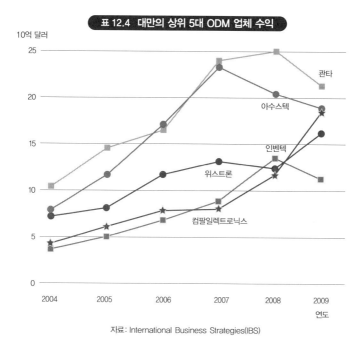

표 12.4 대만의 상위 5대 ODM 업체 수익

10억 달러

콴타

아수스텍

인벤텍

위스트론

컴팔일렉트로닉스

자료: International Business Strategies(IBS)

생산했다. 이전에 많은 양의 장비 디자인이 미국과 일본 컴퓨터 시장에 의해 이루어졌지만, 현재는 주로 ODM업체가 디자인한다.

ODM 업체는 텔레비전, DVD 플레이어, 게임 콘솔, MP3 플레이어, 디지털카메라 그리고 캠코더 디자인도 한다. 또한 그들은 무선 단말기 디자인에서도 전문 기술을 쌓고 있다.

ODM 사업 모델은 고효율 생산, 적은 고용 인원, 낮은 R&D 비용 유지와 관련이 있다. 따라서 대만과 중국의 엔지니어를 활용함으로써 ODM 업체는 신진국의 경쟁자에 비해 훨씬 더 낮은 비용을 유지할 수 있다.

ODM 모델의 효과로 서양의 가전산업은 극동지역으로 이전했다.

예를 들어 필립스(Philips)는 그들의 가전사업 대부분을 중국으로 이전했다. ODM 업체를 이용해 중국에 있는 공장에서 제품을 생산하기 위해서였다.

대만과 다른 아시아 지역의 외주 생산업체는 점점 디자인 기능의 많은 부분을 인수하면서 수수료 인상 등 시스템의 가치를 높일 수 있게 되었다. 또한 그들은 중국의 새로운 회사들을 지원하기에 유리한 위치에 있다. 그들은 중국 기업들이 자유롭게 중국 내의 유통채널에만 집중할 수 있도록 해 주고, 기존 회사들과 비슷한 기능의 제품을 공급한다.

대만은 외주 생산업체와 ODM 업체 위주의 산업 생태계가 발달하고 있으며, 생태계 내의 공생은 점점 강화되고 있다. 전자회사들은 점점 더 많은 부품을 대만과 중국에서 공급받고 있으며, 시스템 디자인 역시 시스템 생산과 마찬가지로 중국 설비의 도움을 받는 대만이 맡아서 관리하는 경우가 늘고 있다.

대만과 중국의 시너지효과가 증가되고, 그로 인해 양국의 재무 실적은 강화될 것이다. 그러는 동안 미국, 유럽, 일본은 대만과 중국 기업의 제품 공급에 더 의존하게 될 것이다.

대만이 중국의 전자산업에 미치는 영향

대만은 주도적 기술 개발과 대량 생산시설 설립에 기꺼이 대규모 투자를 아끼지 않았다. 실리콘 웨이퍼나 평판 디스플레이 생산에 필요한 자본집약적 시설 대부분은 대만에 위치하지만, 대량의 조립시설은 중국에 위치한다.

언어가 같아서 대만인은 중국 근로자와 의사소통을 하기가 매우 쉽다. 통역에 의지해서 중국에 생산공장을 세운 다른 서양 국가들에 비해, 언어가 같다는 점은 대만 기업에게 중대한 경쟁 이점이다. 또한 중국은 대만 기업이 생산한 제품들의 거대한 시장이며, 중국의 중산층 성장에 따라 양국의 시너지효과는 더욱 강화될 수 있다.

대만은 광범위한 규제를 통해 최첨단기술을 중국에게 제공하는 부분을 많이 억제하고 있다. 그만큼 높은 수준의 지적재산을 중국과 얼마나 공유해야 할까 하는 것은 대만 기업에게 매우 난처한 문제다.

대만 기업은 중국의 저렴한 노동력에 대한 접근을 중요하게 생각하지만, 중요한 기술을 중국 기업에게 빼앗길까봐 늘 걱정한다. 그래서 대만 정부는 중국에 이전 가능한 기술에 관해 규제를 정한 것이다. 예를 들어, 1995년부터의 최첨단 웨이퍼 생산 기술은 이미 오래된 것이긴 해도 중국 기업과 공유해서는 안 된다. 물론 이후에 대만 정부는 규제를 많이 완화했다. 대만 정부가 중국을 중요한 기회로 보아야 한다는 것을 실감한 것이다.

하지만 지적재산의 주도권이 있는 미국과 다른 국가들이 만약 대만을 중국의 지적재산권 절도 행위에 대한 공범 역할이나 전달자 역할로 생각한다면 그들은 핵심 기술을 대만과 공유하지 않으려 할 것이다. 따라서 대만은 중국과 기술적으로 더 가까워지는 것이 그들의 수출 상대국과의 관계에 해가 될 수 있다는 점을 염두에 두어야 한다.

중국은 대만 기업에게 큰 보상을 주지만 그만큼 위험 부담도 큰 시장이다. 대만은 중국에게 현재의 성공을 방대한 규모로 복제할 수 있는 기회를 제공한다. 하지만 중국은 대만의 지적재산을 이용해 자신들의 성공으로만 확장하고 대만으로부터 큰 기회를 강탈할 수도 있다. 이 중 가장 그럴듯한 결과는 두 가지 시나리오의 조합이다. 중국이 대만의 지적재산 몇 가지를 자국의 산업 발전에 이용하고, 대만은 중국에서 추가로 제품을 팔 수 있는 커다란 기회를 갖는 것이다.

대만의 기술 역량이 급속도로 강화되면서 미래의 여러 시장 부문에서 미국, 유럽, 일본 기술의 중요성은 줄어들 것이다. 특히 중국은 대만과의 관계가 깊어지면서 서양 기술에 대한 필요성이 훨씬 작아질 것이다.

만약 중국이 대만에서 성공했던 많은 비즈니스 개념을 효과적으로 차용한다면 중국의 여러 산업은 빠르게 성장할 수 있다. 대만은 작지만 의욕이 넘치는 국가가 어떻게 20년 혹은 그보다 더 짧은 기간 동안 극적인 성장을 이룩할 수 있는지 보여주는 좋은 사례다. 대만 전자산업의 급속한 성장은 기업가주의와 최고 수준의 정부 지원 조합이 가장 효과적임을 보여준다.

미국,
바뀌어야
산다

13

중국의 경제가 강해짐에 따라 중국의 정치적 파워도 함께 성장
할 것이다. 10~20년 후에는 미국과 중국이 세계의 2대 초강대국이
될 것이다. 그리고 미국이 적절한 조치를 취하지 않는다면 20~50년 후
에는 하나의 초강대국만 남을 것이다.

　　미국이 더 심각한 경제적·정치적 쇠락을 피하기 위해서는 정부
와 기업이 어떻게 운영하고 있는지, 서로에 대해 그리고 각자의 사회
적 역할을 어떻게 생각하고 있는지에 대해 재고해야 한다. 또한 미국
이 경쟁력을 회복하고 차이나메리카 파트너십을 만들고자 한다면 양
국 관계의 재정립이 필요할 것이다.

　현재 국제 문제에서 미국의 역할, 중국의 파트너로서 미국의 위치,
그리고 미국 시민들의 삶의 수준은 위기에 처해 있다. 급진적인 변화
가 즉각 이루어지지 않는다면 증가하는 무역 적자와 재정 적자는 재
앙을 초래할 것이다.

　다음의 세 가지 부 창출 목표는 미국의 구조를 개선시키는 데 촉진
제 역할을 할 수 있는 요소들이다.

　1. 수입을 줄이고 수출을 늘려서 무역수지 흑자 달성하기

2. 정부의 대규모 적자 줄이기

3. 서비스나 생산기반 산업처럼 부를 창출하는 산업에서 수출 증대와 함께 고
   용 증대하기

미국이 세계 리더의 위상을 회복하기 위해서는 [표 13.1]의 8가지 필요조건을 잘 실행해야 한다. 절약과 근면이라는 과거 미국 문화가 회복되어야 한다. 즉, 미국의 권리의식이 바뀌어야 한다. 무의식적인 소비를 없애서 생산이 소비보다 많아져야 한다.

주택 건설 붐과 수십 년간의 지나친 방종이 낳은, 노력 없이도 부자가 될 수 있다는 사고방식은 바뀌어야 한다. 미국은 다음의 몇 세대 아이들이 부를 성취할 수 있는 기반 제공에 힘을 모아야 한다. 중국에서는 흔한, 다음 세대를 위한 희생정신이 미국에서도 확립되어야 한다.

중국은 과거 미국을 성공으로 이끌었던 많은 개념을 차용하고 있다. 중국은 단순히 미국과 경쟁하기 위해서뿐만 아니라 미국을 뛰어넘기 위해 그러한 방식들과 자신들의 에너지, 많은 인구를 동원하고 있다. 그 결과, 미국의 성공을 뛰어넘으려는 중국의 노력은 미국에게 큰 손해를 가져올 것이다.

부의 전쟁은 이제 현실이다. 전투 계획을 세우고, 글로벌 전쟁에서 승리하기 위해서는 외부의 경쟁 압력을 극복할 힘을 길러야 한다. 그리고 그 첫 번째 단계는 리더십 향상이다.

표 13.1 부 구축을 위한 8가지 필요 조건들

필요조건	세부 내용
1. 비전, 지배력, 관리능력을 갖춘 리더십	• 정부 지도자는 무역 흑자 달성에 집중하며 기업의 성장을 자극해야 한다. • 정부 지도자는 비용과 실제 이익을 관리해야 한다. • 정부에 성과 지표가 적용되어야 한다.
2. 여러 시장에서 활동하는 강한 기업	• 기업은 여러 산업에서 활발하게 활동하고 판매 수준을 높여 무역 흑자를 달성해야 한다. • 사업의 초점은 사회적 환경에 부합해야 한다.
3. 제품 및 비즈니스 개념에서의 창의성	• 경제를 확장하기 위해서 신상품 컨셉 개발과 신사업 건설을 해야 한다. • 창의성을 인정하고 보상해야 한다.
4. 필요 원자재 조달	• 기업이 세계 시장에서 높은 시장점유율을 차지하려면 필요한 원자재와 원료를 구할 수 있어야 한다.
5. 필요한 자금 및 효율적인 금융시스템의 지원	• 금융 시스템은 낮은 비용으로 유동성을 제공해야 한다. • 금융기관과 사업체는 서로 긴밀히 협력해야 한다.
6. 사회를 부유하게 하는 부의 분배	• 기업가와 위험을 감수하는 투자자가 큰 금전적 보상을 받는 것도 중요하지만, 노동자도 적절한 보상을 받아야 한다. • 부의 효율적인 분배가 필요하다.
7. 내부 갈등이 적고 화합하는 사회	• 사회는 분명한 목표를 가져야 하며, 사회적 갈등이 낮아야 한다. • 적은 내부가 아니라, 외부에 있다.
8. 교통시스템을 포함한 효율적인 인프라	• 사람, 상품, 데이터는 낮은 비용으로, 효율적으로 이동할 수 있어야 한다. • 긴 통근시간은 세금을 부과하는 것과 마찬가지다.

리더십, 통제력, 그리고 경영능력

부의 창출을 위해서는 진취적인 정부 지도력이 꼭 필요하다. 정부 지도자는 미래에 대한 목표를 설정하고 유권자, 특히 납세 유권자에게 분명히 말할 수 있어야 한다. 과거에 집착하고 지난날의 좋은 것만을 소원하는 지도자들은 단기적으로 향수에 젖은 유권자들에게 호소력이 있을지라도 장기적으로는 나라에 도움이 안 된다.

현실 인식은 리더십의 매우 중요한 부분이다. GE의 전 CEO인 잭 웰치(Jack Welch)는 부하 경영자들에게 시장, 상품, 경쟁자들에 대한 사실을 있는 그대로 받아들이라고 강조했다. 이처럼 미국은 현재의 경쟁 환경을 제대로 이해하는 지도자가 필요하다.

미국은 정통한 정부 지도력으로 나라를 세웠으며, 그들의 비전에 따라 헌법을 제정했다. 그들의 기본 개념들 중 많은 것이 200년이 지난 지금까지도 유효하다. 예를 들어, 창의성에 대한 보상(특허 체계), 지원사업(일반 복지보호법), 사업 규제, 국가 방위 제공 등 제임스 메디슨(James Madison), 벤자민 프랭클린(Benjamin Franklin), 토마스 제퍼슨(Thomas Jefferson)과 조지 워싱턴(George Washington)이 1787년 서명하여 통과시켰던 법률은 지금도 통한다.

미국 헌법 제정자들이 확립한 원칙들 중 많은 것이 여전히 강력하지만, 물론 지금은 세계 경제에 맞게 다소 보완될 부분도 있다. 미국은 더 이상 살기 위해 투쟁해야 했던 해방된 식민지가 아니기 때문이다.

중국에는 정통한 정부 지도력이 있다. 중국은 공산주의로 시작했으나, 1979년 덩 샤오핑(Deng Xiaoping) 주도 하에 급진적인 변화들이 시작되었다. 그는 가난에서 벗어나기 위한 방안으로 기업가 정신을 장려했으며, 미래 비전을 달성하기 위해 과거의 정책들 중 많은 부분을 거부했다. 실제로 현대 중국의 비즈니스 개념은 덩 샤오핑이 튼실한 산업 기반을 구축하기 위해 개발한 전략 때문에 생겨난 것이 많다.

중국은 거대하고 다양한 산업 기반을 구축하는 중에도 정부의 강력한 중앙집권체제가 계속되었다. 기업가 정신을 지지하는 환경과 조합된 하향식 명령은 중국의 부 건설에서 핵심적인 특징이다. 따라서 미국은 헌법을 벗어나지 않는 범위 내에서 중국과 같은 접근을 취할 수 있는 지도자가 필요하다.

정부 지도자는 미래의 기업 군대 기반을 형성할 수 있는 신기술의 개발을 지원해야 한다. 이를 위해 정부 지도자들은 새로운 산업 건설을 위한 5개년 혹은 10개년 계획을 수립해야 한다. 정부가 장기 지원 의지를 보여준다면, 미국의 기업가들은 새로운 산업 건설 추진력과 경쟁력을 갖게 될 것이다.

또한 정부 지도자는 경제와 생산의 심리학에 대해 깊은 이해가 있어야 한다. 정부는 단기적으로 생산관리 능력이 낮기 때문에, 결국 소비를 관리해야 한다. 부의 창출에서 중요한 요소는 국민들이 빚을 내서 소비하면서 기뻐하고 무감각해지지 않도록 하는 것이다.

효과적인 성과 관리

21세기의 성공적인 비즈니스 리더들은 성과 관리의 과학을 정복했다. 그들은 성과를 측정하는 데 특정한 측정 기준을 사용한다. 그 기준은 산업마다 다르지만, 투자, 자본비용, 노동 생산성, 판매 증가, 고객 만족도 등을 포함한다. 성과 관리 기준을 적절히 사용하고 있는 지도자들은 보다 더 효과적으로 정부의 비용을 관리할 수 있다.

특히 TARP(부실자산 구제금융), 경기부양책 등 규모가 큰 투자가 진행될 때 정부 지도자가 적당한 기준을 적용하는 것은 매우 중요하다. 물론 정부 운영을 위한 적절한 기준을 개발하기는 쉽지 않다. IBM 같은 기업은 후지쯔(Fujitsu) 같은 경쟁자와 비교를 통해 측정할 수 있지만, 정부가 사용할 수 있는 정확한 모델은 없다. 또 새로운 세대의 지도자들은 깊숙이 자리 잡은 관료제의 반발에 부딪치게 될 것이다. 관료제의 비효율성이 명백하기에 기존의 사람들은 그것이 수치로 측정되기를 원하지 않을 것이다.

미국 정부의 프로세스는 매우 비효율적이며 비용이 많이 든다. 결국 적절한 측정 기준과 올바른 리더십만이 이 문제를 해결할 수 있다.

오늘날 산업 기반 구축과 부의 창출 면에 있어서, 중국 정부의 리더십과 역할은 미국보다 훨씬 강하다. 중국에서는 사회를 희생하며 산업 기반을 건설한다. 그리고 지도자들이 장기적인 부 건설 기반을 제공하는 구조를 세우기 위해 단기적으로 소비를 통제한다. 이는 20세기 초에 시작된 이민의 물결에 의해 과거 미국에서 볼 수 있었던 분위기이다. 어쩌면 이러한 분위기를 미국은 다시 일으킬 필요가 있다.

여러 산업 분야에서 강한 기업 만들기

부를 창출하기 위해서는 세계 시장뿐만 아니라 내수시장에서도 높은 점유율을 갖는 기업을 설립하고 지원해야 한다. 부 창출을 위한 기본 능력은 수출과 내수시장을 위해 제품과 서비스를 제공하는 기업의 역량이다. 기업은 이익을 창출해서 투자자들에게 많은 이익을 제공하고, 시장에 내놓을 신상품을 개발해야 한다.

이때 기업의 이윤 창출 및 고용 기반은 국내에 두어야 한다. 그래야 기업의 수출 능력이 무역수지 흑자를 낼 수 있으며, 이것은 장기적인 부를 창출하는 데 필수적이다. 무역 흑자 없이는 미국 달러의 화폐 가치가 계속 하락할 것이며, 석유와 같은 원자재를 사는 데에도 더 많은 달러가 필요할 것이다.

높은 세계 시장점유율을 획득했던 무선 단말기 시장의 노키아는 고수익을 창출하고 있으며, 이는 주주와 직원은 물론 핀란드의 경제에도 이익을 주고 있다. 결국 노키아의 셀룰러휴대폰 판매 증가는 국내 고용을 증가시키고 핀란드의 무역 흑자를 이끌어낸다.

한국의 삼성과 LG전자도 비슷한 상황이다. 이 기업들은 TV와 무선 단말기 등 다양한 소비자 중심 제품을 수출하고 있다. 삼성과 LG전자는 한국의 수출 증대는 물론, 국내 고용을 증대시키는 역할도 하고 있다.

노키아, 삼성, LG전자의 주요 특징은 세 기업 모두 이들의 내수시장 규모가 작기 때문에 세계 시장에서 높은 점유율을 차지해야 한다는 것이다. 세계 시장에서 높은 점유율을 갖지 못했다면 노키아, 삼성, LG전자는 그저 작은 기업으로 남았을 테고 자국에도 많은 이윤을 제공하지 못했을 것이다.

노키아, 삼성, LG전자는 지난 10~15년 사이에 세계적인 주요 기업으로 부상했다. 그리고 화웨이 등의 다른 중국 기업들도 다음 10~15년 사이에 세계 시장에서 중대 세력으로 부상할 것이다. 미국에 대한 시간 압박은 점점 높아지고 있으며, 이것은 미국이 즉각 조치를 취하지 않으면 안 된다는 뜻이다. 하지만 문제는 미 정부가 사태의 심각성을 모르고 있으며, 자국의 문제를 해결하기보다는 중국의 환율 절상에만 힘을 쓰고 있다는 것이다.

중국은 적자가 발생하지 않도록 국내 소비를 조절하고 있기 때문에 미국 정부가 중국에 압력을 가해서 중국의 소비를 자극한다는 것은 순진하고 무의미한 생각이다.

부의 건설을 위한 미국의 5개년 또는 10개년 계획에서 꼭 필요한 것은 미국이 어떤 사업에 초점을 둘 것인지 결정하는 일이다. 인터넷 기반 가전제품, 첨단 데이터·음성통신장비, 새로운 소프트웨어 및 콘텐츠 검색은 모두 잠재력이 높은 산업이다. 이 분야에서 시스코, 애플, IBM, 구글, 마이크로소프트, HP와 같은 미국의 개별 기업들은 매우 혁신적이며 전 세계적으로 높은 시장점유율을 가지고 있다. 또한 이러한 다수의 기업들은 새로운 시장 기회를 만들고 있다. 따라서 이런 기업들을 부 건설의 해결사로 보는 것이 중요하다. 물론 이것만으로는 부족하다. 추가적으로 다른 시장에서도 다른 기업들의 활동을 자극해 이들이 힘을 합쳤을 때 무역수지 흑자를 낼 수 있도록 해야 한다.

미래에는 많은 시장 기회가 있을 것이다. 성장 잠재력이 있는 사업 영역은 언제나 많이 있다. 인터넷과 이동통신의 광대역 접속, 더 나은 의료 서비스, 효율성 높은 자동차와 운송 체계에 대한 수요의 결합으로 광범위한 분야의 새로운 사업 기회가 생겨날 것이다.

신생 기업과 기존의 기업들은 세계 시장에 개방적으로 접근해야 한다. 물론 중국은 자국 기업 강화를 위해 많은 영역의 개방을 중국 정부가 관리한다. 중국 정부의 목표는 외국 기업이 중국 시장을 지배하지 못하게 하는 것이다. 100년 전 중국을 약탈하고 곤경에 빠뜨렸던 외국 군대의 침략이 외국 기업들에 의해 되풀이되지 않도록 하는 것이다.

중국은 과거에 미국이 기업과 부를 건설하기 위해 사용했던 방법들을 많이 차용했다. 그리고 이제는 미국이 중국에서 효과적으로 사용되고 있는 방식을 차용해야 한다.

부 창출을 위한 전략을 세우기 위해선 경쟁자의 전략을 이해하고 그 전략에 적절히 반격해야 한다. 중국 정부는 자국 기업 강화를 위해 《36계》의 책략을 많이 사용한다. 그들은 글로벌 경쟁 환경을 분명히 이해하고 있으며, 부 창출에 3,000년도 넘은 아이디어를 사용하고 있다.

결과적으로 중국 시장은 매우 큰 잠재력을 가지고 있지만, 중국 시장에서 높은 점유율과 재정 이익을 얻기 위해서는 미국 기업과 미국 정부 활동의 신밀한 결합이 필요하다.

창의력이 부를 만든다

창의력은 부의 창출에서 중요한 역할을 한다. 창의력에는 신제품과 새로운 컨셉 개발, 그리고 높은 수익 성장을 얻기 위해 효과적으로 제품을 홍보하는 것 등이 포함된다.

대표적인 예로, 스티브 잡스의 애플을 들 수 있다. 그들은 아이폰과 같은 창의적인 제품 개발과 함께 매우 효과적인 마케팅 활동을 폈다. 제품과 결합된 마케팅 노력은 상당한 수익을 창출했고, 애플의 나머지 제품 라인까지도 끌어올렸다.

애플은 AT&T와 같은 통신사업자와 함께 창의적인 비즈니스 모델을 개발했다. 다른 단말기 공급업자들이 통신사업자로부터 하드웨어 수익만 얻는 것과 달리, 애플은 서비스 수익의 일부도 챙긴다. 또한 애플은 아이튠즈를 통해 콘텐츠에서 수익을 창출하는 구조를 확립했다.

애플은 MP3 플레이어와 전화기 등의 성숙기 상품을 수동적인 것에서 쌍방향 제품으로 변화시켰다. 즉, 애플의 핵심 특징은 제품 및 수익 흐름의 창의성이다.

애플을 비롯해 많은 첨단산업 회사들의 본거지인 캘리포니아의 실리콘밸리는 창의성을 적극적으로 유도하는 환경을 제공한다. 강한 경쟁력과 성공한 기업가에 대한 높은 보상(금전적인 것뿐만 아니라 사회적으로도), 이 두 가지의 결합은 사람들에게서 최고의 능력을 끌어낸다. 따라서 실리콘밸리의 학구적이며 사회적, 기업 친화적 분위기 등의 환경은 신제품 및 새로운 서비스의 성공을 위한 필수 조건이다.

높은 창의력이 포함된 새로운 제품 아이디어는 또 다른 실리콘밸리의 강자, 시스코에 의해 개발되었다. 시스코의 최초 기술 개념은 스탠포드 대학에서 개발되었다.

스탠포드 대학에서 나와 크게 성공을 거둔 또 다른 사례는 구글이다. 구글은 매우 효과적인 기술(검색엔진)을 지녔고, 더 나아가 훌륭한 금전적 이익을 제공하는 비즈니스 모델을 만들었다.

대학은 혁신적 발상에 있어 중요한 역할을 하므로 이러한 아이디어들을 상업화하기 위한 수단이 필요하다. 새로운 개념에 자금을 지원하는 벤처 자본이 필요한 것이다. 결국 사업을 하기에 좋은 환경이란 투자 이익을 기대하는 투자자로부터 신상품과 새로운 아이디어를 시도할 수 있도록 자금을 구할 수 있는 곳이다.

독창적인 신규 산업 육성

사업을 하기 위해 실리콘밸리의 온화한 날씨나 스탠포드 대학에 가까운 접근성보다 더 중요한 것이 있다. 바로 특별한 비즈니스 리더들이 있어야 한다는 것이다.

창의성은 잭 웰치의 GE를 성공으로 이끈 핵심 요소 중 하나다. GE가 기술 면에서 항상 선두주자는 아니었지만, 1980년대부터 이 회사의 비즈니스 개념은 매우 효과적이고 독창적이었기 때문에 높은 시장 점유율과 총이익 목표를 달성할 수 있었다.

전설적인 리더십을 가진 실리콘밸리 기업들의 성과를 생각해 보라. 인텔은 최고의 마이크로프로세서를 가지고 있을 뿐만 아니라, 종단 시스템(네트워크에서 서로 통신하는 시스템) 구조를 관리함으로써 고수익 창출이 가능한 비즈니스 모델을 갖고 있는 창의적인 기업으로 손꼽는다.

인텔은 종단 시스템을 통해 제품의 가치를 연동해서 마이크로프로세서의 가격을 정한다. 인텔의 비즈니스 모델을 개발한 앤디 그로브(Andy Grove)는 기술뿐만 아니라 비즈니스 개념 형성에서도 매우 혁신적인 사람이었다.

미국은 역사적으로 매우 창의적인 지도자들, 비즈니스 개념, 그리고 기술을 갖고 있었으므로 이러한 강점들을 최대한 효과적으로 활용해야 한다. 물론 이와 함께 창의성이 상업화되는 환경도 있어야 한다. 정부가 새로운 사업에 많은 규제를 두고, 높은 비용을 부과하며, 새로운 아이디어들을 창안해서 부를 쌓은 사람들에게 높은 세금을 부과하는 것은 최악의 상황이다.

미국은 장기적인 부를 축적하기 위해 창의성 있는 새로운 산업의 성장을 지원해야 한다. 부의 증가는 기존 산업에서의 혁신뿐만 아니라 새로운 산업의 개발에서 나올 것이다.

미국은 혁신과 창의성에서 강점을 가지고 출발했지만, 벤처 캐피탈의 활동이 감소하는 것을 보면 새로운 산업 건설의 추진력은 약화되고 있다. 반면 중국은 시작은 약했지만 급속하게 강해지고 있다.

수많은 소규모 가게와 새로운 사업을 통해 입증되었듯이, 중국의 기업 환경을 과소평가해서는 안 된다. 중국은 신생 기업들에게 보조금 지원이 활발하게 이루어지는 환경, 혁신과 창의성이 장려되는 환경을 조성하고 있다.

중국에는 국가가 고용 창출이 가능한 새로운 산업들을 세우는 것이 바람직하다는 철학이 있다. 중국의 기술 창의력 수준이 아직 미국에게는 뒤질지라도, 사업 창의성의 수준은 매우 높다. 그 결과, 중국의 환경은 새로운 회사를 일으키기에 매우 매력적이며, 실제로 해마다 수만 개의 회사가 설립되고 있다.

이미 시작된 원자재 확보 전쟁

사우디아라비아 등 엄청난 양의 천연자원을 소유하고 있는 나라도 있지만, 대부분의 국가들은 다양한 종류의 원자재를 수입해야 한다. 미국은 가장 값비싼 석유를 포함해 많은 종류의 자원들을 수입하는 대표적인 나라다.

천연자원의 공급이 풍부하고, 모든 나라가 그것을 확보할 수 있을 때 가장 중요한 것은 자금 능력이다. 천연자원의 공급이 부족할 때 필요한 원자재를 손에 넣을 수 있는 국가는 자금 능력과 정치적 파워가 있는 나라이다. 대부분의 미국 사람들이 미처 깨닫기도 전에 이런 시기는 곧 닥쳐올 것이다.

산업 기반을 세우기 위해서는 석유를 비롯해 철광석, 구리, 리튬 등 많은 원자재들이 필요하다. 또한 전자산업은 실리콘 웨이퍼와 평판 디스플레이를 필요로 한다. 원자재를 보유한 나라들은 국내 수요가 크지 않은 경우가 많아, 이들은 원자재의 잉여량을 수출하고 다른 나라들로부터 완제품을 구입한다.

역사적으로 미국 기업은 여러 나라에서 원자재를 소유한 회사를 사들이는 데 활발했다. 배릭 골드(Barrick Gold), 뉴몬트 마이닝(Newmont Mining) 등의 금광 회사들은 탄자니아, 도미니카공화국 등 다른 나라 회사의 소유권 전체 혹은 일부를 사들였다. 하지만 지금의 미국 기업들은 외국의 자산을 사는 데 신중해졌다. 이들은 정치적 위험을 두려워한 결과 유형자산 투자에 매우 조심스러워 한다.

러시아, 베네수엘라 등은 자국 국경 내에 있는 천연자원들을 매우 중요한 자산으로 여긴다. 이 나라들은 천연자원을 기반으로 외국 기업과 관계를 형성하고 통제하는 데 국가 권력을 행사한다.

전 세계 석유 보유량 중 약 80%는 각 나라 정부의 관리 하에 있는 것으로 추정된다. 미래에는 전략적인 광물과 다른 원자재에 대해서도 정부 통제가 더욱 강화될 것이며, 이는 곧 더 많은 정부 대 정부의 교섭이 이루어질 것임을 의미한다. 따라서 미국 정부는 자국 기업이 원자재를 확보할 수 있도록 다른 나라들과 전략적으로 교섭할 준비를 하고 적극적으로 교섭에 나서야 한다.

미국은 원료 확보를 더 강화하려고 애쓰고 있지만, 석유산업과 연관이 없으면 이 기업들의 활동을 지원하는 데 소극적이다. 에탄올, 전기자동차와 같이 석유 공급 확보를 대체할 방법을 찾으려는 활동이 전개되고 있지만, 그 활동 중 다수는 체계적인 우선순위에 따른 것이 아니라, 특정 이익 단체의 로비에 따라 이루어진다.

미국과 상대적으로 중국은 다음과 같은 계획을 갖고 있다.

• 금 보유량 늘리기

전략적 자산 확보뿐만 아니라 통화를 보호한다.

• 구리 등 다른 금속 보유량 늘리기

중국은 구리 등 다른 금속을 가격이 낮을 때 사들이기 시작했다.

• 다른 국가에서 원자재 채굴권 매입하기

치날코(Chinalco)는 알루미늄, 보크사이트, 구리, 철광석 채굴권을 위해 195억 달러를 호주의 다국적 광산 업체인 리오 틴토(Rio Tinto)에 투자하려 했다. 이 계약의 일부로 51억 5,000만 달러에 해머슬리(Hamersley Iron)의 지분 15%, 33억 9,000만 달러에 에스콘디다(Escondida)의 지분 15%와 웨이파(Weipa)의 지분 30%를 얻으려 했다. 이 거래가 성사되었다면, 치날코는 케네코트 유타 구리광산(Kennecott Utah Copper)의 지분을 25%까지 갖게 되었을 것이다. 하지만 호주 정부는 치날코의 제안을 거부했으며, 이는 중국의 강한 반발을 일으켰다. 하지만 중국 정부는 계속해서 다양한 광물 자원을 획득할 전망이다.

• 원유와 가스를 확보하기 위한 전방위적 압박 행사하기

중국 최대 에너지 기업 CNPC(중국 석유천연가스)의 순코 에너지(Suncor Energy)와 페트르 캐나다(Petro-Canada) 지분 매입을 지원한 것이 대표적인 예이다. 또한 CNPC는 2005년에 41억 8,000만 달러를 현금으로 지불하여 페트로카자흐스탄(PetroKazakhstan, PK)사를 매입했다. PK는 카자흐스탄 원유 산출량의 16%를 갖고 있다. CNPC는 또한 리비아 등 다른 지역에서 원유 자산을 사들이기 위해 공을 들이고 있다.

중국은 자국 원유 탐사 활동을 하고 있지만, 미래를 대비해 자원 보유량을 보호하고 있는 듯하다. 그래서 단기적인 접근 방식은 원유 및 원유 권리를 중국 외 지역에서 얻는 것이다.

• 투자와 합작회사를 통해 정밀화학 분야의 전문지식 축적하기

중국 국영 화학회사인 켐차이나(ChemChina, China National Chemical Corporation)는 프랑스의 실리콘 업체 아디세오 그룹(Adisseo Group)의 소유권을 사들였다. 또한 최대 폴리에틸렌 제조회사인 호주의 케노스(Qenos)도 매입했다.

중국 회사가 원자재 및 원자재 공급망을 확보하려는 활동은 고위급 지도자들에 의해 완성되고 있다. 그들은 비교적 가격이 낮았을 때 더욱 적극적으로 활동을 벌였다.

중국은 원자재를 추가로 확보할 때 외환 보유고를 이용한다. 산업 기반을 강화하고 미래에 성공을 보장하는 이런 활동은 중국의 장기적인 계획에 따라 이루어지는 것임을 알 수 있다.

군대는 음식과 무기가 필요하다. 기업은 원자재 확보와 자본 조달이 필요하다. 이를 중국은 미리 계획 중인 반면, 미국은 열심히 소비 중이다.

미국은 필요한 원자재를 확보하고 그 비용을 마련할 전략을 수립해야 한다. 다시 한 번, 장기 계획의 필요성이 최고조에 달해 있다. 연속적으로 시행하는 5개년, 10개년 산업 계획은 신사업 개발뿐만 아니라 세계의 원자재 전략에서도 구체화되어야 한다. 이는 정부가 미국 군대에 대해 그러하듯, 정치적인 당파를 벗어나 국가적 목적에 의해 세워야 한다.

필요한 지원 자금 확보

기업은 성장을 위해서 지원 자금 확보가 필요하며, 차입 비용은 낮아야 한다. 신생 기업은 창업을 위해, 기존 기업은 성장을 위해 자금 지원이 필요하다. 이러한 자금 지원은 국가의 부 건설에 필수적인 요소다.

물론 이를 통해 부를 축적할 기반이 마련된다고 하더라도 투자자에게 수익이 돌아가야 투자할 의욕이 생긴다. 투자자는 여러 존재가 있다. 벤처 자본가 등의 초기 투자자부터 대개 나중에야 진입하는 대형 은행까지 범위가 넓다.

미국의 은행 시스템은 2008년에 과도한 레버리지와 탐욕으로 인해 붕괴를 맞기 전까지는 세계 최고로 여겨졌다. 그나마 미국의 은행 시스템이 점차 회복 중이고, 핵심 이슈는 정부의 통제 수준이다. 그렇다면 신제품 또는 신규 서비스를 만들어내는 사업, 아니면 기존 공장의 확장 사업은 돈을 얼마나 빌릴 수 있을까? 안타깝게도, 은행에서 기업에 어떤 지원이 준비되어 있는지는 아직 불확실하다.

중국의 은행 시스템은 글로벌 금융위기의 충격에 효과적으로 대처했다. 소비자들의 주택 구매와 산업 성장을 위한 충분한 자금 지원을 유지했다. 중국의 레버리지 규모는 미국보다 훨씬 낮아서, 성장을 유지하는 비용이 훨씬 낮았다. 중국은 분명 많은 자금 지원을 확보하고 있고, 그러한 유동성 때문에 성장에 제동이 걸리지 않을 것이다.

글로벌 금융위기에서 회복되면 전 세계적으로 미래의 산업 성장을 지원할 수 있는 충분한 유동성이 생길 것이다. 하지만 자금 지원을 확보하려는 경쟁도 있을 것이다. 미국의 당면 과제는 낮은 이자율을 유지해 적자에 대한 이자를 묶어두는 것이다. 저금리는 달러를 압박해서 결국 달러에 연계된 사업 투자는 잠재적인 위험성이 높아질 것이다.

엄청난 금액의 경기부양 자금을 배정한 미국과 기타 다른 국가들의 인플레이션 우려는 몇 년간 계속될 것이다. 인플레이션이 언제일지, 얼마나 심각할지는 아무도 모른다. 인플레이션이 발생하면 미국 정부는 인플레이션을 억제하면서 사업 성장을 유지해야 하는 과제를 안게 된다.

부의 공정한 분배

사회의 성공 여부는 부의 공정한 분배에 달려 있다. 부의 불공정한 분배는 부유층의 과도한 권력과 가난한 사람들의 불만을 낳는다.

미국에서는 부가 공정한 보상을 통해 분배되어야 한다. 성공에 기여한 직원은 스톡옵션, 보너스 등 그 외의 보상을 통해 기업 성장의 몫을 공유해야 한다. 주주도 좋은 수익률을 올려야 한다.

TSMC, 미디어텍 등의 대만 기업은 스톡옵션과 보너스를 사용해서 직원들에게 높은 보상을 제공하며 비용 경쟁력도 있다. 중국에서도 비슷한 방식으로 보상이 이루어진다. 아이러니하게도 많은 국가에서 사용되는 주식 보상이나 인센티브 개념은 미국에서 개발되었던 것이다.

미국의 기업 리더들이 직원들의 불만을 알지 못하고 그에 대응하지 않는다면, 직원을 위한 공정한 보상은 정치적으로 다루어지게 될 것이다. 2009년 말 골드만삭스(Goldman Sachs)가 2010년 초에 190억 달러의 보너스 및 보상을 지급할 계획이라는 뉴스가 나오자 여론의 비난이 폭풍처럼 몰아쳤다. 불과 12개월 전에 미국 정부의 금융 지원을 받았던 월스트리트 투자회사라는 점 때문에 더욱 그랬다. 골드만삭스는 뒤늦게 고위급 직원에 대한 현금 지급 대신 장기 스톡옵션으로 보너스 구조를 변경했지만, 경영진 보상 문제는 여전히 뜨거운 이슈로 남아 있다.

CEO와 정부 지도자들은 과도한 부의 집중이 오히려 장기적으로는 의욕을 잃게 한다는 것을 기억해야 한다. 월스트리트와 메인스트리트의 CEO, 그리고 미국 정부 지도자들은 사람의 마음속에 내재되어 있는 브레이크 없는 탐욕에 대해 적절한 균형 수준을 결정해야 한다.

성공한 사회는 보상뿐만 아니라 출신 성분과 무관하게 높은 성과를 올린 사람이 승진하고 보상을 받는 상향 이동을 제공한다. 급여 인상, 보너스, 스톡옵션, 그리고 단순히 연공서열이 아니라 실적에 따른 승진이 이루어져야 하는 것이다.

일본처럼 급여와 연계된 승진이 실적이 아니라 연공서열에 따라 이루어지는 방식은 효율적이지 못하다. 이는 결국 층층 계급으로 나누어진 근로 환경을 만들었다. 그 결과, 일본에서는 위험이 적은 쪽으로 의사결정을 하는 분위기가 만연되었다. 큰 실수라도 했다가는 하위직으로 재배치되기 때문이다. 회사의 계층화가 심화되면 보상은 미미하고 실패에 대한 처벌이 크기 때문에 혁신의 수준은 낮아질 수밖에 없다.

과거 미국의 핵심 강점은 부유층이 있어도 창업 성공을 통해 몇 년 이내에 새로운 부유층이 생겨날 수 있다는 점이었다. 그만큼 기업가를 위한 기회와 성장 영역이 많이 있었다. 가난한 집에서 태어났지만 억만장자가 된 사람도 많았다. 또한 10년마다 부를 건설할 중대한 기회가 새롭게 찾아왔다.

그런데 2000년부터 미국에서 그 기회를 남용하는 개인이 생겨났다. 크게 공헌한 것도 없이 기업에서 얻은 막대한 부가 다시 기업으로 돌아가지 않았다. 이런 식의 남용은 국가 전체의 부 건설에 좋지 않다. 그래서 성공한 사람의 활동은 보상해 주되, 부당하게 이용하는 사람의 활동은 제한할 필요가 생긴다.

높은 성과를 달성한 관리자 및 경영자가 부자가 되는 것뿐만 아니라, 근로자들도 부의 일부를 공유해야 한다. 그래서 부의 분배는 중요하다. 물론 경영 및 근로자의 비용은 세계적인 기준에서 경쟁력이 있어야 한다. 직간접적인 보상이 너무 높으면 이익이 낮고 투자가에게 돌아오는 수익이 형편없어지기 때문이다.

부의 분배는 다음의 몇 가지 차원에서 균형이 필요하다.

- 훌륭한 성과에 대한 보상
- 국민의 안락한 생활 영위
- 세계 시장에서 비용 경쟁력 갖추기

국민에게 필요한 안락함의 수준은 소비자의 요구와 기대를 기반으로 한다. 스칸디나비아 국가들은 보상의 수준이 합리적으로 관리되어 온 사례다.

미국은 고소득자의 세금을 늘리는 단계에 들어가는데, 이것은 기업가 정신을 억압할 위험이 있다. 하지만 미국의 문제는 정부의 적자를 메워줄 만큼 고소득자 수가 많지 않아서 추가 세금 수입에도 불구하고 적자가 계속 커질 것이라는 점이다.

과거 영국은 고소득자에 대한 세금 높이기로 기업가 정신을 억압했다. 결과는 영국 산업 기반의 극심한 약화로 나타났다. 그런데 미국은 위험을 각오하고 영국에서 사용되었던 많은 개념을 차용하고 있다. 활기와 독창성에 대해 보상했던 과거의 원칙은 오히려 폐기하고 있다.

과거 미국의 핵심 강점은 부를 효과적으로 분배할 수 있고, 높은 성취를 달성한 사람에게 높은 보상을 해 주는 것이었다. 미국은 과도한 과세, 통제, 늘어난 정부의 힘으로 이런 강점을 잃지 않는 것이 중요하다. 부의 재분배에 집중하되, 기업가 정신이 질식당하지 않아야 한다.

중국도 기업 성공을 통해 생겨난 큰 부자가 많아지는 단계를 겪고 있다. 이 부자들 중에는 40세도 안 된 사람이 많은데, 이들이 세간의 주목을 끌면서 창업을 하겠다고 나서는 사람들도 많아졌다.

그런데 중국의 핵심 문제는 정부 공무원과 그들의 친척까지 자기의 권력 위치를 이용해서 급속하게 부를 축적하고 있다는 점이다. 제도를 이용해 개인적 부를 축적한 정치가와 그들의 친척은 사회에 부과된 숨은 세금이며, 높은 성취를 달성한 사람의 의욕을 꺾을 수 있다.

또한 정부기관 및 국유기업의 활동이 잘 공개되지 않음으로써 부패를 조장하고, 이것은 궁극적으로 국가의 힘을 약화시킬 것이다. 예를 들어, 공무원의 자녀가 좋은 성적의 졸업자를 제치고 정부기관 및 국유기업의 좋은 자리에 앉는 것은 드러나지 않는 문제이다. 노골적인 뇌물수수의 적발이 늘고 있지만, 주요 대도시 지역 밖에서도 이는 여전히 문제로 남아 있다.

중국의 평균 보수가 높아지면 사회의 불만 수준이 줄어들 수도 있다. 대신 경제 성장이 둔화되면 정치제도에 대한 환멸이 생겨날지 모른다. 그렇게 되면 중국의 사회 불안으로 이어질 수 있다.

민주주의의 이점은 효율적으로 운영되기만 하면 유권자에게 정부가 충분히 공개됨으로써 부의 분배를 감시할 수 있다는 점이다. 하지만 민주주의에서 낮은 성취자가 사회에 기여한 바도 없이 세금의 많은 비중을 소비하는 것은 효과적인 분배가 아니다. 만일 유권자 대다수가 적절한 세금과 부가적인 소비에 대한 증세를 지지하지 않는다면 민주주의는 그 이점을 상실하게 된다.

미국에서 부의 분배는 다른 문제들과 비교할 때 상대적으로 작은 문제다. 불행히도 그보다 더 큰 핵심 문제는 분배할 부조차 충분하지 않다는 것이다.

화합하는 사회

화합하는 사회란 국민들이 공통된 목표를 달성하기 위해 헌신하며, 그 헌신이 곧 목적 달성으로 이어지는 사회를 말한다. 사회는 내부 갈등을 피하고 서로 단결하며 화합해야 한다.

과거 미국의 강점은 수백만 명의 이민자들을 흡수하며 단결된 국가를 유지하는 능력이었다. 진실로 미국이 성공할 수 있었던 이유 중 하나는 바로 짧은 시간 내에 이민자들이 부의 창출에 기여했기 때문이다. 윤리적 행동 기준으로 함께 일하고 성공을 이루는 것은 과거 미국의 자부심으로 이어졌다. 외부의 적은 미국 국민들을 결집시키는 계기가 되어 목표에 전념하는 데 힘이 되었다.

미국에는 대영제국의 조지 3세 국왕(King George III of Great Britain), 제1차 세계대전의 독일, 제2차 세계대전의 히틀러, 1950년대 냉전시대 소련의 위협이 있었다. 이때마다 미국은 공동의 적을 물리치기 위해 어떻게 단합했는지를 보여주었다. 이러한 결집은 군사 분야뿐만 아니라 정치와 경제에서도 나타났다.

그러나 소비에트연방의 붕괴 이후 미국은 관심을 집중할 외부의 적이 사라졌다. 베트남 전쟁의 베트콩과 9·11 테러 이후 알 카에다를 공동의 적으로 규정했지만, 일반 국민들은 이러한 생각을 거부하거나 모호한 적(오사마 빈라덴)을 물리치기 위해 희생하려 하지 않았다.

미국 사회의 화합도 약해졌다. 국가의 부보다는 개인의 부를 증대시켜야 한다는 목표로 바뀌었다. 국가의 문화는 대다수가 생산이 아니라 소비를 최대한 활용하는 것으로 바뀌었다.

실제로 미국은 극우파와 극좌파의 판세가 굳어지면서 더욱 분열이 심화되고 있다. 분리된 국가는 단결된 외부 국가의 위협에 매우 취약해질 수밖에 없다.

그런데 흥미롭게도 중국의 이면에서도 화합의 부족이 나타난다. 외부에서 볼 때 중국은 매우 결속되어 있는 것처럼 보이지만 내부 경쟁이 매우 심하다. 이러한 중국의 내부 경쟁이 효과적인 방향으로 작용한다면 중요한 자산이 될 수 있지만, 나쁘게는 중국의 성장을 저해할 수도 있다. 하지만 이런 방식은 여전히 중국 내부에서 널리 쓰인다. 이것은 시장에서 경쟁할 때 가장 취약한 부분이다. 집 안에서 싸우는 방식은 질서 유지를 위해 하향식 통제로 이어질 수 있지만, 외부 경쟁자들에게 대항하는 경쟁력은 약화시킬 수 있다.

중앙정부의 강력한 리더십이 중국의 성공에 필요하지만, 그것은 국민들이 압박감을 느낄 정도가 되어선 안 된다. 만일 중앙정부의 통제가 약해진다면 중국은 과도한 내부 갈등에 빠지고, 그렇게 되면 경제성장이 둔화될 것이다. 중국의 사회 화합이 깨질 위험은 비교적 높은 편인데, 그나마 중앙정부는 그러한 정치적 위협을 명확히 이해하고 있다.

효율적인 인프라 구축

효율적인 사회 기반시설은 국부(國富) 건설을 위한 필수요건이다. 광활하고 잘 관리된 고속도로와 철도, 공항, 깨끗하고 풍부한 물, 에너지 생산 등은 수출 및 내수용 상품의 생산과 유통에 필수적이다. 인프라가 좋을수록 사회는 더 효율적이며, 사회가 효율적일수록 그 사회는 더 많은 국부를 축적할 수 있다.

미래를 내다보는 에너지 인프라에 접근한 예로 프랑스의 원자력 개발을 들 수 있다. 프랑스는 매우 효과적으로 저비용 전력의 충분한 공급을 확보했다.

미국은 에너지 생산의 자급력 확보를 강조하지만 이에 대한 장기 계획은 갖고 있지 않다. 미국의 주요 과제는 고효율 분배 시스템으로 구석구석까지 저비용 전력을 제공하는 에너지 생산 기술을 구축하는 것이다. 미국 정부와 많은 기업들에 의해 도입된 '스마트 그리드'는 전력의 분배를 더욱 정확히 관리함으로써 에너지를 절약할 수 있다.

교통 시스템도 에너지 효율성을 대폭 높여야 한다. 미국이 세계 최고의 항공기를 개발·생산할 수 있다면, 세계 최고의 자동차, 트럭, 버스, 그리고 기차도 개발할 수 있을 것이다. 일본, 프랑스, 독일은 글로벌 경쟁력이 있는 교통수단을 생산하는 산업을 설립했지만, 미국은 그와 같은 성과를 보여주지 못했다.

미국 정부는 전국에 고속철도 시스템 구축을 제안한 바 있다. 하지만 지역 사회 세력 때문에 실제로 건설되기는 힘들 것 같다. 그들은 자기 지역 가까이에 고속철도가 놓이는 것을 반대할 것이다. 앞에서 살펴보았듯이, 자동차산업에서 미국 기업들의 성과가 형편없었으니, 고성능 철도 체계와 같은 대체 교통 시스템을 장려할 수 있을 정도로 국가의 리더십이 성장하지는 않을 것이다.

미국은 수십 년간 고속도로, 다리, 철도 인프라를 소홀히 했다. 인프라 관리에는 장기 계획이 필요하다. 또한 전기, 수도, 그리고 다른 서비스들을 충분히 확보하기 위해서는 적절한 재정 자원을 쏟아 부어야 한다.

중국은 철도와 도로 인프라 구축에 막대한 비용을 투자하고 있다. 중국이 효율적인 교통 시스템을 갖추기 위해서는 10~20년이 걸리겠지만, 아무튼 건설될 것이라는 점만은 명백하다. 이것은 점점 더 이동성이 많아지는 13억~15명의 인구를 지닌 국가에게 꼭 필요한 요소이기도 하다.

중국의 주요 과제는 북부 지역에 충분한 물을 공급하는 것이다. 중국은 물 사용량에 비해 강수량이 충분하지 않다. 이러한 차이를 좁히기 위해서 많은 사람들을 이주시키거나 새로운 수자원 분배 시스템이 개발되어야 한다.

중국은 사회 기반 시설을 구축할 자원들을 가지고 있지만, 이제 막 시작하는 단계라서 아직은 기반이 약하다. 그리고 미국은 인프라 건설 및 강화는 소홀히 한 채 단기 소비만 지원하고 있다.

부(富) 축적을 위한 전략

군대가 다른 나라 정복에 나설 때는 잘 짜인 전략이 있어야 한다. 군대가 국가를 지키려면 침략자의 능력을 이해하고 적절한 방어 전략을 세워야 한다. 이와 비슷한 유형의 전략 수립은 기업이 성공을 추진할 때도 필요하다. 최고 수준의 개념은 정부가 세우고, 기업들이 그것을 실행에 옮기는 것이다.

중국에서는 시장점유율을 높이기 위한 전략 개발을 포함해, 기업 건설을 위해 정부가 강력한 지원을 한다. 중국 정부는 계속해서 기업 경영에 적극적으로 나설 것이다. 하지만 조직이 계층화되면서 부상할 수 있는 이익의 갈등 때문에 정부가 장기적으로 기업을 경영하는 것은 적합하지 않을 것이다.

일부 경영 기능이 정부에서 기업 리더들에게 옮겨가기도 하지만, 이런 변화는 중국의 국유기업 내에서 매우 신중하게 처리된다. 중국의 문제는 낡은 권력 구조가 상당 부분 계속 유지되고 있어서 기업 경쟁력을 약화시킨다는 점이다.

부를 창출하고 고용을 제공하며 천연자원 구매력을 제공하는 성장 시장 부문에서도 기업의 경쟁력이 발휘된다. 이 조합은 부를 축적하는 선순환의 시작점이 된다. 중국은 기업의 중요성을 잘 이해하고 있기에 미국뿐만 아니라 여러 나라의 비즈니스 모델과 전략을 차용했다.

덩 샤오핑은 싱가포르 리콴유(Lee Kuan Yew)의 부 축적 철학과 전략들 중 많은 것을 차용하였고, 이는 중국의 산업 건설에 기본 철학으로 작용했다. 예를 들어, 싱가포르는 정부의 지원을 받아 생산시설의 개발을 강조했는데, 비슷한 방식으로 중국에서도 생산시설이 건립되었다. 하지만 중국의 투자 규모와 산업 기반의 성장은 싱가포르의 경우보다 훨씬 뛰어나다.

또한 중국은 대만에서 효과적으로 쓰였던 전략들을 많이 차용했다. 전자산업의 자본집약적 분야에 힘을 쏟은 것이 한 예다. 대만의 경우와 마찬가지로, 현재 중국 정부와 산업은 칩 제조회사를 위한 지원 기업들을 모두 모으기 위해 협력하고 있다. 이들은 도요타, GM, 포드의 전략을 따르고 있다. 그 결과 각각의 자동차 조립 공장 주변에 일련의 부품 제조업체 공장 설립을 장려했다.

산업의 성장과 부의 건설을 이루기 위한 중국의 주요 기초 역량은 과거 미국에 의해 시행되었던 방식과 매우 흡사하다. 하지만 한 가지 큰 차이점이 있다면, 미국이 50년 걸려서 이루었던 것을 중국은 단 10

년 만에 달성하고 있다는 점이다.

대만, 한국, 일본이 기업의 성장을 돕기 위해 취해온 조치들은 미국에서는 제대로 발휘되지 못한다. 이들 정부의 지원에는 보조금 지급, 세제 혜택, 내수시장 보호가 포함되어 있다. 따라서 미국은 경쟁국가 및 기업의 전략을 이해하고 경쟁력 있는 조치들을 적절히 취하는 것이 중요하다.

세계의 경쟁 환경 또한 계속해서 변하고 있으며 새로운 경쟁국들이 계속 출현하고 있다. 미국은 컴퓨터와 데이터 통신 분야에서 일본과 효과적으로 경쟁할 능력이 있었지만, 결과적으로 일본은 TV 등 가전 제품 생산업체 대부분을 매입했다. 그리고 이제는 경쟁 환경이 변해서 한국, 대만, 중국 기업들이 일본의 가전산업에 타격을 주고 있다. 아날로그 TV에서 디지털 TV로, 또 LCD 기술로 변하면서 일본은 자국 산업의 주요 기둥 중 하나를 잃게 되었으며, 이렇게 되는 데 걸린 시간은 불과 5년이었다.

미국의 전략은 유연하고 기업 환경의 변화에 빠르게 대처할 수 있어야 한다. 미국의 경영자들은 성공적인 기업 건설에 필요한 전략들을 잘 이해하고 있다. 다만 미국의 문제는 개별 기업은 강하지만 기업의 전체 활동을 합치면 대규모 무역 적자를 기록한다는 것이다.

중국의 개별 기업들 대부분은 미국의 기업만큼 탄탄하지 않지만, 전략적 리더십은 미국보다 더 강하다. 그 결과, 중국의 전체 활동은 미국을 위협하는 모멘텀을 급속히 구축하고 있다.

중국은 왜 강해지고, 미국은 왜 쇠약해질까

중국 정부의 구체적인 경제개발 5개년 계획은 이미 상당한 성공을 거두었다. 2000년에 중국의 자동차 회사들은 200만 대의 자동차, 트럭 그리고 버스를 제조했는데, 2009년 역시 극심한 시장 경쟁에도 불구하고 6배에 달하는 생산량을 기록했다.

중국 자동차 시장 계획의 핵심은 보호무역주의다. 중국 자동차 시장의 판매량 중 80%가 중국 기업이 생산한 자동차인데, 이들은 주로 합작회사들이다. 외국 자동차 회사는 나머지 20%의 판매량을 차지하기 위해 경쟁하고 있다.

중국의 5개년 계획에서 또 다른 핵심 부문은 중국 내 교통 인프라 건설이다. 현재 중국은 240억 달러를 들여 베이징, 상하이, 광저우를 잇는 고속철도를 건설 중이다. 또한 220억 달러를 들여 산시성 화물 열차 철도를, 176억 달러를 들여 중국 북부 여객철도를 건설하고 있다. 2009년에 총 880억 달러를 철도 건설에 썼는데, 이것은 2008년의 2배이며, 2004년 전체 투자액의 7배에 달하는 금액이다.

철도사업은 2009~2010년에 마련한 5,850억 달러 규모의 경기부양 대책 중 일부다. 중앙정부와 지방정부의 균형 문제로 경기부양정책에 자금 제약이 있지만, 대부분의 주요 인프라 사업은 계속해서 실행되고 있다.

반면, 미국 정부의 철도 시스템에 대한 투자는 한심해 보일 성도다. 처음에는 2011년에 25억 달러를 책정했다가 경기부양정책에 따라 80억 달러로 올랐다. 중국 정부는 미국의 8배 이상을 철도사업에 투자하고 있으며, 지출의 대부분은 최신식 고속철도 건설에 사용된다. 반면 미국 정부의 지출 대부분이 기존의 노쇠한 시스템을 유지하기 위해 배정된 것이다.

미국은 효율적인 군사 인프라 시스템을 구축했는데, 운송 시스템에서도 이와 비슷한 접근이 필요하다. 미국 정부는 적절한 운송 인프라를 설립하고, 이를 민간사업으로 운영하게 해야 한다.

미국이 향상시켜야 할 또 다른 분야는 바로 통신 인프라이다. 중국은 이 핵심 분야에서 미국을 한참 앞서 나가고 있다. 중국은 첨단 무선통신 인프라에 590억 달러를 투자해서 다른 나라와 동등한 기술력을 보유하게 될 것이다. 여기에 필요한 인프라 장비 주문의 50~60%를 중국 기업이 수주할 것으로 예상되며, 이로 인해 화웨이와 ZIE는 주요 수혜자가 될 것이다. 다음 단계는 인프라를 사용하는 모바일 플랫폼의 설치 기반 확장인데, 이때도 역시 플랫폼의 많은 비중을 중국 기업 제품이 차지할 것이다.

미래에는 미국의 무선통신 능력이 중국에 비해 상당히 약화될 것이다. 이미 알려졌듯이, 유럽, 한국, 일본, 그리고 다른 나라들이 미국보다 훨씬 뛰어난 무선통신 기술을 확보하고 있다. 그리고 중국의 무선 광대역 인프라가 미국보다 앞서게 될 날도 그리 멀지 않았다.

중국이 산업 기반과 인프라 향상에 대규모 투자를 아끼지 않는 것은 기업의 효율성에 긍정적인 영향을 미치고 주민의 이동 편의를 제공해 주기 때문이다. 또한 인프라 건설로 많은 고용 창출 효과가 있다.

미국도 인프라 건설에 비용 지출을 늘리고 있긴 하지만, 그 수준은 중국의 10%에 불과하다. 미국의 지출 중 대부분은 새로운 도로를 건설하는 것이 아니라 기존 도로를 재포장하는 데 쓰인다. 게다가 미국은 적자 재정을 통해 자금을 마련하고 있기 때문에 현 세대가 더 나은 도로를 사용하는 대가로 미래 세대는 그 빚을 갚아야만 한다.

중국 노동인구의 증가가 미치는 영향

대학 졸업자 수를 늘리려는 야심찬 목표를 갖고 중국은 교육 부문 지출을 늘리고 있다. 대학 졸업자들의 구직 수요는 중국에서 또 다른 산업화의 물결을 몰아오고 있다. 하지만 글로벌 경기 침체의 여파로 현재 대학 졸업자의 상당수는 적합한 직장을 잡는 데 어려움을 겪고 있다.

어쨌든 중국은 향후 10년간 고급 인력의 고용 확대 압력이 높아질 것이다. 2015~2020년에 중국은 고용해야 할 인구가 거의 10억, 즉 2009년 미국 전체 노동자의 7배에 달한다. 이 노동 인구의 절반에게만 일자리를 제공한다 해도 이를 위해 중국의 산업이 얼마나 크게 성장해야 하는지를 상상해 보라.

중국은 모든 근로자를 고용할 산업의 숫자와 종류를 늘려야 할 뿐만 아니라, 상위층에 있는 직종과 산업들을 창출해야만 한다. 이를 위해서 중국은 데이터 통신장비 생산기업인 화웨이와 같은 첨단기술 기업들이 필요하다. 훈련된 인력을 소화하기 위해서는 거의 주 단위로 신생 기업을 건설해 내야 한다. 또 가치사슬에서 더 높이 올라갈수록 기업 간의 내부 경쟁은 더욱 치열해질 것이다.

여러 시장 분야에서 경쟁이 증가하면 가격이 낮아져서 미국 및 전 세계의 소비자들에게 단기적으로는 이득이 된다. 하지만 장기적으로는 미국의 중국 의존도가 높아질 것이다. 중국 의존도가 높아지고 미국의 재정 상태가 악화될수록 중국이 미국에게서 얻을 수 있는 이익은 커질 것이다.

동시에 천연자원의 개발권을 둘러싼 긴장 또한 증가할 것이다. 중국을 비롯해 인도 등 다른 개발도상국의 소비가 증가하면서 천연자원에 대한 수요는 자연스럽게 증가할 것이다. 이로 인해 여러 천연자원의 가격이 상승할 것이며, 이것은 아프리카와 남미 국가에게는 경제 호황을 안겨주겠지만, 선진국들의 무역수지에는 부정적인 영향을 끼칠 것이다. 중국과 같이 무역 흑자를 기록하고 있는 국가들은 가격 상승의 충격을 흡수할 수 있지만, 미국처럼 무역 적자를 기록하고 있는 국가들은 무역수지가 더 악화될 것이다.

중국의 대규모 무역수지 흑자는 중국에게 있어 방패 역할뿐만 아니라 공격 무기로도 사용될 수 있다. 원자재를 보유하고 있는 기업을 사들이는 중국 정부의 접근 방식은 공격적인 전략의 일부이다. 일본이 미국의 골프장과 고층 빌딩을 매입했던 것과는 달리, 중국은 전략적 자산을 지닌 농장과 기업들을 매입할 것으로 보인다.

미국은 무엇을 해야 하는가

미국은 중국과 성공적인 협력 관계를 맺기 위해 다음의 조치를 취해야 한다.

1. 세계 시장에서 국가의 흥망성쇠는 자국의 경쟁 능력에 달려 있다. 이를 위해 저비용 고효율인 정부가 세계 시장의 경쟁에서 성공할 수 있다.

2. 미국은 군대에서 사용되는 전략 개발 및 실행 유형을 기반으로 미래를 내다보는 산업 정책을 수립하는 5개년~10개년 개발 계획이 필요하다. 군대는 전투를 위해 공격전술과 방어전술을 갖고 있다. 마찬가지로 기업들은 내수시장 보호(방어 전략)와 해외 시장에서 높은 점유율을 차지(공격 전략)해야 한다.

3. 아래의 내용에 근거해 국가적 가치 기업을 결정할 계량 기준을 갖추어야 한다.

   • 고용 창출과 직원 보상 수준(이 두 가지는 소비와 세금 수준에 영향을 미친다)
   • 수출 상품으로부터 가치 얻기
   • 내수시장에서 높은 점유율 차지하기(이것은 수입을 줄이는 효과가 있다)

   수출의 가치와 내수시장의 가치는 총매출이 아니라, 지역에 대한 순 기여도에 근거해서 산출해야 한다. 만일 미국 회사 상품의 조립 공정이 중국에서 이루어지고 이 비용이 판매 가격의 20%를 차지한다면, 오직 80%만 국내 공급으로 포함된다.

4. 미국은 차세대 기업 건설과 동시에 기존 기업의 성장 촉진을 위해서 자금 지원을 배정해야 한다. 자금 지원의 액수는 의료전자, 자동차, 태양

에너지, 풍력과 같은 구체적인 산업이 국가의 부 성장에 얼마나 기여할 수 있는가에 따른 잠재적인 가치에 의해 결정될 것이다. 미국의 자금 지원 수준은 개별 사업 계획에 따라 추진하되, 그 계획들은 국가적 차원에서 통합해서 관리해야 한다.

5. 사회 지원과 산업 지원의 상충되는 자금 지원 수요를 우선적으로 처리해야 한다. 정치인들은 반드시 경쟁 위협을 이해해야 하고, 장기적 부를 건설하기 위해 필요한 조치를 취해야 한다.

   현재 정치 구조 내에서 정부 적자를 늘리지 않고 필요한 자금 지원을 얻기는 매우 어려운 일인데, 정부 적자는 이미 매우 크며 급속히 늘고 있다.

   사회적 비용 지출은 산업 투자 자금 지원을 하기 위해서 단기적으로는 삭감되어야 한다. 이것은 정치가와 유권자들에게는 어렵고 고통스러운 일이겠지만, 미국 정부는 더이상 거짓으로 행동할 수 없는 지점에 이르렀다.

6. 수출을 늘리는 기업에게 더 많은 재정적 지원을 제공해야 한다. 수출이 전반적으로 증가되어야 하지만, 미국과의 관계에서 많은 흑자를 남기는 중국, 일본, 독일 등에게 집중하는 것이 중요할 것이다. 이러한 국가들과 무역 적자를 상쇄하기 위해 미국산 상품의 구매를 지원하는 협약이 필요할 것이다. 중국은 이미 브라질과 석유 공급국 등 중국에 많은 수출을 하는 국가들 중 일부와 이런 식의 협정을 맺고 있다.

   다른 국가들과 무역 협정을 맺는 데는 높은 수준의 기술이 필요할 것이다. 하지만 이것은 군사적 협정과 비슷하다.

7. 미국은 차세대 의료전자, 초고성능 운송수단, 나노기술에 기초한 제품, 에너지 생산 관련 제품과 같은 새로운 산업을 건설해야 한다. 이를 위해 보조금, 세금 감면 그리고 다른 지원들이 미국 경제의 전체적 운영 구조 안에 통합적으로 들어가야 한다.

8. 낮은 단가를 유지하기 위해 초고성능 제조시설을 설립해야 한다. 캐논이 일본과 중국에 세운 자동화 공장의 예와 비슷하다. 만일 이런 시설들이 세워지지 않는다면 미국에서 개발된 제품이 계속해서 중국에서 생산될 것이다. 그 결과 미국으로 돌아오는 이익은 미국에서 제품을 생산할 때보다 더 적어진다.

    생산비에 경쟁력이 있어야 하므로 이를 위해서는 자동화와 경제적 생산이 가능한 제품 개발이 필요하다. 또한 노동조합은 낮은 생산비를 유지하기 위해 적절한 임금으로 협력해야 한다. 그 대신 미국 정부와 산업은 미국 근로자에게 높은 수준의 교육을 제공해야 할 것이다.

9. 지적재산 보호는 더 엄격해져야 한다. 지적재산 보호를 보다 확실히 하기 위한 신기술들이 개발되어야 한다.

위의 내용은 미국의 경쟁력 강화를 위해 꼭 필요한 조치들이다. 시간이 흐르고 조취가 늦어질수록 미국의 상황은 더욱 불리해질 것이다. 적절한 변화가 없다면 고용 기반은 계속 줄어들 것이며, 국민들의 부 또한 급격히 감소할 것이다.

지금의 상태로 2015년이 되면 그 하락세를 되돌리기 위해서 지금보다도 훨씬 더 엄격한 조치를 취해야 할 것이다. 만약 아무런 조치도 취하지 않는다면, 5년 후 중국은 지금보다 훨씬 더 강성해져 있을 것이고, 미국은 훨씬 더 약해져 있을 것이다. 미국이 추락하는 동안 중국은 계속해서 상승하고 있다는 점을 염두에 두어야 한다.

옮긴이 | **홍윤주**

서울대학교 언어학과를 졸업하고 서강대학교 언론대학원에서 공부했다. 현재 번역 에이전시 하니
브릿지에서 전문 번역가로 활동하고 있으며, 옮긴 책으로는 《빈곤의 경제》《최강의 리더십》《모두
가 말하는 성공을 깨면 나만의 성공을 만들 수 있다》《세익스피어의 경영》《십계명에서 배우는 인
생》《삶이 내게 말을 걸어올 때》 등이 있다.

세계 경제를 두고 싸우는 두 형제

차이나메리카

초판 1쇄 발행 2010년 11월 11일

지은이 헨델 존스
옮긴이 홍윤주

발행인 이진영
편집인 윤을식

기　획 한성근
디자인 김승일

출판등록 2008년 1월 4일 제322-2008-000004호
주소 서울시 강남구 신사동 536-16 진형빌딩 501호
전화 (02)521-3172 | **팩스** (02)521-3178
이메일 editor@jisikframe.com | **홈페이지** http://www.jisikframe.com

ISBN 978-89-94655-10-9 03320